韓劇의 原形을 찾아서

—

궁중의례

韓劇의 原形을 찾아서

궁중의례

禮樂으로 다스린 나라의 지혜

한국공연예술원 엮음

양혜숙 윤광봉 신현숙 김종수 조재모
송지원 백영자 김종애 김상보 김태연

열화당

세번째 책을 펴내며

예인(藝人)이 갖추어야 할 덕목

독일에서 독일문학을 전공하고 철학과 예술사를 부전공으로 공부한 후 독어문학과에서 연극을 전공분야로 맡았던 나는 자연히 우리나라 공연예술의 발전사와 그 변화 과정에 관심이 갈 수밖에 없었다. 육이오 전쟁이 끝난 뒤 대학을 마치고 혼란스러운 사회 속에서도 문학을 전공하며 키운 나의 관심은 '자아 찾기'였다. 법(法)과 도(道)에 어긋나지 않게 키우려던 부모님의 교육관은 자유분방한 나의 청년기의 열정을 예의와 규범이라는 테두리에 가두는 듯하였고, 부모 형제의 곁을 떠나 아무도 모르는 사회에서 진정한 '나다움'을 찾을 수 있는 환경을 열망하였다. 다행히도 독일 정부의 장학생으로 선발되어 부모님의 도움을 받지 않고도 물심양면으로 자립할 수 있는 환경을 맞이하게 됐다.

나의 독일 유학생활(1961-1967)은, 박사학위를 따기 위한 목표도 유명인사가 되기 위한 구체적 욕망도 없었다. 다만 언제, 무엇을 할 때, 가장 나답고 행복한가를 탐구하는 여정이었다. 여행을 좋아하는 나는 일 년으로 제한된 유학생활의 반을 여행으로 채우고 나머지 반은 세미나와 강의에 열중했다. 언어도 모르는 채 외양만 보고 다니는 여행은 삶의 껍질만 본 것 같은 아쉬움으로 남았고, 강의실과 세미나에서의 깊은 토론과 논쟁은 나의 근원을 건드리는 듯한 쾌감을 주어 공부에 재미를 붙일 수 있었다. 다행스럽게도 장학금이 연장되고 사 년 후에는, 내가 다니던 튀빙겐대학의 한국어과 강사를 하며 독일에서 공부할 수 있는 여건이 마련되었다. 원래 '보는 것'을 좋아하고 '창작하는 것'을 좋아하던 나에게는 안성맞춤의 환경과 조건이었다. 특히 독일연극을 공부하면서 내가 자연스러울 때 가장 행복할 뿐만 아니라 내가 행복할 때 주변의 타인도 편안하고 행복하다는 사실을 깨달았다.

'자연스럽다'라는 건 나의 범주를 뛰어넘어 '우리'라는 개념에 적용되며 문화는 가장 '우리다울 때' 한 민족의 삶의 그릇을 만들어 가고 있음을 알 수 있었다.

한극(韓劇)의 원형을 찾는 세번째 여정

사단법인 한국공연예술원은 무엇보다 '한국배우수업'의 근간을 세우는 일에 심혈을 기울였다. 한국과 한국문화를 대표할 뿐만 아니라 다양한 형태의 공연예술(연극, 뮤지컬, 음악극, 창극, 무용, 오페라 등)에서 한국인의 정서와 기질 그리고 그 품격을 나타낼 배우에게, 어떻게 무엇을 근본으로 삼아 가르쳐야 할 것인가를 고민의 한가운데에 놓았다. 그 결과 배우들에게는 '나 다스리기'와 '몸 다스리기'도 중요하지만 '우리의 뿌리'와 '우리의 정서'가 어떠한 전통 속에 각인되어 있는지에 대해 아는 것이 매우 중요하다고 보았다. 그래서 한국공연예술이 뿌리내리고 있는 우리 전통의 의례를 살펴보기로 하고, 첫번째 작업으로 '샤먼 문화'를, 두번째로는 '불교의례'를, 그리고 세번째 결실인 '궁중의례'를 선보이게 되었다.

'궁중의례'도 '불교의례'와 마찬가지로 모든 문헌과 기록이 철저히 한문으로 씌어 있어 많은 어려움을 겪었다. 그럼에도 불구하고 몇몇 출중한 학자들 덕분에 이번에도 효율적인 결과물을 얻을 수 있었다. 예를 들어 권오성 박사와 같은 선각자의 제자 계열에서 찾을 수 있는 송지원 박사, 김종수 박사 등의 발굴과 조재모 박사, 백영자 박사, 김태연 박사 등 규장각 중심에서 활동하는 인재와 개인적 관심에서 한길을 닦아 오신 분들이 도움을 주셨다. 불문학과 기호학을 전공한 신현숙 교수처럼 여러 분야에서 꾸준히 연구하고 체계를 세운 분들을 만날 수 있었던 것은 매우 행운이었다. 특히 조선시대 궁중 건축의 구조와 공간성에 심혈을 기울인 조재모 박사는 이 책의 큰 공을 세워 주셨다. 뒤늦게 한국공연예술원의 4대 원장을 맡으신 윤광봉 박사는 궁중의례의 조선시대 이전과 한·중·일의 관계성과 발전 과정을 연계하고 있는 두 편의 글을 통해 이 책의 앞뒤를 채워 주고 있다.

이 책에서 가장 빛나는 두 획은 「국조오례통편(國朝五禮通編)」「춘관통고(春官通考)」 등 방대한 의례 자료가 존재한다는 사실과 그 외에도 이에 준하는 훌륭한 자료들이 규장각을 위시하여 서울대를 중심으로 잘 보전되어 있다는 사실이다. 또한 '기록이 없는, 기록을 못하는 민족'이라는 오명을 벗고 오히려 훌륭한 기록과 문화의 체계를 가진 민족이라는 자부심을 느낀 사실은 대단한 발견이고 우리 민족의 자긍심의 근간이 되어 주기에 충분한 것이다.

예악(禮樂)에 근거한 의례 문화

우리나라 처음으로 종묘가 세워진 시기는 삼국시대 신라의 남해왕(南解王) 3년(AD 6)이다. 시조 혁거세 묘를 세우고 사시(四時)로 제사를 지냈으며 혜공왕 때에 이르러 비로소 오묘(五廟)를 지냈다고 한다. 그러나 종묘제가 길례(吉禮)로서 유교적 의례로 확립된 것은 고려시대이다. 그 후 조선시대에 이르러 종묘는 사직과 함께 '종묘사직'이라 불릴 만큼 왕조를 상징하였다. 조선 초기에는 고려에서 내려온 제례문화와 송대에서 거행된 제례문화를 차용, 진행하였으나 차츰 왕조가 안정되면서 오례는 길례(吉禮), 가례(嘉禮), 빈례(賓禮), 군례(軍禮), 흉례(凶禮)로 분류되었다. 조선시대의 신분제도는 계층 분화를 가져왔고, 상하 질서의식이 엄격해지면서, 1474년 국가의 기본 예식을 기록한 『국조오례의(國朝五禮儀)』가 집대성된다. 이를 토대로 실현해 온, 예악을 지향한 통치와 발전은 일관성과 체계의 모범을 보여 준다고 할 수 있다. 그 결과 「종묘제례악」이 유네스코 보물로 지정되며 한민족의 유려한 문화와 예술적 가치를 세계에 각인시키고 있는 것이다.

세미나를 들으면서 감명 깊었던 것은 훌륭한 음악을 통해 백성이 교화되며 도(道)에 거스름 없이 평온한 국가를 이루고자 한 왕들의 노력이 있었다는 점이다. 스스로 작곡을 하고 음악을 완성한 것을 보면 그 시대의 왕들의 학문적 수준과 예술적 감성이 얼마나 훌륭했는지 알 수 있다. 특히 세종대왕이 아악을 작곡하고, 성종이 부왕을 위해 작곡을 하여 봉헌한 것을 보면 당시의 국왕과 신하의 정신적 수준과 예술적 감흥의 수준을 짐작해 볼 수 있다. 이러한 왕과 귀족들의 품위와 도량이 백성을 압도했을지도 모르나, 어찌 되었든 조선시대의 통치이념은 확고하고 수준 높은 연희예술의 또 하나의 초석을 낳아 준 셈이다. 이는 어느 문화에서도 찾아보기 힘든 고매하고 유려한 음악의 세계이며 사람들의 언행과 규범을 지혜롭게 통제하는 훌륭한 제도를 마련한 것이다.

신현숙 교수가 집필한 「종묘제례 읽기」는 유교의 종교적 세계와 한국의 유교문화를 이해하는 데에 있어서 매우 중요한 역사적 문화적 자료인 종묘제례(宗廟祭禮)를 탐구한다. 조선은 유교 제사의례인 종묘제례를 길례로 받들어 오백 년 동안 국가 제사의례로 지속적으로 거행했다. 신현숙 교수는 유네스코 인류무형문화유산으로 등재된 종묘제례의 종교적 문화적 예술적 의미와 가치를 지키기 위해서는 현행 종묘제례의 공개행사와 관련된 문제점들 또한 검토할 것을 촉구한다.

송지원 교수의 「조선시대 제사음악에 담긴 유학사상」에서는 땅에 대한 제사인 제(祭), 하늘에 대한 제사인 사(祀), 사람에 대한 제사인 향(享)에 해당하는 각종 제사의례에서 연행하는 악가무(樂歌舞) 가운데 중요한 의미를 수반하고 있는 요소들을 살펴봄으로써 유교 제사와 음악의 관계, 즉 하늘과 땅, 인간과 음악의 관계와 그 의미를 찾는 방식에 대해 생각하는 기회를 마련한다.

정조 19년(1795), 자궁(慈宮, 혜경궁 홍씨)의 환갑연을 축하하기 위해 일곱 번의 헌수주(獻壽酒)와 일곱 번의 행주(行酒)가 있었던 화성(華城, 수원) 봉수당(奉壽堂)에서의 진찬연(進饌宴)은 군신(君臣)과 빈객(賓客)을 접대함에 있어 예를 다하면서도 검소하게 치러졌다. 김상보 선생은 글

「『화성봉수당진찬연(華城奉壽堂進饌宴)』에 드러난 음주의례의 특징」을 통해 영조의 검약정신을 계승한 「봉수당진찬연」에서 검소한 상차림이 식의례에서는 어떻게 나타나고 있는가를 밝히고자 한다.

김종애 선생의 「빈례를 통해 본 조선시대 궁중 술문화」에서는 조선의 각종 의례에서 받듦과 존중의 상징물로서 사용된 술과 그에 따른 주례(酒禮)를 살펴본다. 특히 국왕과 사신 간의 술잔을 주고받는 진작례(進爵禮)를 통해 조선시대 궁중의 술 문화뿐만 아니라 중국, 일본 및 교린국 사신들에게 베푼 연향에서 술을 올리는 주례의 절차와 차이점까지 자세히 알아본다.

「조선시대의 궁중상화」를 쓴 김태연 선생은 사료가 거의 남아 있지 않은 궁중상화를 연구 개척한 분이다. 조선시대 궁중에서 행해진 여러 가지 의례에 차려진 음식상에는 각양각색의 화려한 꽃을 꽂아 장식하였는데 이를 상화(床花, 綵花)라고 한다. 오늘처럼 생화가 흔하지 않았던 조선시대에는 궁중상화가 진찬례(進饌禮)에서 큰 몫을 차지했다. 봉수당진찬례에 사용되었을 궁중상화를 중심으로 상화의 종류와 의미, 제작기법 등을 살펴 당시 찬란했던 문화와 권위를 조금이나마 짐작해 볼 수 있다.

「궁중의례의 복식미」를 쓴 백영자 선생은 조선시대의 신분제도가 복식의 엄격한 계층 분화를 가져왔고 『국조오례의(國朝五禮儀)』를 기준으로 모든 의례복을 법으로 정하게 되었다고 설파한다. 최고 상위 신분인 왕과 왕비, 하위 신분인 일반무 여령(女伶)의 복식을 대상으로 그들의 복식 형태와 미적 특성을 함께 살펴본다. 또한 임진왜란 전후와 조선시대 말기의 의례복을 다룸으로써 당시의 세태와 연관된 복식의 변화를 따라간다.

「조선시대 궁중의례와 건축공간」을 쓴 조재모 선생에 의하면 궁궐은 정치 중심의 무대이며 동시에 왕실의 생활공간이다. 그러므로 외전(정치공간)과 내전(생활공간)이 분류되어 있으면서도 두 공간에서 일어나는 모든 행위는 왕실 법도에 준하여 이루어졌다. 조재모 선생은 조선시대 궁궐의례 분석을 통해서 궁궐건축의 형식을 이해할 수 있다고 말한다. 행례의 배경으로서의 궁궐건축이라는 관점은 이러한 의미에서 유의미하다. 오백년가량 지속된 조선시대 궁궐사에 있어서 예학 수준의 발전과 이에 따른 궁궐 의례규정의 변동은 건축형제의 변화를 추동하는 근본적인 요소가 된다는 판단으로부터, 『국조오례의(國朝五禮儀)』와 『국조속오례의(國朝續五禮儀)』 등 제반 의례규정은 건축공간의 운영에 있어 핵심적인 요소라 할 수 있다. 선생의 글을 통해 상호 영향을 주었던 궁궐의 건축공간과 의례규정을 상세히 알아본다.

「조선시대 의례의 연희자」를 쓴 김종수 선생에 따르면 조선은 성리학적 이상 국가를 실현하고자 했다. 정치와 형벌보다는 예(禮)와 악(樂)으로 나라를 이끌어 가기 위해 의례를 제정하였으며, 의례에는 음악이 수반되었다. 예는 귀천(貴賤)과 장유(長幼)를 구분하여 질서있게 하고, 악은 한마음으로 만들어 화합하게 하므로, 예와 악은 상호 보완이 되기 때문이다. 오례에 수반된 악(樂)과 악을 수행한 연희자(演戲者)에 대해 살핌으로써, 조선시대에 의례를 통해 추구하고자 한 것이 무엇이었는지 살펴본다.

서설 「궁중의례와 연희예술」과 「중세 한·중·일 궁중의례와 연희」를 써 주신 윤광봉 선생은 한국의 연희사뿐만 아니라 한중일의 연희사까지 비교 분석하며 논의의 범위를 확장시킨다. 특히 서설에서는 제의와 관련한 속가무의 공연 양상을 시대별로 살펴본다. 궁궐에 채붕(彩棚)을 설치하고, 화사한 옷을 입은 예인들의 모습과 방울놀이와 줄타기 등을 즐기는 사람들의 모습을 통해 잡희를 달가워하지 않는 유교국가인 조선에서도 고려시대의 산대무대에서 연출되던 풍경과 유사했음을 알 수 있다. 「중세 한·중·일 궁중의례와 연희」에서는 한중일(韓中日)의 궁중에서 행해진 의식과 악·가·무를, 중국의 송, 한국의 고려, 일본의 헤이안시대를 중심으로 살펴본다. 중세 한중일의 시대적 상황과 궁정문화에 연계된 불교의 사정을 살피며, 제반 궁정의식 속에 연희 양상이 어떻게 전개되었는가를 짐작해 볼 수 있는 기회가 될 것이다.

한국공연예술원이 주최하는 샤마니카 세미나를 통해 세번째로 출간되는 '궁중의례'는 많은 분들의 축복과 감사로 이루어졌다. '샤먼 문화'와 '불교의례' 세미나에 꾸준히 참여해 주신 많은 참석자들과 열성으로 발표해 주시고 글을 써 주신 필자들에게 감사드린다. 발표에 참석해 주셨지만 글을 실어 드리지 못한 송혜진, 이남학, 김영숙 선생님 들에게는 진심으로 사과드린다. 또한 까다롭고 일 많은 이 작업을 마다 않고 해 주신 열화당에 깊이 감사드린다. 아울러 장장 육칠 년에 이르는 샤마니카 세미나를 이끌어 오는 한국공연예술원 조국제 부원장, 김영숙 총무에게도 고마움과 사랑을 보낸다.

2018년 6월
양혜숙(梁惠淑) 사단법인 한국공연예술원 이사장

A Summary
Searching for the Roots of Korean Performing Arts: Royal Court Ceremonies

The Korea Performing Arts Center has been committed to establishing the foundation of its Korean acting course. The focus of the endeavor was to determine the basis on which and how acting should be taught as the course would be the voice of Korea and the Korean culture. Moreover, the actors of different genres of the performing arts represent the sentiment, temperament, and grace of the Korean people. In this sense, it was essential for the actors to understand the Korean traditions in which the root and sentiment of Koreans are inscribed. Therefore, we launched projects to examine Korean traditional ceremonies in which Korean performing arts are taking root by classifying them into three categories: shaman culture, Buddhist Rituals, and royal court ceremonies. The project on royal court ceremonies, which was the third project, has also posed many challenges, as with the preceding two, as all the related literature and documents were fully written in Chinese characters.

Despite such challenges, thanks to the mature Korean cultural base that had successfully established the Korean traditional music centers (Gugak Centers) and theaters across the country, along with the devoted work of outstanding scholars, the project results were successful.

Professor Shin Hyeon-suk's "Reading Jongmyo Jerye" delves into Jongmyo Jerye, a significant historical and cultural heritage for understanding the Confucian religious world and the Korean Confucian culture. The Joseon Dynasty, during which Confucianism was established as the ruling ideology, considered Jongmyo Jerye, a Confucian ancestral rite, as one of the auspicious rites and continued to perform it for 500 years as the state ancestral rite. Although it was once abolished after liberation, it was restored in 1969. Since 1971, it has been hosted by the Jeonju Lee Royal Family Association and is now held on the first Sunday of May every year. It was proclaimed as one the Masterpieces of the Oral and Intangible Heritage of Humanity on May 18, 2001, and was included in the Representative List of the Intangible Cultural Heritage of Humanity in 2008.

Professor Song Ji-won's "Confucianism Thought in the Ritual Music of the Joseon Dynasty" focuses on music, songs, and dances performed in ancestral rites. The rites are classified into three categories: *je*, ceremonies for the earth, *sa*, ceremonies for heaven, and *hyang*, ceremonies for humans. This work gives insight into the relationship between Confucian ancestral rites and music, that is, the relationship between heaven, earth and humans and music, and its meanings.

The frugality and grace of the Crown Princess Hong are well reflected in the attitude in which she received officers and guests. This was especially reflected in Bongsudang Jinchanyeon (Royal Banquet at Bongsudang Hall), a *naejinyeon* (royal banquet for interior guests) held in 1795, the 19th year under the reign of King Jeongjo. Author Kim Sang-bo examines the thrifty food preparation for Bongsudang Jinchanyeon, which inherited the spirit of frugality of King Yeongjo, in his "The Characteristics of Drinking Rites in Hwaseong Bongsudang Jinchanyeon."

Kim Jong-ae's "The Joseon Dynasty's Court Drinking Culture Reflected in Binrye (Ceremonies for Welcoming Foreign Envoys)" spotlights wine, which was used as a symbol of reverence and respect in various ceremonies of the Joseon Dynasty and related *jurye* (wine drinking rites). It focuses on the banquets hosted by the king to welcome Chinese envoys as described in the chapter titled, "Binrye" of *Gukjooryeui* (The Manual of the Five Categories of State Rites) published during the Joseon era; procedure of banquets for receiving the envoys of Japan and the Yugu and Yeojin Tribes; and banquets held in the areas where Chinese envoys passed to welcome them and *jurye*. In particular, the author looks at *jinjakrye*, a rite of exchanging cups of wine between the king and the envoy to introduce the drinking culture of Joseon, as well as the procedure of *jurye* in banquets for envoys of China and Japan and other neighboring countries, and the differences between them.

Kim Tae-yeon, the author of "*Sanghwa* in the Joseon Dynasty's Court Rites," is a pioneer in the study of the *sanghwa* that has remained veiled due to the absence of historical records. During the Joseon era, the tables for court banquets and ceremonies were decorated with colorful artificial flowers (*sanghwa*). *Sanghwa* had a significant presence in *jinchanrye* (royal banquet; also called *jinchanyeon*) during this period, as real flowers were difficult to obtain, unlike today. The author introduces *sanghwa*, which might have been also used in Bongsudang Jinchanyeon, and provides insight into the glorious culture and authority of the Joseon Dynasty based on an understanding of the varieties, meanings, and production techniques of *sanghwa*.

Baek Yeong-ja, who wrote "The Beauty of Costume in the Joseon Dynasty's Court Rites," suggests that the class system of the Joseon Dynasty led to the strict rules on costumes and that all dress codes for rites were based on *Gukjooryeui*. The author delves into the costumes of the king and queen, who were at the top of the class system, and that of female dancers, *yeoryeong*, who were commoners, by comparing them in terms of forms and aesthetic characteristics. In addition, she follows the changes of the Joseon costumes associated with the customs of the times to other historical periods. For example, she examines the differences between the ritual costumes before and after the Japanese invasion of 1592 as well as the changes in the late Joseon period.

According to Jo Jae-mo, the author of "The Court Rites and the

Architectural Space of the Joseon Dynasty," the palace simultaneously serves as both the political center and the living space of the royal family. Therefore, palaces were divided into *oejeon* (political space) and *naejeon* (living space), but all activities performed in the two spaces were made in accordance with the royal law. The author observes that through the analysis of the court rites of the Joseon Dynasty, we can understand the styles of palace architecture during the era. The view of the palace as a venue of ceremonies is meaningful in this sense. The development of *ye-hak* (study of courtesy) in the palace history of the Joseon Dynasty, which lasted for about 500 years, as well as the related changes in regulations on court rites, were fundamental factors that brought about changes to the architecture. These regulations on court rites, such as *Gukjooryeui* and *Gukjosokoryeui* (Revised and Updated *Gukjooryeui*), were key elements in the operation of the architectural space. From this point of view, the author explains in detail the architectural space and court rite regulations of the Joseon Dynasty.

Kim Jong-su, the author of "Performers of the Joseon Dynasty's Court Rites," suggests that Joseon Dynasty dreamed of an ideal state in accordance with Neo-Confucian thought. The kingdom instituted various state rites to rule the country with courtesy (*ye*) and music (*ak*) rather than with politics and punishment. Therefore, these rites were accompanied by music. The courtesy is to establish order by distinguishing high and low and old and young, and music is to promote harmony and unity among people. Thus, courtesy and music complement each other. The author explores the music used for the five major court rites of the Joseon Dynasty as well as the role played by the performers who played this music, revealing what the Joseon Dynasty intended to pursue through rituals.

Yun Gwang-bong, who contributed the foreword, "Court Rites and Performing Arts" and the article "Korea, China, and Japan's Court Rites and Performing Arts during the Middle Ages," investigates the history of Korean performing arts. He also compares it with that of China and Japan, extending the scope of the discussion. Particularly in the foreword, he reviews the performances of songs and dances related to courts rites by periods. "Korea, China, and Japan's Court Rites and Performing Arts during the Middle Ages" focuses on the music, songs, and dances performed in the courts of these three countries, especially during the Chinese Song Dynasty era, the Korean Goryeo Dynasty era, and the Japanese Heian period. He also examines the Buddhist culture linked to the situations of the three states during the Middle Ages and follows how the performing arts were developed in court rites.

June 2018

Hyesook Yang

Chairman of Korea Performing Arts Center

차례

서설

궁중의례와 연희예술

윤광봉(尹光鳳)

1. 궁중의례란

궁중(宮中)은 글자 그대로 대궐 안이다. 이와 비슷한 말로 궁정(宮廷), 궁궐(宮闕), 대궐(大闕), 궁(宮) 등이 있다. 어떠한 표현도 임금이 거처하는 곳의 의미다. 임금은 백성을 보듬고 나라를 외부로부터 안전하게 지키는 책임을 맡은 공인이다. 그러다 보니 실권이 막강해 주어진 권력을 남용할 때가 꽤 많다. 그래서 이러한 남용을 막기 위한 방도로 규칙을 만들고, 임금은 밑에서 받드는 신하들의 의견을 들어 규칙에 맞게 모든 행사를 치르게 된다. 조선조 성종(成宗) 때인 1474년 최종적으로 완성한 국가의 기본 예식을 기록한 『국조오례의(國朝五禮儀)』에 실린 길례(吉禮), 가례(嘉禮), 빈례(賓禮), 군례(軍禮), 흉례(凶禮) 등 다섯 가지 예도 그러한 규칙 중의 하나이다. 예(禮)란 땅의 귀신을 의미하는 '기〔示 = 祇〕'와 예를 집행하는 그릇을 의미하는 '풍(豊)'을 합한 것으로 신에 대한 제사 혹은 그와 관련된 절차와 형식을 의미한다. 바로 이러한 절차와 형식이 의식에서 갖춰야 할 덕목이기에 의례라 한다. 오례는 바로 이 의례를 기반으로 국가질서에 관계되는 국가례(國家禮)로서, 향촌사회에서 거행되는 향례(鄕禮) 또는 집안에서 치루는 가례(家禮)와 달리 궁중에서 왕이 집전하는 왕조례(王朝禮)를 이른다. 이에 대한 규정은 『국조오례의』『춘관통고(春官通考)』『대전회통(大典會通)』 등에 기록되어 있다.[1]

이를 참고해 간단히 요약하면, 먼저 길례(吉禮)는 주요한 제사 대상이 사직(社稷), 종묘(宗廟), 궁전(宮殿), 능침(陵寢), 묘(廟) 등이다. 천신(天神)·지기(地祇)·인귀(人鬼)를 대상으로 하는 국가 제사로서 사직, 종묘·영녕전에서 거행되는 대사(大祀), 풍운뇌우(風雲雷雨)·악해독(岳海瀆)·선농(先農)·선잠(先蠶)·우사(雩祀)·문성왕(대성전)을 대상으로 하는 중사(中祀), 그리고 영성(靈星)·노인성(老人星)·마조(馬祖)·명산대천·사한(司寒)·선목(先牧)·마사(馬社)·마보(馬步)·마제(禡祭)·영제(禜祭)·포제(酺祭)·칠사(七祀)·독제(纛祭)·여제(厲祭) 등의 소사(小祀)가 있다. 이외에도 산릉이나 진전(眞殿)에서 거행하는 의례도 길례에 해당한다. 이로 보아 국가적 의미의 길례는 그 범위가 대단히 넓음을 감지할 수 있다.

군례(軍禮)는 출정 및 군사를 이끌고 돌아오는 반사(班師)와 관련된 열병의식(閱兵儀式), 무술을 조련하는 강무의식(講武儀式), 적을 죽이고 귀나 목을 잘라 임금에게 바치는 헌괵의식(獻馘儀式), 전쟁 승리를 알리는 노포의식(露布衣食) 등의 예절과 수렵 외 축액(逐厄) 즉 대나의식(大儺儀式)이 포함된다.

빈례(賓禮)는 중국이나 인국(隣國)의 사신을 맞이하고 보내는 외교의례를 말한다. 그리고 가례(嘉禮)는 중국에 대한 망궐례(望闕禮)와 중국 사신으로부터 조서와 칙서를 받는 의식으로, 왕의 성혼이나 즉위, 백관(百官)의 조하(朝賀), 왕비·황태자·황태손·왕세자빈의 책봉, 왕실의 혼례, 궁중 잔치와 양로연(養老宴), 과거 의식 등이 있다. 끝으로 흉례(凶禮)는 국가의 상장(喪葬)에 관련된 모든 의식을 말한다. 원래 이 의례는 민간의 상장에 관한 상례뿐 아니라 국가 또는 왕실의 상장에 관한 일체 의식을 포함하는 넓은 의미가 있다. 이를테면 왕실의 경우, 삼년상을 마친 신위를 종묘에 모시는 부묘(祔廟) 의식 등이 그것이다.

이처럼 많은 행사들은 궁궐을 중심으로 치러지며 그때마다 뒤따르는 부대 행사도 늘어나게 마련이다. 이에 따른 행사 진행은 궐내 건물 안에서 치러지는 경우가 있고, 밖에서 치러지기도 한다. 설행(設行) 목적에 따라 연향은 회례연(會禮宴), 양로연(養老宴), 진연(進宴), 사객연(使客宴)으로 나뉘고, 참여하는 사람에 따라 외연(外宴)과 내연(內宴)으로 나뉜다. 말이 잔치지 여염집 잔치가 아닌 나라님 모시고 치르는 대궐 행사이다 보니, 잔치가 벌어질 때마다 말도 많고 탈도 많을 수밖에 없다. 그럼에도 그 잔치의 정경을 보면, 부수적으로 따르는 준비 과정에서부터 마지막 끝날 때까지의 모습이 그야말로 종합예술의 극치를 이루게 되어 많은 사람들의 감흥을 불러일으킨다.

어쨌든 이러한 행사는 한두 사람에 의해 치러지는 것이 아니기에, 원만한 진행을 위해 총괄하는 지휘부가 필요하다. 그래서 이런 자리가 있을 때마다 임시기관인 진연청(進宴廳)이 설치된다. 축하식이라면 으레 공연과 거기에 따르는 설비, 또 모인 사람들을 위한 음식, 의상, 상화(床花) 등등 많은 사람들이 먹고 마시고 걸치고 즐길 것을 준비하게 된다. 그래서 이러한 모습들을 재현하려던 후대 사람들은 선조가 남긴 글과 그림의 궤적을 보고 선조들의 지혜에 놀라기도 한다. 그렇다면 이러한 잔치들이 조선조까지 어떻게 이어져 왔을까 궁금해진다.

2. 궁중문화

지금까지 앞에서 나열했던 궁중의식은 말하자면 궁중문화이다. 문화는 놀이에서 생겨난다. 놀이는 자유인 동시에 창의이며, 변덕인 동시에 규율이다. 궁중에서 벌어지는 여러 행사도 일종의 놀이로 간주할 수 있다. 여기엔 놀이가 일으키고 유지하는 탐구정신, 규칙의 존중, 초연한 태도가 은연중에 배어 있다. 그래서 로제 카유아(Roger Caillois)는 궁중의식에서 연출되는 엄격한 법규와 이에 따르는 운율법, 대위법, 원근법의 규칙들은 곧 극의 연출법, 예배식의 규칙, 군사전술의 규칙, 철학 논쟁의 규칙처럼 모두 존중해야 할 약속이라 했다. 이것은 말하자면 관례이다. 관례가 습관을 낳으며, 습관이 결국 관례를 자연스런 것으로 나타나게 하기 때문이다.[2]

궁중문화는 바로 이러한 것들의 치밀한 망으로 얽혀진다. 그러다 보니 궁중의식은 결국 엄숙한 종교의식과 같은 분위기임을 감지할 수 있다. 즐거운 잔치이지만 언제 어떤 불상사가 일어날지 모른다. 그러기에 술 한잔 마시기 위해 음악이 따르고, 임금도 신하도 또한 머리를 조아리며 한잔을 마셔야 하는 규율이 그렇게 엄격할 수가 없다. 그래서인가 이러한 엄숙한 분위기를 조금이나마 부드럽게 하기 위해 임금은 때때로 즐거운 뒤풀이를 벌이기도 한다.

뒤풀이에선 때로는 원무(圓舞)와 무언극을 보여 주기도 하고 유랑예인들의 기예도 보여 준다. 중국의 이름난 항장무(項莊舞)의 출현도 바로 이러한 분위기 속에서 연출된 것이다. 이처럼 임금과 같이한 자리에서 볼 수 있는 분위기란 놀이의 질서와 긴장의 연속이다. 그러면 긴 역사를 지닌 우리 역사 속에 그동안의 궁중의례와 연계된 궁중잔치가 어떻게 치러졌는지 궁금하다. 그래서 마지막 왕조인 조선조 사례를 먼저 엿보고, 다시 환국(桓國)을 이은 옛 조선 즉 고조선 이래의 흔적을 사적(史的)으로 살펴본다.

3. 궁중잔치

조선조의 기록을 살피면, 궁중잔치는 진풍정(進豊呈), 진연(進宴), 진찬(進饌, 진연에 비해 음식이 간소함), 진작(進爵), 수작(受酌) 등의 다양한 명칭으로 불린다. 이는 주로 왕대비나 임금의 환갑 등 궁중의 큰 잔치가 있을 때 거행되었는데, 규모나 시기 그리고 종류에 따라 조금씩 달리 표현했다. 이러한 잔치를 위해 임시기관인 진연청(進宴廳)이 설치되었고, 이 기관을 중심으로 상당한 준비 과정을 거쳐 진연이나 진찬이 마련되었다. 그래서 이러한 잔치들의 전말을 기록한 책도 『풍정도감의궤(豊呈都監儀軌)』 『진찬의궤(進饌儀軌)』 『진연의궤(進宴儀軌)』 등으로 구분했다. 전언한 바와 같이 궁중잔치는 크게 외연과 내연으로 나뉘는데, 외연은 문무백관이 참여하는 것이고, 내연은 왕가의 내외명부와 종친(宗親), 의빈(儀賓), 척신(戚臣) 등이 참여해 의례와 절차에 차이가 있다. 풍정(豊呈)은 『설문해자(說文解字)』에 의하면 예자(禮字)의 옛 글자이다. 또한 굽이 높은 그릇이라는 뜻도 있다. 어쨌든 이러한 잔치들은 전언한 바 오례 중 흉례(凶

禮)를 뺀 길례(吉禮), 군례(軍禮), 빈례(賓禮), 가례(嘉禮)에서 주로 베풀어진다.

다음은 숙종, 광해군 때의 잔치 모습인데, 먼저 숙종 때의 모습을 잠시 엿본다. 잔치 준비를 위해 하루 전 왕명 전달이나 임금이 쓰는 붓, 벼루 공급 또는 대궐 열쇠를 보관하고, 대궐 뜰 설비를 맡는 액정서(掖庭署)에서 전체 계획을 짠다. 그리고 장악원(掌樂院)에선 악(樂)을 위해 헌현(軒懸)을 전정(殿庭)에 벌여 설치한다. 사실 이러한 행사가 거행될 때마다 쓰이는 비용은 만만치가 않다. 그래서 뜻있는 신하들이 볼 때 이러한 잔치에 시선이 고울 수가 없다. 따라서 이에 따른 군신 간의 알력도 자연스레 생기게 마련이다. 다음 진언(進言)을 보자.

"전에는 풍정(豊呈)이 있었고 진연(進宴)은 없었습니다. 효종 때부터 진연을 거행했는데 이는 모든 물자와 노력을 살펴서 절감하는 것이었습니다. 풍정에 들어가는 비용을 잘 알지 못하더라도 지존(至尊, 대왕대비)의 주갑(周甲)은 드물게 있는 경사이므로 진연에 비해 물력이 더 든다고 할지라도 풍정으로 하는 것이 마땅합니다."[3]

숙종 때 영의정이었던 김수항(金壽恒)의 간절한 진언이다. 이 진언은 숙종 8년(1682) 7월 23일부터 다음 해(1683) 11월 23일까지 당시의 대왕대비인 인조의 계비 조씨(趙氏) 장렬왕후(莊烈王后, 1624-1688)의 주갑 수연을 준비하는 과정을 자세히 기록한 장서각 소장의 「수연등록」의 기록이다. 그런데 이 행사가 어떤 이유에서인지 중단이 되었다. 그 뒤 1686년에 부묘지례(祔廟之禮)를 지내고 위패를 종묘에 모시는 의식을 치른 후 다시 이 행사에 대한 논의가 이어져 결국 숙종은 부묘의 예를 치렀다. 그러고 난 다음 대왕대비의 주갑 경사를 풍정으로 올릴 것을 분부했다. 풍정(豐呈)은 글자 그대로 풍성하게 제물을 마련하는 것이니 그 비용이 만만치 않았을 것이다.[4]

그런가 하면 또한 『광해군일기』에 보면, 밤새도록 재를 올리고 묘문을 나와 궁으로 돌아가는 길에 사간원(司諫院)에서 보지 않도록 말려도, 광해군이 하루 종일 채붕(綵棚)과 향산(香山) 그리고 여악(女樂)을 관람하는 장면이 나온다. 승정원과 홍문관도 어가 앞에서 세 번이나 보지 않도록 아뢰었으나 모두 따르지 않았다. 그래서 종묘제를 끝내고 궁궐로 돌아오는 길에 광화문에서 열리는 산대행사를 구경하려는 임금과 신하 사이에 시비가 붙기도 한다.

사간원이 "오늘이 비록 대단히 경사스러운 날이기는 합니다만 밤새도록 제사를 지내셨으므로 필시 옥체가 많이 손상되셨을 터인데, 오랫동안 어가를 멈추고 배우들의 놀이와 여악을 관람하시는 것은 참으로 성덕(聖德)의 일이 아닙니다. 속히 정전(正殿)으로 돌아가셔서 신하들의 축하를 받으소서" 하고, 또한 사헌부가 "① 오늘 채붕(綵棚)을 세우고 향산을 설치한 것은 큰 경사를 빛내기 위한 것입니다. 그러나 큰 경사의 근본은 사당에 고하고 하례를 올리는 데 있으니, 채붕과 향산은 관람해야 할 것이 아닙니다. 속히 환궁하여 축하를 받아서 대단히 경사스러운 예를 마무리하소서" 하니, 광해군이 답하기를 "이것은 전에 없던 큰 경사이다. 같이 즐기고 경사를 누려서 황은(皇恩)을 빛내는 것은 조금도 문제될 것이 없으니, 번거롭게 논하지 말라" 하였다. 그러자 사헌부가 재차 "관복을 이미 내려서 태묘(太廟)에 고했으니, 오늘의 큰 경사가 어찌 꼭 여악(女樂)을 설치해야만 유익하겠습니까. 더구나 밤새도록 예를 행하셨으니 성상의 몸이 고달프실 것입니다. 속히 법궁(法宮)으로 돌아가서 신하들의 하례를 받으소서" 하니, 사간원이 아뢰기를 "조섭(調攝)하신 지가 오래되지 않았는데 밤새도록 제사를 지내셨으니, 옥체가 필시 많이 상하셨을 것입니다. 더구나 함께 즐기고 경사를 누리는 것은 ② 여악(女樂)과 잡희(雜戲)에 있지 않으며, 황은(皇恩)을 빛내는 것도 배우들의 요사스러운 기예에 있지 않으니, 더욱 잠시라도 어가를 멈추어서 성덕에 누를 끼치게 해서는 안 됩니다. 속히 법전(法殿)으로 환궁하셔서 여러 신하들의 축하를 받으소서" 하니, 답하기를 "큰 경사를 치른 후에 황은(皇恩)을 빛내는 것이 무슨 문제가 되는가. 번거롭게 아뢰지 말라" 하였다. 사간원이 세번째 아뢰기를, "황제의 은혜를 빛내는 것이 여기에 있지 않은데 이렇게까지 완고하게 거절하시니, 신들은 삼가 민망하게 생각합니다. 지금 만일 마음을 비우고 이 말을 받아들이신다면 실로 많은 사람들이 격려될 것이며, 그 아름다움을 후세에 전하게 될 것입니다. 속히 정전으로 돌아가셔서 신하들의 기대에 보답하소서" 하고, 사헌부가 세번째 아뢰기를, "③ 배우들의 잡기와 분 바른 것들의 요망스런 놀이는 임금이 보지 않아야 할 것들입니다. 오늘의 경사가 전에 없던 것이라고는 하나, 전하께서 오랫동안 어가를 멈추고서 마냥 보고 계시니, 이래서 신들이 두 번, 세 번 청하는 것입니다. 잡희를 보지 말고 속히 정전으로 환궁하소서" 하니, 답하기를 "내 뜻은 이미 유시(諭示)하였다만 마땅히 헤아려서 조처할 것이니, 너무 번거롭게 하지 말라" 하였다.[5]

이로 보아 원래 임금에게는 산대놀이를 봐야 할 경우, 모범적인 행동거지가 요구된 듯하다. 그러나 임금 앞에서 벌어지는 각종 연희는 어느 정도 자율성이 보장되었을 것이다. 그러다 보면 때로는 현장에서 보여 주는 연행 속에서 예인들은 귀에 거슬리는 거친 대사도 재치있게 구사하며 보는 사람들의 마음을 즐겁게 했을 것이다. 다소 긴 인용이었지만 ①, ②, ③에서 보듯이, 밤새도록 제를 올리며 긴장했을 임금이 얼마나 답답했으면, 끝나고 돌아오는 길에 신하들의 만류에도 불구하고 채붕과 향산, 여악과 잡희, 특히 배우들의 잡기와 분 바른 것들의 요망스런 놀이에 흠뻑 빠졌을까 생각해 본다. 『예기(禮記)』에도 있듯이 제를 올리는 날엔 방에 들어가면 애연하여 반드시 그 자리에 보이는 것 같고, 돌아서 밖에 나오면 숙연하여 반드시 그 소리를 듣는 것 같고, 밖에 나와서 들을 때는 개연하여 반드시 그 탄식의 소리를 듣는 것같이 하니 그 긴장감이 오죽했을까. 그래서 승정원과 홍문관도 어가 앞에서 세 번이나 아뢰었으나, 임금은 모두 따르지 않았던 것이다. 어쨌든 임금 일행은 아침에 묘문(廟門)을 나와 해가 기운 다음에야 돌아왔다. 그런데 여기서 주목할 것은 경례(慶禮)의 여악은 다 간사한 무리들이 권해서 진행한 것이었다. 그럼에도 어가 앞에서의 신하들이 다투어 올리는 간언은 규례에 따라 책임만 모면하려는 데 불과했던 것으로 직언이 아니었다. 이러한 장면은 나라에서 정한 엄한 규율이라는 것이 얼마나 황당하고 조삼모개식인가를 엿볼 수 있는 좋은 예이다.

왕조실록의 예를 일별했으니, 이제부터 이러한 궁궐행사가 어떻게 조선조까지 이어졌는가를 간단히 살펴본다.

4. 고조선, 삼한, 고구려

고대 궁궐행사라면 역시 제의와 관계가 깊다. 당시 제의란 천신에 대한 참가자들의 표출이며 극적인 표현이라 할 수 있다. 이러한 제의는 시적 운율로 표현되고, 이때 쓰이는 시어는 제의를 말로 표현해 주며 사회적 관계의 조정자, 지혜, 정의, 도덕의 수단이 되기도 한다.[6] 그래서 행사 때 친인척 신하들이 바치는 치어(致語)도 절대적으로 구속적이면서도 거의 무한정한 변형을 허용하는 세밀한 규칙에 입각하고 있다. 사물에 표현을 주고 동시에 그것을 표현한 개념들로 감쌀 수 있게 하는 것은 오직 이미지를 창조하는 형상적 언어뿐이다. 그래서 제의와 연결되는 악(樂), 가(歌), 무(舞)는 악어와 악어새처럼 서로 보완관계이다.

어쨌든 어떠한 제의도 원만한 진행을 위해 연일 먹어야 하는 음식 마련과 가무를 위한 많은 인원과 이에 따르는 경비가 필요하다. 그러나 이런 제의를 통해 재분배가 이뤄지고, 이 과정에서 왕권의 존엄성이 가시화되는 효과를 가져오는 것도 만만치가 않다. 말하자면 이런 자리란 음복을 하면서 왕과 신하와 백성들로 하여금 공동적 유대감을 갖게 하는 것이다. 그래서 어떤 제의도 끝 무렵엔 어느 나라고 반드시 주연(酒宴)의 뒤풀이가 있게 마련이다.

『제이전(諸夷傳)』서문(序文) 양서(梁書)에 의하면, 동이(東夷)의 나라 중 가장 큰 나라가 조선(朝鮮)이라 했다. 그들은 기자(箕子)의 감화를 받아 그 기물들이 오히려 예악의 기풍이 있다고 했다. 또한 같은 책「고구려(高句驪)」편에 보면, 고구려는 한나라, 위나라 때엔 남쪽은 조선, 예맥과 연접되었고, 동쪽은 옥저에 연해 있으며, 북쪽은 부여와 연접되었다.[7] 잦은 난리와 나라의 흥망성쇠로 말미암아 우리 고대 역사가 올바로 전하지 않는 안타까운 현실이지만, 고조선 이전부터 환국〔桓國, 석유환국(昔有桓國):『삼국유사』〕으로 출발한 우리나라는 배달국가(倍達國家)와 고조선을 거쳐 열국의 시대로 접어든다. 부여, 옥저, 고구려, 진국과 삼한의 시대가 그것이다. 한때 사천 리 이상의 큰 나라였지만, 지금은 식민지 사관에 의해 우리나라가 한반도라는 오명(汚名)으로 무궁화 삼천 리 국가로 전락한 반도소국이 되었다. 전언한 바와 같이 우리는 배달의 자손이 아닌 환국의 자손이다. 이들 국가는 한결같이 하늘을 신봉하고 제를 올렸다. 이른바 천제사(天祭祀)를 지내는 궁궐문화가 엄연히 존재했었지만, 안타깝게도 수많은 문적(文籍)이 사라져 그 흔적을 구체적으로 알 수가 없다.

가장 안타까운 나라 중의 하나가 찬란한 문화를 지녔던 가야국(伽倻國)이다. 변한 십이 국과 그 밖의 소국들이 다섯 가야와 금관가야와 대가야를 맹주로 한 연합국가로 통합된 것은 변한 제국(諸國)의 악무가 가야제국에 합병된 것을 의미한다. 말하자면 가야제국은 오늘날 국가연맹의 성격을 띤 나라다. 따라서 그 세력이 지금의 일본까지 뻗어 위력을 떨쳤던 것이다.『삼국사기』에 실린 가야금과 우륵의 얘기는 결국 가야의 역사다. 그래서 우륵이 지었다는 「우륵십이곡(于勒十二曲)」도 십이의 뜻이 십이 국과 관련이 있지 않을까 하는 생각도 해 보는 것이다.[8] 우륵이 만들었다는 가야금과 낙랑의 '자명고각(自鳴鼓角)', 신라의 '만파식적(萬波息笛)'은 각기 나라를 지켰던 신성악기이다. 나라가 어지럽고 기울어지게 되면 예인들의 이동은 불가피하다. 그들은 궁중에서 민가나 시정으로, 또는 한 나라에서 다른 나라로 옮기는 것이다. 우륵의 망명이 6세기라 할 때 그때까지 가야가 존속되었음을 감지하게 된다. 가야는 삼한 제국 중 가장 선진국가

여서 백제, 신라 두 나라가 서로 '누가 빨리 정복할 것인가'만을 노리고 있었는데, 결국 신라가 차지하게 되었다. 가야금, 화랑도, 팔관연회(八關筵會)는 진흥왕의 큰 업적인데, 그는 가야의 악사 우륵을 하림궁(河臨宮, 청주 행재소)에 초치(招致)하여 가야악무를 듣고 새로 만든 신가(新歌)를 듣기도 했다.[9] 이는 그만큼 가야의 궁정악무가 뛰어났다는 암시일 것이다. 여기서 고악(古樂)은 고인(古人)의 정서에 맞게 제작된 것이고, 신악(新樂)은 당시 사람들의 정감에 맞게 창작된 것으로, 고인의 정서에 맞게 제작된 고악과 차이가 있다. 오늘의 현상으로 보자면 전통의 현대화이다. 어쨌든 열국의 시대에 가장 우뚝 솟은 고구려는 다른 열국과 마찬가지로 고구려식 천제사(天祭祀)를 지냈다.

고구려는 요동 동쪽에 천 리나 되는 곳에 있었다. 남쪽은 조선, 예맥과 연결되어 있었고 동쪽은 부여와 접해 있었다. 위에 등장하는 조선, 예맥, 부여는 모두 동이족으로 우리 한민족의 뿌리다. 그래서 동이들은 고구려를 부여의 별종이라 하고 말이나 법이 비슷한 것이 많다고 했다. 한무제가 조선을 멸하자 고구려로 현을 삼아 현토에 소속시키고 북과 부는 악기와 배우들을 주었다. 사람들은 깨끗한 옷 입기를 좋아하며, 밤이면 남녀가 여럿이 모여서 배우놀이와 음악을 즐겼다. 또 귀신과 사직과 영성에 제사 올리기를 좋아한다. 10월이면 하늘에 제사하기 위해 사람들이 많이 모이는데 이를 동맹(東盟)이라 한다.[10]

위 기록에 빠트렸지만 고구려는 궁실을 치장하는 것을 좋아하였고, 살고 있는 집 좌우에 큰집[大屋]을 짓고 귀신에게 제사를 잘 지냈다. 궁실

치장의 화려함은 왕권의 위엄과도 연계된다. 그래서인지 당시 규율도 엄격했다. 동맹은 시월 제천의식이다. 말하자면 상제의식(嘗祭儀式)이다. 이에 대한 후대의 흔적이 신라, 고려의 팔관회며, 다시 우리 도래인들에 의해 세워진 일본으로 건너가 일본 궁중의례인 신상제(新嘗祭)를 낳는다. 위에 등장하는 귀신(鬼神), 사직(社稷), 영성(靈星)은 모두 고구려 궁궐의식과 연계된다. 여기서 귀신은 죽은 사람을 제사 지내는 조상신에 대한 제의로, 말하자면 종묘제례와 연계된다. 사직은 오늘날 사직제와 마찬가지로 토지와 곡식 신이며, 영성은 용의 귀신이다. 그래서 영성은 진일(辰日)에 동남쪽을 향해서 제사를 지냈다. 이로 보아 당시 종묘나 천신, 잡신들에 대한 제사권이 전부 궁궐의 관하임을 감지하게 된다. 특히『고기(古記)』를 보면 동명왕의 제사 기록이 흥미롭다. 왕 14년 8월에 왕모인 유화부인이 동부여에서 죽자 금와왕이 태후의 예로써 장례를 치르고, 조상의 신주를 모신 사당인 신묘(神廟)를 세웠다는 것이 그것이다.[11]

한편 예와 옥저와 구려(句驪)는 원래 조선 땅이다. 이는 조선이 스러지면서 흩어져 제각기 나라를 세운 같은 민족이란 말이다. 그중 예국(濊國)의 경우를 보면, 다음과 같다.

예(濊)에서는 해마다 정월 초하루면 조하(朝賀)를 했다. 이곳 풍속은 산천을 중히 여겨 산천마다 각각 부계(部界)가 있어 이웃 지방끼리 서로 간섭하지 못하도록 만들었다. 별의 움직임을 보고 풍흉을 점쳤고, 10월이면 하늘에 제를 올리고 이때 사람들은 밤새도록 술 마시며 춤추며 즐겼는데 이를 무천(舞天)이라 했다. 또 사당을 지어 범제〔虎〕를 올리는데 이것을 신으로 여긴다.

조하(朝賀)는 경축일에 신하들이 조정에 나아가 예를 올리던 궁중의식이다. 이로 보아 예(濊)에서도 신년맞이 궁중의례가 어느 나라처럼 마찬가지로 치러졌음을 알 수 있다. 그런데 여기에서도 10월이면 제를 올리는 의식을 벌여 천제 의식이 있었다. 흥미로운 것은 위 밑줄에서 보듯이 이때 호랑이를 신으로 섬겨 제를 올리고 있는 것이다. 이것은 왕권 이외 호신(虎神)으로 상징되는 세력이 있다는 의미일 것이다.

한(韓)은 세 종족이 있는데 마한, 진한, 변한이 그것이다. 이 중에 마한이 제일 컸는데 지금의 한반도 전체의 크기였다. 이 세 종족이 도합 일흔 여덟 나라인데 백제도 그중의 하나였다. 이러한 종족 중에서 사람을 뽑아 진왕(辰王)을 삼았는데, 세 나라 중에 왕 노릇하기 시작한 나라가 마한이다. 이로 보아 세 종족이 '한(韓)'이라는 동질성을 가지고 있음을 알 수 있다.

언제나 5월이 되면 밭갈이가 끝나 귀신에게 제사 드리고, 밤낮으로 술마시고 여럿이 모여 춤추며 노래하고, 한 사람이 춤을 추면 수십 명씩 따라서 춤을 춘다. 10월에도 이와 똑같이 논다. 여러 나라 고을에서 각각 한 사람이 천신에게 지내는 제사를 주제한다. 이 사람을 천군(天君)이라 하고 또 소도(蘇塗)를 세웠다. 큰 나무를 세우고 거기에 방울과 북을 매달아 놓고 귀신을 섬기는 것이다.

소도는 고조선 11세 도해단군이 천제를 올리던 장소로, 소도 둘레에 박달나무를 많이 심었다. 이것은 초대 단군이 박달나무가 우거진 곳에서 제를 올린 전통을 계승한 풍습이었다.[12] 이러한 천제를 부여에서는 영고, 고구려에선 동맹, 예맥에서는 무천(舞天)이라 했다. 천제는 천자가 올리는 것이다. 팔관회와 연등회도 따지고 보면 천제였다. 이러한 천제를 안타깝게도 이성계가 세운 조선 초기에 이르러 멈추었다. 명나라에서 '천제는 명나라처럼 큰 나라에서만 천자가 올리는 것'이라며 시비를 걸어와, 조선의 천제를 일체 금지시켰다. 그래서 그 후로 당시까지 올렸던 천제를 기후제 또는 별을 향해 올리는 초제(醮祭)로 격하시켰던 것이다.[13]

어쨌든 천자를 대표로 하는 토템이 용봉(龍鳳)이다. 천지광명의 변화를 그려 나가는 주체는 일월인데, 그 일월의 조화를 다스리는 자연신이 용봉인 것이다. 용봉문화의 원류는 중국 한족이 아니라 복희 때보다 훨씬 앞서는 배달 동이족이다. 용봉과 관련하여 빼놓을 수 없는 것이 삼족오(三足烏)이다. 봉토템의 원형인 삼족오는 삼신문화를 나타내는 영물로서 몸통은 하나이지만 발이 세 개 달린 현조(玄鳥)이다. 고구려 무용총 고구려 장천 1호분, 고구려 쌍영총 고구려 오회분 5호묘 등에 보인다. 선문대학교 역사학과 교수인 이형구는 삼족오 문화가 발해 연안의 고대 동이족의 태양숭배, 조류숭배 신앙이 합쳐진 우주사상이라 말한다.[14] 이처럼 천제를 지내는 중요한 이유는 천신에 대한 제례를 통해 왕권을 확립하려는 의도가 서려 있다는 것이다.

5. 가야, 신라, 백제, 그리고 다시 조선을 아우르며

이른바 삼국시대 전후를 통해 공존했던 우리 선인들이 세운 국가는 한둘이 아니었다. 그중에서도 가장 안타까운 국가가 앞에서 잠깐 언급한 가야다. 위에서 본 예나 맥, 옥저는 부여와 삼한의 중간 지역에 속한 국가들이다. 말이 삼국이지 가야를 포함해 사국이어야 하지 않을까 하는 생각을 할 때가 있다. 『삼국지』 「위서 동이」전 '변진(弁辰)'조에 보면, 가야제국이 통합한 변한의 십이 국이 있다. 삼국은 부족 단위의 작은 성읍국가에서 출발하여 여러 부족이 연합한 연맹왕국으로 성장한다. 고구려의 5부, 백제의 5부, 그리고 신라의 6부가 연맹왕국의 지배집단이다. 각 부는 국왕 밑에 있었지만, 각 부의 귀족들은 각기 독자의 관리를 거느리고 독자의 영역을 통치했다.[15]

『삼국사기』「본기」를 보면 신라, 고구려, 백제의 시조묘 제사가 자주 보인다. 신라의 경우, 시조묘 제사는 왕 대대로 거의가 다 지냈다. 문무왕 때는 특히 가야의 끊어졌던 종묘제례가 이어지고 있다. 친사(親祠), 친알(親謁)의 표현으로 보아 왕이 직접 주제했음을 알 수 있다. 이를테면 시조 혁거세묘를 세우고 사시(四時)로 제사를 올리는데, 누이인 아노가 주제하고 있다. 말하자면 제사 주제자를 따로 두기도 했던 것이다.

이 외 백제의 시조묘는 동명묘와 구태묘 두 계통으로 전해오고 있다. 『삼국사기』「제사지」에 『고기』를 인용한 대목을 보면, 온조왕 20년 2월에 대단(大壇)을 설치하여 천지신에 제사를 지내고, 왕 38년 10월에도 제를 지냈다. 제단을 설치한다는 표현으로 보아 지낼 때마다 단을 설치한 듯하다. 그런데 기묘한 것은 시조묘의 주인공이 온조가 아닌 고구려 시조인 동명왕이라는 것이다. 이는 곧 고구려가 북부여이고 백제가 남부여라는 예증이다. 이는 백제 성왕 때 왕이 수도를 옮기면서 직접 남부여임을 선언한 것에서 확인된다.

한편 신라는 시조묘 제사가 없어진 후 신궁(神宮)을 설치했다. 이에 대한 최초의 기록은 21대 소지왕 9년(487)에 나타나며, 같은 왕 17년(495)에 왕이 친히 신궁에 제를 올린다. 그러나 『삼국사기』「제사지」에는 22대 지증왕 때 신궁이 창립된 것으로 되어 있다.[16]

이처럼 국왕이 중심이 되어 조상과 하늘에 대한 제사의식은 고려와 조선조에 들어와 의전적인 행사인 구나(驅儺)로 정기화되었다. 그래서 이를 담당하는 나례도감(儺禮都監)을 두어 중국 사신을 위한 의전적인 환영행사로 이어진다. 유득공은 『경도잡지(京都雜志)』「성기(聲伎)」에서 조선조 후기 나례도감에 속하는 연극 내용을 산희(山戲)와 야희(野戲)로 구분했다. 산희는 결체를 하고 장막을 쳐 사자, 호랑이, 만석중을 만들어 춤추게 하는 것이고, 야희는 당녀(唐女), 소매(小梅)로 꾸며 춤을 추게 하는 것이었다. 당녀는 고려 때 예성강 강가에서 살던 중국 광대다. 당시 공연 내용을 좀 더 재미있게 꾸며 아예 무대화된 산대놀이가 궁중 내에서 수시로 연행되기도 했다. 그래서 똑같은 나희(儺戲) 행사지만 행사의 본질에 따라 구나(驅儺), 관나(觀儺), 설나(設儺)로 구분하기도 한다.[17] 이러한 구분은 물론 확실한 설정으로 뜻이 분명하게 드러나게 한 공적은 기릴 만하지만, 구나(驅儺) 자체가 귀신 쫓는 놀이를 베푸는 자리〔設〕이니, 자연스레 보게〔觀〕 되는 것이 볼거리〔觀覽〕 잡희가 아닌가 생각할 때 고개가 갸우뚱해진다. 나례는 나의식이요, 그 의식 뒤에 베푸는 놀이가 나희다. 따라서 관나(觀儺)라는 의미는 나례의식과 관계없이 처용무를 비롯한 산대잡희를 보여 주는 나희를 본다〔觀儺戲〕는 뜻의 줄인 말인 것이다. 다시 말하면 나례를 베풀면 그 의식과 함께 뒤풀이로 잡희를 자연적으로 보게 되어 있으니 꼭 이것을 관나, 설나로 구분할 것인지는 더 생각해 봐야 할 것이다. 어쨌든 이는 결국 궁궐 안 각처에서 궁중문화와 직결되는데, 고려 때 이색(李穡)이 남긴 「구나행(驅儺行)」은 대표적 예이다.

사악함 물리침 예부터 있었던 의례　　　　　　辟除邪惡古有禮

십이신은 항상 혁혁한 신령이었지 　　十又二神恒赫靈

나라에선 크게 나례청 두고 　　國家大置屛障房

해마다 대궐 뜰 정화시키니 　　歲歲掌行淸內廷

황문의 창에 진자가 맞춰 부르니 　　黃門侲子聲相連

역귀 물리침이 번개와 같네 　　掃去不祥如迅霆[18]

위 장면은 전체 의식 진행을 요약한 대목이다. 고려 때는 나례행사를 위해 병장방을 두고 나례를 치르다가, 조선조로 가서는 관상감으로 이관되었다. 해마다 궁궐의 나쁜 기운을 없애기 위한 구나의식은 이처럼 십이신을 등장시켜 연행되었다. 위 시에서 황문(黃門)은 진자를 거느리는 역할을 한다.[19]

이렇듯 거창한 행사에서 보여 주었던 뒤풀이 행사 중 재미있는 것은 따로 곡목을 정해 보여 주었다. 탈놀이를 비롯한 제반 연희가 조선조로 바뀌며, 중국 사신을 위한 산대행사로 이어지는데, 〈봉사도(奉事圖)〉에 보이는 놀이 장면과 광화문 산대놀이 그리고 때때로 궁중 마당에서 보여 주는 잡희 무대가 그것이다.

6. 연희공간

그렇다면 이러한 행사를 위한 연희공간의 모습은 어떤가. 먼저 이웃나라인 당나라와 오대(五代) 때의 공연장소를 보면, 통상적으로 사면 무대이고, 주위에는 난간이 둘러쳐져 있는 형태이다. 이러한 예는 돈황벽화에서 많이 볼 수 있다.

돈황벽화를 보면 사묘(寺廟)의 대전(大殿) 앞에 설치된 가무(歌舞) 공연용 노대(露臺)가 많이 보인다. 이 노대는 사방으로 난간이 둘러져 있는데 아마도 공연장 무대였음이 분명하다. 당대 궁정에는 가무공연을 전문으로 하는 무대가 나타났다. 최영흠(崔令欽)의 『교방기(敎坊記)』를 보면 내기와 양원의 가인들이 번갈아 가며 무대에 올라 노래를 불렀다. 이러한 무대는 임시로 만든 무대이거나 아니면 고정식 무대인 체대(砌臺, 섬돌처럼 쌓은 무대)일 가능성도 있다. 체대는 상당히 높아 사다리로 오르내려야 하는 형태로, 신위를 모신 묘우(廟宇) 내의 노대(露臺)와도 유사했다. 『악부잡록(樂府雜錄)』「구나」편에 보면 그믐날 자신전(紫宸殿) 앞에서 나(儺)를 행했다. 조정신료의 가족들이 모두 시렁이나 선반 같은 모양을 한 붕(棚)에 올라가 구경하고 백성들도 들어가 구경했다.

또한 『구당서(舊唐書)』「음악지」에 보면 매월 정월 보름날 밤이면 근정루에 납시어 등놀이를 구경하며 공연을 베푸니, 대신들과 황척들은 간루(看樓)에서 구경했다. 밤이 깊어 태상악(太常樂)과 부현(府縣)의 산악이 끝나면 궁녀들로 하여금 근정루 앞에서 시렁을 묶어 놓고 공연하도록 하고 가무를 보며 즐겼다. 여기에서 간루는 등놀이를 보는 것이 주목적이지만, 태상산악과 궁중여악의 가무공연을 하는 데에도 이 간루를 이용했다.[20]

당나라 때의 궁정공연은 이처럼 주로 전각(殿閣)의 마당에서 이뤄졌고 관람자의 좌석은 간붕(看棚) 형태로 만들어졌다. 이러한 모습은 송·원대로 가서도 비슷한데 관객들이 실외공연을 관람할 때 앉았던 자리를 요상(腰床, 邀床)이라 하며, 구란(句欄) 내에 앉는 것을 요붕(腰棚, 邀棚)이라 불렀다.

우리의 경우도 불교의 재의식은 사원의 중심인 마당 한가운데[中庭]에서 이루어지는데, 궁중의식도 궁궐의 중심인 마당 한가운데[殿庭]에서 이뤄진다. 주지하다시피 고대로부터 의례는 산을 중심으로 이뤄졌다. 이 대표적인 예가 불교의례로서 수미산의 형상을 딴 불단(佛壇)이다. 수미산은 고대 인도의 세계관으로 세계의 중심에 자리 잡고 있다는 산이다. 이 산은 수면에서 팔만사천유순(八萬四千由旬), 수면 밑으로 역시 팔만사천유순의 높이가 있다고 한다. 정상에는 도리천(忉利天)이 있는데 그 가운데 제석천, 중턱에는 사천왕이 살고, 그 주위를 일곱 개의 향해(香海)와 일곱 개의 금산(金山)이 서로 둘러싸고, 바깥쪽에 소금물로 가득 찬 외해(外海)와 이것을 둘러싼 철륜위산(鐵輪圍山)이 있다. 위로 십이만유순에 도리천이 있다.[21] 일본의 경우, 바로 이 수미산을 형상화한 불단을 중심으로 많은 의식이 지금까지 거행되는데, 나라(奈良)에 있는 도다이지(東大寺)의 슈니에(修二會)가 대표적인 경우다.[22] 근세까지 한국의 의례는 인도처럼 산을 중심으로 형성되었다. 이것을 형상화한 무대가 이른바 산대다. 광화문 산대놀이도 그것의 일부이다.

어쨌든 오래전부터 궁중에서 베풀어지는 연향은 임금과 신하가 함께 참여하는 외연(外宴)과 궁중 여인들을 위한 내연(內宴)과 격식 없는 소연에 이르기까지 악가무(樂歌舞)가 종합적으로 베풀어졌다. 여기엔 물론 건물 내에서 하는 내외연의 무대도 있음은 말할 필요가 없다. 때로는 실내공간만으로 모자랄 경우, 섬돌에 이어 궁전 뜰까지 넓은 덧마루를 임시로 설치해 자리를 마련하기도 했다. 『신당서(新唐書)』 「예악지(禮樂志)」에 실린 구부악 중의 고려기와 일본으로 건너가 일본악무[和樂舞]로 변한 백제무도 모두 궁궐에서 연출되었던 무악이라 생각할 때, 이들이 한결같이 궁궐을 중심으로 연출된 연희였음을 능히 감지할 수가 있다.

다시 고구려의 경우 팔관재 무대의 모습을 살펴보자.

해마다 건자월(乾子月)이면 하늘에 제사 지냈다. 나라 동쪽에 구멍이 있는데 수신(遂神)이라고 불렀다. 언제나 10월 보름날이면 그 수신을 맞이하여 제사 지냈는데 이를 팔관재(八關齋)라 한다. 이때의 의식은 매우 성대하여 왕은 비빈(妃嬪)들과 함께 누(樓)에 올라 크게 풍악을 울리면서 연회를 베풀어 술을 마시고 상인들은 비단으로 장막을 만드는 데 백 필이나 연결하여 부유함을 과시하기도 했다.[23]

위 기사는 건자월인 11월에 개경에서 팔관회를 열었던 고려팔관회와 맥이 닿아 궁중축제와 맞물린다. 위 밑줄에서 보이듯이 왕과 비빈(妃嬪)이 누(樓)에 올라 풍악을 울리게 하며 연회를 베풀고 후원자인 상인들은 비단 장막을 백 필이나 연결했다는 부의 과시도 엿보인다. 한편 신라의 경우도 호국사상을 담은 인왕경(仁王經)이 존중되고, 인왕회를 통해 국태민안(國泰民安)을 비는 의식이 자주 열렸다. 황룡사를 중심으로 한 기악 축제 특히 신라 불교의 호국성을 잘 드러낸 팔관회는 황룡사를 중심으로 거행된 국가축제였다. 이러한 행사 끝에 벌인 난장인 잡희의 모습은 최치원(崔致遠)의『향악잡영오수(鄕樂雜詠五首)』에서 어느 정도 추측이 가능하다. 일찍이 화랑의 존재를 부각시켰던 최치원이다. 이 다섯 수는 다섯 가지 기예로 금환(金丸), 월전(月顚), 대면(大面), 속독(束毒), 산예(狻猊)이다. 이러한 잡희들은 서역으로부터 실크로드를 타고 중국과 쌍벽을 이루었던 고구려 연희와 그리고 영토가 중국과 일본의 일부를 아울렀던 백제의 잡희들이 자연스레 통일된 신라에서 연행된 연희 종목이다. 이로 보아 신라도 당시 해양국가로 팔관회나 연등회 같은 큰 국가축제에 이러한 연희들이 자연스레 베풀어졌던 것으로 볼 수 있다. 그중 금환(金丸)의 일부를 엿본다.

몸 돌리고 팔 뻗쳐 금환 놀리니	廻身掉臂弄金丸
달이 구르는 듯 뜬 별 같은 것이 눈에 차누나	月轉星浮滿眼看
비록 의료인들 이보다 나으랴	縱有宜僚那勝此
정히 알괘라 큰 바다에 풍파 일지 않는 것을	定知鯨海息波瀾[24]

위 놀이는 판을 벌이고 있는 예인의 재주에 조용해진 연희장 풍경을 묘사한 공 올리기 대목이다. 원래 동양의 연희 시초를 보면 어느 나라도 비슷하지만 제의와 밀접한 관계가 있다. 더구나 신비성을 지닌 유·불·도의 전파 과정에서 환상적이고 기적적인 장면을 많이 연출하는데, 이러한 것이 구체적으로 이어지는 것이 각종 종교의식에서 행해지는 축제의 장이다.

이러한 정황은 신라에서 고려로 바뀌면서, 궁궐의식의 가장 큰 국가적 행사로 팔관회와 연등회로 이어진다. 특히 앞에서 잠깐 보았던 연말 행사인 구나의식은 새해를 맞이하는 벽사진경(辟邪進慶)의 행사로 외국 손님까지 참석하며 국제적 행사로 변모한다. 그러한 풍경 중의 하나로서, 고려시대 대궐 뜰〔殿庭〕에서 연출된 것으로 감지되는 이색(李穡)의 「산대잡극」은 대표적인 예이다.

산대를 꾸민 것이 봉래산 같고	山臺結綵似蓬萊 ①
과일 바치는 선인이 바다에서 와	獻果仙人海上來 ②
놀이꾼 징소리 지축을 흔들고	雜客鼓鉦轟地動 ③
처용의 소매는 바람 따라 휘돈다	處容衫袖逐風廻 ④
긴 장대에 매달린 사람 평지를 가듯	長竿倚漢如平地 ⑤
폭죽은 번개처럼 하늘을 솟네	爆竹衝天似疾雷 ⑥
태평스러운 참모습 그리려 하나	欲寫太平眞氣像 ⑦
늙은 신하 글 솜씨 없어 부끄러워라	老臣簪筆愧非才

위 시에서 보듯이 산대무대(①)와 헌선도(②) 그리고 풍물패(③)와 처용희(④), 솟대놀이(⑤)와 폭죽놀이(⑥) 등 다양한 잡희가 임금을 비롯한 관중 앞에서 벌어지고 있다. 이러한 행사를 묘사한 한 편의 시에 당시가 태평하고 참된 기상(氣像)임을 그려서 임금께 올리려는 신하의 충정(⑦)이 깃들어 있음을 엿볼 수 있다. 이와 비슷한 광경은 잡희를 달가워하지 않는 유교국가인 조선에서도 변함이 없다. 다음의 경우를 보자.

궁궐이라 화사한 봄 채붕(彩棚)은 술렁이고	秘殿春光泛彩棚 ①
울긋불긋 무희들 뜨락에 가득한데	朱衣黃袴亂縱橫 ②
방울놀이 공교롭다 의료의 솜씨요	弄丸眞似宜僚巧 ③
줄을 타는 그 모습 정작 바람 탄 제비라	步索還同飛燕輕 ④

궁궐에 채붕을 설치하고(①), 그 앞에서 화사한 옷을 입은 예인들의 모습(②)과 방울놀이(③)와 줄타기(④)의 모습은 고려시대에 산대무대에서

연출되었던 풍경과 조금도 변함이 없다. 고려시대엔 아예 영가산대(迎駕山臺)라 하여 임금을 맞이하여 산대놀이를 보이는 것이 있었다. 또한 충렬왕 때 기록을 보면, 성중에 관비 및 노래 잘하는 무기(巫妓)를 불러 궁중에 두고 화려한 옷을 입혀 남장대(男粧隊)를 꾸며 노래했으니 이를 신성(新聲)이라 했다.[25]

그런가 하면 앞에서 보았듯이 조선조엔 경복궁이 법궁이던 시절에 임금이 친히 임하는 장소 이를테면 귀궐길인 광화문 연도에서 예인들이 가요(歌謠)를 바치고 산대나례를 공연하였다. 『세종실록』 권135 「오례(五禮)」 '흉례의식 부묘의(祔廟儀)'를 보면, 먼저 의금부와 군기감이 종묘의 동구에서 나례를 올린다. 이어서 성균관 학생들이 종루의 서가에서 가요를 올리고 교방에서는 혜정교 동쪽에서 가요를 올리고, 이어서 정재를 올린다. 그리고 또 광화문 밖 좌우에다 채붕을 맺는다. 어가가 광화문 밖 시신하마소(侍臣下馬所)에 이르면 잠시 멈추고, 시신이 모두 말에서 내려 나누어 서서 몸을 굽혔다가 지나가면 몸을 바로 한다. 어가가 근정전에 이르면 악(樂)이 그친다. 나례·가요·정재가 그 연행 내용이다. 교방가요는 『악학궤범』에 수록되어 있으니 여기서는 생략한다.

다음은 어린 단종이 문종대왕(文宗大王)과 현덕왕후(顯德王后)의 신주(神主)를 종묘(宗廟)에 부묘(祔廟)하였을 때 풍경이다. 제를 올리는 동안 여러 모습이 보이는데, 먼저 임금 수레[輦]가 혜정교(惠政橋)에 이르니, 여기(女妓) 담화지(擔花枝) 등이 침향산붕(沈香山棚)을 만들고, 가요(歌謠)를 바치는 모습이 보인다.

그리고 드디어 삼년상을 마치고 대궐로 돌아가는데, 임금이 탄 수레가 광화문에 이르니 구경꾼 중엔 일본인이 예순네 명이 있었고, 좌우 산대 무대〔彩棚〕에선 온갖 잡희가 베풀어졌음을 확인할 수 있고, 또한 여기와 광대〔優人〕들도 함께 근정전 뜰로 들어오게 해 타고 온 수레를 근정문(勤政門)에 세워 놓고, 많은 사람들이 보게 하는 공연의 모습을 보여 주고 있다. 그러고 나서 죄수들을 풀어 주라는 특별사면〔頒赦〕의 명을 내린다.[26]

어린 임금이 상제 삼 년을 마치고 마음도 가벼워졌으니 그 기쁨도 크거니와, 전국〔諸道〕에서 또한 하례하는 전문(箋文)과 방물(方物)을 올리니, 여기에 화답하듯 이른바 죄지은 백성들을 새벽 이전에 사면하라는 임금의 특령이 내려진 것이다. 그런데 광해군 때엔 사정이 달라 돈화문(敦化門) 밖에 산대를 설치하라는 명에 순응하지 못하고 있음을 알려 주고 있다.

보통 때는 경복궁 문밖이 널찍하여 양쪽에다 산대를 배치하고도 여유가 있었으나, 지금은 돈화문(敦化門) 밖 좌우 두 쪽이 다 좁아서 오른쪽은 비변사를 헐어내야 비로소 틀을 설치할 수가 있을 것이고, 왼쪽은 그나마 금천교(錦川橋) 수문 아래가 되어서 설치하기가 어려울 것이니, 이도 염려스럽습니다.

신들이 생각컨대, 성상께서 성대한 의식을 갖추어 은조(恩詔)를 호화롭게 맞으려고 하는 것은 사실 왕인(王人)을 경건히 대우하려는 지극한 뜻으로 그리하시는 것임을 압니다. 그러나 신들이 물력(物力)이나 시기 등으로 보아 산대의 일만은 지금은 치르기가 너무 어려울 것 같습니다. 고천준(顧天俊) 이후로는 조사(詔使)가 왔을 때 산대를 설치한 일이 한 번도 없었으니, 이는 중국 조정에서도 다 알고 있는 일입니다. 게다가 작년에 금(金)과 싸워 패한 후로 흉년까지 겹쳤기 때문에 흉한 무리들이 그 틈을 노려

화(禍)가 뜰 앞까지 다가오고 있으며, 변방을 지키는 외로운 군대들은 주린 배로 변란에 대비하느라 우리나라 피폐상을 중국 조정에서도 익히 듣고 있는 터입니다. 이번 조사 때는 궐문 밖의 산대만은 종전대로 실행하지 않는 것이 편리할 것 같습니다.[27]

'변란으로 인한 피폐로 산대 설치에 동원될 설치군인 수군(水軍)과 물력도 없다'는 당시 여러 가지 어려움에 대한 호소이다. 산대 설치를 하자면 무엇보다도 많은 인부가 필요하다. 지금 같으면야 무대설치 전문기업이 있어 이삼 일이면 뚝딱 해치울 수 있지만, 당시는 열악하기 이를 데 없어 인부[役軍]로 수군을 동원했는데, 의금부가 일천사백 명, 군기시(軍器寺)가 일천삼백 명을 동원해 설치를 했다. 그러나 난리를 겪고 난 후, 수군은 얼마 안 되고 그나마 온갖 노역에 시달리다 못해 거의 다 도망가고 없는 실정이어서, 이른 봄 친경(親耕) 때 나례청(儺禮廳)이 수군 삼십 명을 정해 주고 열흘 동안만 부역을 하도록 했는데도, 그때 부역한 자가 겨우 십여 명에 불과했었다고 한다. 이러니, 앞으로 있을 한 달 동안 부역할 이천칠백 명에 달하는 수군을 어떻게 동원할 수 있겠느냐는 간절한 호소를 하고 있다. 당시 산대 설치를 위해 종이, 기타 휴지(休紙), 판자(板子), 잡목(雜木), 생갈(生葛), 마삭(麻索), 교말(膠末), 단청(丹靑) 등등에도 상죽(上竹)이나 차죽(次竹)의 목재 등이 필요했기 때문에, 당시의 사정으로 말하자면 천문학적 비용이라 할 수 있다. 이같은 딱한 사정은 1620년 9월의 일이었다. 바로 일 년 전 금(金)과 싸워 패한 후로 흉년까지 겹쳤기 때문에 흉한 무리들이 그 틈을 노려 화(禍)가 뜰 앞까지 다가오고 있고, 변방을 지키는 외로운 군사들은 주린 배로 변란에 대비하느라 조선의 피폐상을 중국 조정에서도 익히 듣고 있는 터였다. 때문에 위에서 보는 바와 같이 이번 조사(朝使) 때는 궐문 밖의 산대만은 종전대로 실행하지 않는 것이 좋겠다는 충정 어린 신하들의 간언이다. 사실 보통 때라면 경복궁 밖인 광화문 양쪽으로 무대〔山臺〕를 설치했는데, 양란을 겪고 경복궁의 피해가 커 제대로 시행될 수가 없었던 것이다. 이로 보아 산대놀이는 당시 궁중행사로서 매우 규모가 큰 행사였음을 다시 한 번 감지하게 된다.

이처럼 궁중행사란 엄격한 규율 아래서 행하는 종합예술의 향연이기에 거기에 따르는 번거로움이 심하기도 했지만, 공연예술 향상에 도움이 되었음도 간과할 수 없다. 이 글에서는 궁중연희 하면 늘상 떠올리는 것이 정재인지라 그 외 속희가무도 연희되었음을 상기시키는 것도 필요하다 싶어 굳이 잡희무대 특히 산대에 대해 서술했음을 일러둔다.

이상 간단히 주마간산으로 궁궐행사인 오례 중 가례와 연계된 연희예술 특히 제의와 관련하여 속가무의 공연 양상을 시대별로 간단히 살펴보았다.

종묘제례 읽기[1]

신현숙(愼炫淑)

1. 들어가는 말

종묘제례(宗廟祭禮)는 유교의 종교적 세계와 한국의 유교문화를 이해하는 데에 있어서 매우 중요한 역사적 문화적 자료이다. 『주례(周禮)』에 의하면 나라를 세울 때에는 궁궐을 중심으로 왼쪽에 종묘(宗廟)를 세우고 오른쪽에 사직(社稷)을 세운다. 종묘는 원래 태조묘(太祖廟)를 중심으로 동(좌)·서(우)에 각각 소목(昭穆)의 순서대로 사당(祠堂)을 건립하는 것이었다. 우리나라에서 종묘가 처음으로 세워진 것은 삼국시대 신라의 남해왕(南解王) 3년(AD. 6)이다. 이때 시조 혁거세묘(赫居世廟)를 세우고 사시(四時)로 제사를 지냈으며, 혜공왕 대에 이르러 비로소 오묘(五廟)를 정했다고 한다. 그러나 종묘제가 길례(吉禮)로서 유교적 예제로 확립된 것은 고려시대이다. 그 후, 조선시대에 이르러 종묘는 예로부터 왕조의 개창과 계승이라는 의례적인 상징성으로 인하여 사직과 함께 '종묘사직'이라 불릴 만큼 왕조를 상징하였다.[2]

종묘의 중심이 되는 건물은 정전(正殿)과 영녕전(永寧殿)이다. 현재 정전에는 태조로부터 순종에 이르기까지 19실(室)에 49위(位)의 왕과 왕비의 신주가 봉안되어 있고, 영녕전 16실에는 34위의 추존된 왕과 왕비의 신주가 봉안되어 있다. 또한 종묘 정전의 동쪽에는 83위 공신이 배향되어 있는 공신당(功臣堂)이 있고, 정전의 서쪽에는 칠사위[七祠位: 사명(司命), 호(戶), 조(竈), 문(門), 공려(公厲), 행(行), 중류의 칠신(七神)]를 제사하는 사당인 칠사당(七祠堂)이 있다. 유교를 치국이념으로 삼았던 조선은 유교 제사의례인 종묘제례를 길례로 받들어 오백 년 동안 국가 제사의례로 지속적으로 거행했다. 종묘제례는 돌아가신 조상신(들)을 주기적으로 반복하여 만나는 정기의례인데 정시제(定時祭)와 임시제(臨時祭)로 나뉜다. 정시제는 봄, 여름, 가을, 겨울의 첫 달인 1월, 4월, 7월, 10월과 납일(臘日, 12월에 날을 잡아 지내는 섣달제사)에 지냈으며, 임시제는 나라에 좋은 일과 나쁜 일이 있을 때마다 지냈다. 종묘제례는 해방 이후 한때 폐지되었다가 1969년에 복구되었으며, 1971년부터 전주이씨 대동종약원이 행사를 주관하여 현재도 매년 5월 첫째 일요일에 봉행하고 있다.

종묘제례의 전통은 고대 중국 문헌에서 유래하지만,[3] 중국에서는 더 이상 행해지지 않기 때문에 종묘제례는 현존하는 세계 유일의 온전한 유교 제사의례로서 그 높은 문화적 가치를 인정받아서 종묘제례악과 함께 2001년 5월 18일 유네스코 세계인류구전 및 무형문화유산걸작으로 선정되었고, 2008년에는 인류무형문화유산 대표목록에 통합되었다.[4]

2. 종묘제례의 구조와 절차

1) 종묘제례의 사유기반

조선은 신-유교주의(Neo-confucianism)를 국가의 치국이념(治國理念)으로 채택했기 때문에 종묘제례의 종교적, 윤리적, 사상적 사유기반도 신-유교주의라고 말할 수 있다. 중국 남송시대 주희(주자)에 의해서 집대성된 신-유교주의는 '이(理)'와 '기(氣)'에 의해 세계를 파악하고자 한 우주론, 종교철학, 자연학, 인간학, 인문학, 윤리학 등을 포괄하는 종합적 사상체계이다. 송대의 유학자들은 공자와 맹자의 유학을 체계화하고 종래의 유교사상에 대한 형이상학적 해석을 통하여 새로운 철학적 이론체계로서 성리학을 정립했는데, 우주의 궁극적 본질인 태극(太極), 존재인 기(氣)의 세계와 존재원리인 이(理)의 세계, '음양의 이(理)'로 설명되는 자연현상의 메커니즘, 귀신론(鬼神論)으로 불리는 종교철학 등이 특히 유교제례의 중심 사유기반이라고 볼 수 있다.[5]

　신-유교주의의 종교철학에 따르면, 인간은 기(氣)에 의해서 만들어지는데, 그 기(氣) 중에 영묘한 작용을 하는 것이 '혼(魂)'과 '백(魄)'이다. '혼'은 정신적인 것에 관여하고, '백'은 육체적인 것에 관여한다. 사람이 죽으면 '혼'은 하늘로 올라가서 '신(조령)'이 되고, '백'은 땅으로 내려가서 '귀(鬼)'가 된다. "우주의 근본원리인 음양론을 통해서 본다면 삶과 죽음의 관계는 정신과 물질처럼 상호의존적 관계 속에 있다."[6] 유교적 생명관에 따르면, 하늘이 성품[性]을 부여해 주고 신체는 부모에게서 받기 때문에 부모는 하늘과 더불어 인간생명의 근원으로 인식된다. 또한 인간은 사후 신체의 소멸과 함께 그 개체성도 사라지지만, 이와 동시에 자신의 신체에서 분열되어 나온 자손의 생명을 통하여 그의 개체성이 유지된다고 생각했다. 마찬가지로 조상은 바로 나 자신의 생명의 원천으로 나의 개체성의 근원이 된다. 유교가 '혈연적 연속성'을 강조하는 것도 그 때문이며, 조상숭배의 근거도 조상이 바로 자기 자신의 뿌리이기 때문이다.[7]

유교국가인 조선은 오례(五禮) 중에서 길례(吉禮)인 제사의례를 가장 중요시했다. 유교에서 "천지와 조상, 성현(聖賢)에 대해 예를 표하는 (…) 제사 행위는 그 근본을 생각하게 하는 행위로서 근본에 보답하고, 시초를 돌이켜 보는 보본반시(報本反始)하는 행위이다"[8] 유교에서 뒤돌아보아야 하는 시초로는 '천(天)' '조상'이 으뜸이고, 뒤이어 도리를 가르쳐 준 '스승', 안정된 삶을 영위하도록 사회를 관리해 주는 '왕'도 감사와 보은의 대상이다.[9] 특히 조상에 대한 숭배를 인간의 도리이자 나라를 다스리는 가장 중요한 법도로 여기는 유교적 전통에서 길례는 '효(孝)'와 '충(忠)'의 실천으로 간주되었다. 그런 맥락에서 종묘제례는 왕실의 조상숭배와 '효'를 통하여 왕가와 동시에 백성의 '충'을 이끌어낼 수 있는 큰 제사로 받들어졌던 것이다.

공자는 은대(殷代)의 상고신앙, 즉 조상신 숭배사상과 주대(周代)의 천사상(天思想) 및 합리적이고 인문주의적인 예제문화(禮制文化)를 통합하는 방식으로 종교사상을 전개시켰다. 중국 유학자 뇌영해(賴永海)에 따르면, "중국문화사상에서 공자의 가장 큰 공헌은 '사람'의 발견이다". 공자 이전의 중국사상계에서 강조한 것이 '천'과 '상제'에 대한 신앙이었다면, 공자에서부터 시야를 현실세계로 돌리고 시선을 사람에게로 전환하기 시작했으며 거기서 공자학의 핵심인 '인학(仁學)'이 비롯되었다는 것이다.[10] 공자는 '천'을 외경적 존재로 인정하면서도 신성성과 진리의 구극성(究極

性)을 인간에게 내재화했다. 따라서 제례에 있어서 신(神)과 인간 사이의 추상적인 관계를 공고히 하기 위해서는 공경의 마음과 윤리성을 기반으로 한 외형적, 절차적 관계의 설정이 필요하지만, 이와 함께 인간의 주체적 체험도 강화해야 한다.

유교에서는 효제(孝悌)와 충서(忠恕)를 토대로 가정의 윤리가 곧 사회 국가의 윤리로 연결되는 바탕이 되는데, 이 윤리사상도 종묘제례의 기반이 된다. 신-유교주의의 윤리학은 이(理)와 기(氣) 관계를 이(理)와 사(事)의 관계로 옮겨 전개시킨다. '사(事)'는 구체적으로는 군신, 친자 등의 인간관계이며, 이 관계의 원리인 이(理)를 인(仁) · 의(義) · 예(禮) · 지(智) · 신(信)의 다섯 가지로 분절해 설명한다. 후손인 현왕이 선대왕(조상신)을 모시는 제사의례도 사람의 마음을 귀신과 통하게 하는 진심의 도리이자 예(禮)라 할 수 있다. 『예기(禮記)』에 의하면, 제사에는 '귀신'을 섬기는 도리[鬼神之道], '군신'의 의리[君臣之義], '부자'의 인륜[父子之倫], '귀천'의 등급[貴賤之等], '친소'의 차등[親疎之殺], '작상'의 시행[爵賞之施], '부부'의 분별[夫婦之別], '정사'의 균평[政事之均], '장유'의 차례[長幼之序], '상하'의 경계[上下之際]라는 열 가지 도리가 있다. 이는 인간과 '신'의 만남만이 아니라, 인간의 도덕규범과 다양한 사회적 질서가 모두 제사를 통해 반영되고 있다는 뜻으로 풀이할 수 있다.[11] 마지막으로,『서경(書經)』의 내용 가운데 '매사에 공경함을 잃지 않는다'는 흠(欽)사상, 천명(天命)사상, 중용사상, 덕치사상 등도 종묘제례의 사유기반으로 손꼽을 수 있다. 종묘제례는 조상신과 관계를 맺고, 일어난 사건을 말씀드리고[告], 가족과 국가에 번영과 안녕을 내려 주기를 간청하는 제사의례이다. 그러나 다른 여러 종교의 제사[예를 들어 가톨릭의 연미사(Defunctorum, Missa)]들이 이승의 삶과는 전혀 연관시키지 않고 오직 고인을 추모하고 위로하면서 애도의 정서로 진행되는 것과는 다르다. 종묘제례는 심신을 정결하게 한 후 공경하는 마음으로 예를 다하여 제사 대상인 조상신과 소통하고 감사드리고 공경하며 보내드리는 평온한 길례(吉禮)이다.

그럼에도 "유교전통에서는 봉건계급적 제도에 근거한 인간의 신분계급에 따라 제사를 드릴 수 있는 '신(神) 존재'의 범위가 엄격한 제한을 받게 된다. '천(天)'에 대한 제사는 천자의 고유한 제사 대상이었다."[12] 따라서 조선은 제후국이라는 명분론 때문에 공식적, 정기적으로 천제(天祭)를 지낼 수 없었고, 천자국인 중국이 7묘제를 세우는 데 비하여 제후국 조선은 5묘제의 종묘를 세우고 황제가 아닌 왕으로서 제례에서 9류면, 9장복을 착용하였다. 물론 1896년 고종이 황제로 즉위하면서 천제(환구제)를 지냈고, 고종은 12류 면류관에 12장복을 착용하였다. 이처럼 제한된 '신(神) 존재'의 범위는 후대 아시아 유학자들로부터 '중국문화중심주의'라는 비판을 받게 된다.[13]

2) 종묘제례의 구조

유교 제사의례의 기본 구성 요소로는 제사의 대상인 '신(神) 존재'로서 '신위(神位)'와 제관(祭官), 제장(祭場: 壇, 廟), 제기(祭期), 제물[祭物: 희생(犧牲)이나 폐백(幣帛)], 제수(祭需), 제복(祭服)이 있다. 그리고 제사의례를 실행하는 과정으로 제의(祭儀)의 절차가 규정되어 있다. 종묘제례의 제사 대상은 조상신(들)이고, 제장은 종묘이다. 제의 공간인 종묘의 특징은 천·지·인, 삼재사상(三才思想)을 구현하기 위해 제의적 연행 장소를 구체적으로 삼등분한다. 즉 정전 앞 계단 위[상월대: 天], 계단 아래 뜰

〔하월대: 地〕, 두 단 사이의 공간〔人〕이 그것이다. 종묘의 건축적 구조는 정전과 영녕전의 기단, 처마, 지붕의 높이를 각각 다르게 해서 의례(儀禮) 건축의 위계질서를 반영하고, 기둥의 크기와 높이도 위계질서에 따라 작고 낮게 되어 있다. 제례 공간인 월대는 아무런 장식 없이 단(壇)의 형식으로 높게 만듦으로써 감실이 있는 천상으로 이어지는 공간임을 암시한다. 이처럼 생략된 조형과 단순한 구성, 극도로 절제된 단청은 제의 공간으로서 종묘의 상징성을 잘 나타낸다고 하겠다.[14] 이는 유교사회의 엄격한 위계질서를 반영한다. 종묘제례의 제기(祭期)는 일 년에 5회, 즉 각 계절의 시초〔1월, 4월, 7월, 10월 초순의 길일(吉日)〕와 한 해가 바뀌는 경계선 (12월)의 납일(臘日)이다. 이는 자연의 주기적 변화의 순간들이다. 제의 시간은 23시에서 새벽 1시까지이다. 자정 전후의 이 '시간'은 신화학에서는 밤의 청산과 새로운 날의 희망이 상호 침투하는 순간이자 '승천'이 이루어지는 시간이다.[15] 한국무속과 민속에서 "새벽은 어둠과 밝음의 점이 (漸移) 지대로서 (…) 자연과 인간의 존재를 다시 새롭게 하여 강한 생명을 얻도록 하는 갱신력을 상징한다."[16] 이러한 맥락에서 자정 전후 두 시간 안에 거행되는 '종묘제례'는 망자의 혼백과 제주(祭主)의 만남, 조상신과 후손들의 만남이 가능한 '경계의 시간'이라는 상징성과 함께 '활기찬 생명교류'라는 의미를 갖게 된다.

제관으로는 제주(祭主)인 왕을 포함한 삼백사십사 명의 제관들(고급관리들)이 참여하는데, 여기서 왕은 제관들의 수장, 왕가의 대표, 백성의 대표라는 삼중 역할을 수행한다. 조선시대의 종묘제례는 명나라 제도를 따라 삼헌례를 행했고, 왕이 친히 나아가서 행하는 친행(親行)과 세자나 대신이 대리로 행하는 섭행(攝行)이 있었다. 종묘제향은 집례의 창홀(唱笏)

에 의해 진행되며 당상(堂上) 집례와 당하(堂下) 집례로 나뉘고, 찬자(贊者), 알자(謁者), 찬인(贊引)이 제례 진행과정에서 제관들을 인도한다. 제복(祭服)으로는, 왕의 경우 9류 면류관에 용, 불, 산이 수놓인 9장복을 착용하였고 청옥으로 된 규(圭)를 들었다.[17] 그러나 대한제국 시기에는 황제가 된 고종이 천자이므로 12류 면류관에 12가지의 상징적 문양이 새겨진 12장복을 착용했다. 제관들은 그 품계에 따라 제복을 입었는데, 관(冠)에는 각잠(角簪)을 사용했고, 4품 이상은 상아홀(笏), 5품 이하는 괴목으로 만든 홀을 들었다.

유교 제사의례의 진설(陳設)에서 제물은 인간이 먹을 수 있는 모든 음식물을 포함하며, 제물은 그해 처음 수확된 가장 품질이 좋은 것을 선택하여 정갈하게 준비한다. 곧 곡식과 채소에서는 열매, 잎줄기, 뿌리가 갖추어지고, 동물에서는 날짐승(닭, 꿩)과 길짐승(소, 양, 돼지)과 물고기 중에선 날 것, 삶은 것, 구운 것이 갖추어지고, 제물의 색깔에도 붉은색, 흰색, 푸른색 등이 갖추어진다. 종묘제례의 진설에서도 "제상(祭床) 위에 제물이 색깔에 따라 배열되고[紅東白西], 길짐승과 물고기의 자리가 정해지며[魚東肉西], 물고기에서도 머리와 꼬리의 방향이 정해지는 것[東頭西尾]은 음·양의 구조에 따라 우주적 질서에 일치시켜 배열하고자 함이다".[18] 제상은 남쪽과 북쪽에 진설하는 것으로 고하를 구분하였는데, 종묘의 제사상에서는 모두 남쪽을 위로 여겼다. 그리고 익힌 것은 서편에 두고, 날고기는 동편에 두었는데, 이것은 "봄과 가을을 형상화한 것"이다.[19] 제물에서 특별한 점은 "근본에 보답하는 의미로 옛 조상들이 상고시대에 고기를 익히지 않고 먹고 살았던 것을 본떠 익히지 않은 고기와 곡식, 과일 등의 생식을 화식(火食)과 함께 진설하는 것"이다. 현재 기준으로 1회의 종묘제례에 필요한 제기(祭器) 종류 및 수량은 총 72종에 5,200여 점이 소요된다.[20] 종묘제향에 사용되는 제기는 처음에는 목기(木器)나 도기(陶器) 등의 질박한 제기들을 사용하였으나, 후대로 갈수록 종묘제향은 국가제사로서 왕실의 절대권위를 상징하였기 때문에 제기에 용이나 봉황 등의 상상 동물 혹은 산과 우레와 같은 위엄이 있는 문양을 장식하여 의미를 부여하였다.[21] 제기들 중에서 삼재사상과 음양론에 근거한 상징을 나타내는 것들을 간추려 정리해 보면 아래와 같다.[22]

제기명	형태/ 디자인	상징체계	음양론
궤	둥근 형태의 주발	둥근 하늘	양
보	사각형의 주발	네모난 땅	음
작	세 발 달린 술잔	우주(세 발=천, 지, 인)	음-양
조이	봉황새가 새겨진 작은 술단지	예(禮), 서방	양
계이	닭이 새겨진 작은 술단지	인(仁), 동방	음
황이	황색 작은 술단지	지(智), 중앙	양
가이	흰쌀이 그려진 작은 술단지	의(義)	음
찬(용찬)	황룡 형태로 만든 울창주 대접		음
희준	소 형태가 새겨진 유제 술통	동방	음
상준	코끼리가 새겨진 유제 술통	남방	양
변	굽 높은 대나무 그릇	양기(陽器)	양
두	굽 높은 나무 그릇	음기(陰器)	음
번간로	세 발 달린 화로	우주	음-양

향로	세 발 달린 유제 향로, 용두 뚜껑	우주, 혼(魂) 부르기	음-양
와룡촛대	유제 촛대	지하의 백(魄) 안내	

제기들의 상징체계.

종묘제례의 제수(祭需)는 양수(陽需)와 음수(陰需)가 있다. 생물(生物), 건(乾), 홍(紅)은 양에 속하는 것이고, 사물(死物), 습(濕), 백(白)은 음에 속하는 것이다. 이러한 이치를 적용하여 산 사람(집사자)의 오른쪽은 양(陽), 동(東)이고, 왼쪽은 음(陰), 서(西)이다. 사자(死者)의 경우는 반대이다. 종묘제례의 진설상을 크게 나누어 보면, 동쪽에 마른 제물, 서쪽에 물기 있는 제물, 남쪽에 술잔, 중앙에 곡식과 육류를 놓게 된다. 또한 제수는 익힌 것과 날 것, 양념을 넣은 것과 넣지 않은 것으로 구분할 수 있다.[23]

종묘제례에서 사용되는 제구(祭具)들도 삼재사상과 음양론에 근거한 상징기호로서 기능한다. 우선 상월대에 설치된 오색기는 5방향을 상징한다. 즉 푸른색 깃발은 '동쪽', 흰색 깃발은 '서쪽', 붉은색 깃발은 '남쪽', 검은색 깃발은 '북쪽', 노란색 깃발은 '중앙'을 각각 상징한다. 또한 깃발들에 그려진 5종 동물들은 세계의 5방향을 다스리는 신을 나타내는 오방기로서 청룡(동방 신), 백호(서방 신), 주작(남방 신), 현무(북방 신), 황룡(중앙 신)이다.[24] 오브제-기호들인 이 깃발들은 제의가 거행되는 구역을 일종의 '소우주'로 나타내는 기능을 수행한다.

일반적으로 종교적 제례의 서사는 '위기(단절)-계약 갱신-위기 극복(교류)'으로 구성되는데, 종묘제례의 서사도 세 가지 주요 서술부, 즉 '단절의 위기-관계맺음-생명교류'로 구성되어 있다. 제기(祭期)는 새로운 계절의 첫날과 한 해의 마지막 달인데, 이 시기는 모두 과거와 미래 사이의 '통과의례적 순간' '불안정한 순간'을 지시하기 때문에 인간의 무의식에서 삶의 흐름의 단절, 혹은 관계의 단절이라는 불안으로 전환될 수 있다. 또한 제기(祭期)가 환유하는 계절 변화의 '사이', 즉 시간적 단절은 관계들의 공백을 가리키기 때문에 인간에게 그 관계들을 재확인 내지 재연결하고자 하는 욕망을 불러일으킨다. 따라서 상징적 재결합을 위한 의례 행위가 조상신인 선조왕과 현왕 사이에서 제사라는 수단을 통해 수행된다. 후손인 현왕은 조상신을 찾아뵙고 지극한 정성으로 선물과 음식을 바치고, 노래와 춤으로 기쁘게 해드림으로써 '효'와 '충'을 재현한다. 이에 대한 응답이 조상신(선조왕)이 흠향한 제물에 복(福)을 내리고〔降福〕, 후손인 제주(祭主) 왕이 이를 음복〔飮福〕하는 것이다. 이는 자손들에게 복과 번영을 약속하는 제의적 절차이며 이를 통해 왕가(개인)-공동체-국가로 확장되는 인간사회의 생명교류와 융화가 튼실하게 재구축된다고 믿는 것이다. 해리슨(J. E. Harrison)의 표현처럼, "제의는 대상을 재생산하려는 것이 아니고, 감정을 재창조하려는 것"이라고 볼 수 있다.[25] 종묘제례의 참석자들은 왕, 세자, 문무백관들이다.

이상에서 살펴본 종묘제례의 구성 요소들은 유교적 우주론과 자연학에 의해 약호화되어 있는데, 천-지-인(天-地-人) 삼재사상(三才思想)과 음양론, 그리고 이(理)와 기(氣)의 자연의 이법이 토대가 된다. 당시의 탁월한 자연철학자로 평가받는 주희(朱熹)에 따르면, 우주적 힘으로 음-양의 관계는 음(地)의 기(氣)와 양(天)의 기(氣)의 조합에 의해서 만물이 탄생하는데, 이 경우 기(氣)가 있으면 반드시 이(理)가 거기에 내재해서 기(氣)에 질서를 준다는 것이다. 자연현상도 음양의 기(氣)의 운동에 의해서 발생되며 거기에 내재하는 메커니즘이 '음양의 이(理)'이다.[26] 이와 함께, '완전'의 숫자인 5색, 5방향, 5요소라는 다섯 가지 관계법칙[27]과 두 가지 도덕적 원칙, 즉 예(禮, 질서)와 악(樂, 조화)이 종묘제례악의 구성 원칙에 속한다. 이처럼, 궁중의례인 종묘제례는 매우 복합적이고 엄격한 형식을 존중한다. 임계유에 따르면 유교의 복잡한 의례제도의 목적은 "사람들이 질서를 지키고 분수에 만족하고 본분을 지키는[安分守己] 습관을 기르는 데 도움을 주고자" 함이다.[28]

3) 종묘제례의 절차

대부분의 종교적 제의 절차는 영신(迎神)-오신(娛神)-송신(送神)이라는 기본적 세 과정을 거친다. 유교 제사의례로서 종묘제례는 궁중의례이므로 준비 과정이 매우 주도면밀하다. 그리고 본 과정은 우주적 원리와 엄격한 실행규칙에 따르는 제의 절차와 장엄하고 화려한 제의적 연행이 어울린 독특한 제례이다. 종묘제례의 절차는 준비 과정, 본 과정, 마무리 과정으로 나뉘고, 본 과정에서 영신-오신-송신의 절차가 봉행된다.

(1) 준비 과정

인간이 심신을 정화하고 제물을 정결하게 준비함으로써 신에게 드리는 가장 중요한 요소인 정성[誠]을 갖추는 과정이다. 이 과정은 아래와 같은 순서로 전개된다.

길일(吉日) 택일→ 재계(齋戒: 심신 정화) → 진설[陳設: 제주(왕), 제관들의 위치 배정 / 제구들의 설치 / 제기의 진설] → 전향축(제향에 사용할 향과 축문을 전하는 의식) → 거가출궁(왕이 종묘제향을 봉행하기 위해 궁궐에서 종묘까지 행차하는 과정) → 망묘례(종묘에 이른 왕이 역대 선

조에 대해 예를 행하는 의식) → 성기례(제기들의 청결 여부 검사) → 성생
례(제향에 사용할 희생의 상태 검진)

(2) 본 과정

신(神)과 인간의 교류 과정으로 '신'을 찾아뵙고 불러오는 참신(參神), 강
신(降神)에서 '신'을 전송하여 돌려보내는 송신(送神)까지이며, 아래의 네
단계로 전개된다.

① 신을 맞이하는 절차

취위[就位: 제관들이 정해진 자리에 나아가기. 이때 신주(神主) 봉출(捧
出)이 행해진다〕 → 신관례[晨祼禮: 유교제례의 참신(參神), 강신(降神),
헌폐(獻幣)의 과정이다〕

② 신이 즐기는 절차

궤식-천조례(薦俎禮: 제물로 익힌 음식을 바치는 의식) → 세 번의 헌작
(獻爵: 초헌례, 아헌례, 종헌례). 신이 제물과 후손의 정성을 받아들이는
'흠향(歆饗)' 과정이다.

③ 신이 베푸는 절차

강복(降福)과 음복례(飮福禮). 신이 흠향한 제물에 복(福)을 내리는 '강복'
과 강복한 제물을 제주(祭主)가 먹는 의례. 음복은 제사의 본 과정에서는
제주만이 한다. 이때 제물은 '신'의 강복을 통해 질적으로 완전히 변화된
'복'으로 신성성을 지니게 된다.

④ 신을 보내는 절차

철변두(徹籩豆: 제사에 쓰인 제물을 거두어들이는 의식) → 망예례(望瘞
禮) / 망료례(望燎禮: 제향에 쓰였던 축문과 폐를 묻고 태우는 의식). 망료

레가 끝나면 예의사(禮儀司)가 왕에게 '예필'을 고하고, 왕은 예의사의 인도 하에 재궁으로 돌아온다.[29]

(3) 마무리 과정(제자리로 돌려놓기)

사당에서 모셔 왔던 신주(神主)를 다시 제자리에 되돌려 놓는 '납주(納主)', 그리고 신에게 바쳤던 폐백(幣帛)과 제례에 쓰였던 축문을 불태워 하늘로 올리고 남은 재는 땅에 묻는 '망예(望瘞)'의 절차가 있다. 일반적인 의례에서는 제물과 제기를 다 치운 다음, 모든 제사 참여자들과 친족 및 이웃까지 음복을 한다. 이 음복잔치가 분준(分餕) 의례이다. 그러나 국가 제례에서는 은전 등으로 분준 의례를 상징적으로 대신하기도 한다.

3. 종묘제례악: 제의적 연행

종묘제례악은 유교사상 중에서 예악론, 천·지·인 삼재사상(三才思想), 음양론, 중화론을 토대로 구성되었다. 예악론에서 예(禮)는 악가무 구성 원칙과 '질서'라는 의미의 근거가 되고, 악(樂)은 즐거움과 '조화'의 근거로 기능한다. 삼재사상은 제장(祭場)의 공간 구성과 제기(祭器)들의 형태와 이미지 및 제상(祭床) 차림에서 배치의 토대가 되고, 음양론은 역시 제기들과 제수(祭需)들의 구성과 배치의 사상적 토대가 된다. 삼재사상은 악조, 연주 횟수, 악기의 색에 적용되고 음양론은 특히 제의의 춤인 일무(佾舞)를 문무와 무무로 나누는 원리가 되며, 춤 동작의 횟수와 무구(舞具)들에도 적용된다. 중화론은 제례악에서 음악의 속성을 질서와 조화로 보는 관점의 근저에 해당한다.

음악의 역사에서 음악가무는 최초에 신을 기쁘게 하는 데 쓰였기 때문에 음악은 종교에 근원한다는 주장이 일반적이다. 종묘제례악(宗廟祭禮樂)은 종묘제례가 봉행되는 동안 연주되는 음악으로 기악[樂]과 노래[歌]에 춤[舞]이 함께 연행되는 총체적 의미의 '악(樂)'이다. "유가악론(儒家樂論)에서 총체적 의미의 '악(樂)'이란 성인이 천지자연의 형상을 본떠 만든 것으로 상정되며, 천지와 조상에게 제사 올리는, 다시 말하면 그 근본을 생각하게 하는 의식에서 쓰일 때 그 진정한 가치를 발하게 된다. 종묘제례악은 당상(堂上)에서 연주하는 등가(登歌), 당하(堂下)에서 연주하는 헌가(軒歌), 그리고 등가와 헌가의 사이에서 연희하는 일무(佾舞)로 구성되어 있으며, 이 세 가지는 천·지·인 삼재사상을 반영한 것이다. 이러한 맥락에서 종묘제례악의 악가무는 우주 그 자체가 되고, 이들이 연행하는 악가무는 우주의 소리가 된다."[30]

종묘제례악은 고려시대 중국 송나라에서 수입된 제사음악인 대성아악과 향악을 섞어 쓰다가 조선시대 세종(1449)이 당시에 전해지던 향악(鄕樂)과 고취악(鼓吹樂)을 바탕으로 만든 보태평 11성, 정대업 15성을 모태로 세조 10년(1464)에 만든 종묘제례악이 현행 종묘제례악과 직접적인 관련이 있다.[31] 종묘제례악의 악장은 역대 제왕의 문덕(文德)을 기리는 보태평(保太平) 11곡, 무공(武功)을 기리는 정대업(定大業) 11곡으로 만들었고, 제의 절차에 따라 보태평과 정대업 중에서 선곡되고, 이와 조화를 이루면서 일무도 문무(文舞)와 무무(武舞) 중에서 선택된다. 두 가지 절차를 예로 들면, 초헌례에서는 "등가가 보태평지악을 연주하고 일무는 보태평지무[文舞]를 춘다. 그러나 아헌례에서는 헌가가 정대업지악을 연주하고 일무는 정대업지무(武舞)를 춘다".[32]

종묘제례악의 구성과 신체적 표현들은 유교의 예(禮)와 악(樂), 그리고 유교적 우주론으로 약호화되어 있다. 연주 악기로는 편종, 편경, 방향(方響)과 같은 타악기가 주선율을 이루고, 여기에 당피리, 대금, 해금, 아쟁 등 현악기의 장식적인 선율이 더해진다. 이 위에 장구, 징, 태평소, 절고, 진고 등의 악기가 다양한 가락을 구사하고 노래가 중첩된다. 제례악의 노래는 간결하고 장중하며 가사는 선왕들의 위대한 업적과 국가를 발전시킨 덕을 찬양하는 내용이다. 송지원에 따르면, 세종 12년(1430)에 박연이 주도한 아악정비운동이 일어나면서 『주례』를 근거로 한 변화가 있었는데, 특히 음악을 연주할 때 음과 양의 원리를 따라서 해당 선율을 연주한다는 것이다. 지기(地祇)에 제사할 때 당하(하월대)의 헌가가 양(陽)에 속하는 태주궁의 선율을 연주하고, 당상(상월대)의 등가는 음(陰)에 속하는 응종궁의 선율을 노래하는 음양합성지제(陰陽合成之制)의 원칙에 따라 제례악을 정비하였다. 이는 음이 고유하게 지니는 음양의 원리를 따라 선율을 구성하는 원칙을 지킨 것이다. 또한 종묘제례악이 인귀(人鬼)에 대한 제향이므로 천지제사의 악기편성과 다른 특징적인 점은 노고(路鼓)와 노도(路鼗)를 사용하는 점이다.[33] 제례악에서의 음악은 한편으로는 음의 질서이고, 다른 한편 인간과 인간 사이의 위계질서와 상응하기 때문에, '악'은 조화를 가리킨다. 즉 음악의 조화는 사람과 사람 사이, 신분 간의 조화와 질서를 상징하기도 했던 것이다.

안무 역시 유교적 우주론에 근거한다. 일무(佾舞)의 문무(文舞)와 무무(武舞)는 여덟 줄로 구성된 예순네 명의 무용수가 춤을 추는데, 그 구성원리도 천·지·인 삼재사상과 음양론이다. 즉 양(陽)을 상징하는 문무에서는 무용수들이 보태평지악(保太平之樂)에 맞추어 왼손에 '경륜의 근본'을 상징하는 피리 모양의 약(籥: 陽의 상징)을 들고, 오른손에는 '문장의 지극함'을 상징하는 깃털을 단 적(翟: 陰의 상징)을 들고 춤을 춘다. 한편 음(陰)을 상징하는 무무는 선왕들의 무공을 칭송하는 춤으로 정대업지악(定大業之樂)에 맞추어 나무로 만든 간(干, 방패)과 척(戚, 도끼)을 들고 추는데, '간'은 방어를 상징하고 '척'은 용맹을 상징한다. 이와 함께, 문무의 9가지 동작 변화는 1, 3, 5, 7, 9가 '양'에 속하는 숫자들이기 때문이고, 무무의 여섯 가지 동작 변화는 2, 4, 6이 '음'에 속한 숫자이기 때문이다.[34]

종묘제례악에서 제스처의 '느림'은 일종의 제의적 기호이다. 즉 "특별한 시간성을 표출하기 위한 상징으로서 각 제스처를 비일상적으로 느리게 만들고 부각시킨 것이다".[35] 신체 표현(제스처, 동작, 얼굴 표정)에서 기본은 호흡 조절이다. 한국 연희자에게 있어서 몸은 호흡에 의존한다. 연기가 절도있고 감정을 억누를수록 호흡은 크고 압축된다. 마음(정신)의 매 순간, 각각의 감정에 그에 합당한 호흡이 일치하며, 긴장과 이완의 대립도 호흡의 도움으로 만들어진다. 종묘제례는 궁중의례이므로 왕권의 위엄과 단아함을 표현하기 위하여 제스처, 자세, 동작이 모두 깊고 느린 호흡에 의존한다.

종묘제례악이 연행되는 제장(祭場)인 종묘 정전의 구성 내용을 살펴보면, 상월대 북쪽에 위치한 기단 위에 서 있는 정전 건물에는 신위를 모신 감실 열아홉 칸, 그 좌우에 협실 각 두 칸, 동서 월랑 다섯 칸으로 구성되어 있다. 상월대에서는 등가가 연주되고 계단 아래쪽 하월대는 헌가 연주와 일무를 추는 공간으로 나뉜다. 월대에는 제사 때 왕이 다니는 어로(御路), 세자가 다니는 세자로(世子路), 귀신이 다니는 신로(神路)가 있다. 신로는 월대의 중앙에 곧게 쭉 뻗어 상월대 아래까지 나 있다. 또한, 어로에는 거친 박석을 깔아 왕이 '느린 걸음'을 하도록 유도했다. 이와 함께, 제례악이 연행되는 공간에 세워진 5방위를 상징하는 오색기와 오방기, 그 깃발들 위에 그려진 5방위 신(神)을 상징하는 동물들(청룡, 백호, 주작, 현무, 황룡)의 이미지는 종묘제례의 시공간이 '소우주'임을 은유하면서 동시에 제례 공간의 제의성을 더욱 강화한다. 이처럼 종묘제례악은 '악(樂)·가(歌)·무(舞)'의 종합연출 형식으로 연행되고, '느림' 속에서 장엄하고 조화롭고 동시에 절제된 깊은 신성성을 표출한다.

정전에서 종묘제례와 제례악이 동시에 진행되는 공간을 도표로 그려보면 아래와 같다.

정 전		
등 가		
일 무	신(神)	
헌 가	로(路)	헌 가

위의 공간에서 수행되는 제사의례의 제차 중에서 신관례(晨祼禮)를 한 예로 살펴보면, 아래와 같이 총체적 음악극의 양상을 띤다.

신관례

① 제의 목적
(조상)신 맞이하기

② 제의의 시공간

자정과 새벽 사이〔경계의 시간(聖)〕 + 상월대(天)

③ 제의 절차
제왕이 관세(盥洗) 위에 나아가 손을 씻는다.
제왕이 준소(樽所)에 나아가 서향하여 선다.
하늘에 계신 양신(혼)을 부르기 위해 향로에 세 번 향을 넣는다.
지하에 계신 음신(백)을 부르기 위해 관지에 울창주를 붓는다.
신에게 보답하는 폐백(흰 모시)을 바친다.

④ 제의적 연행
음악: 등가에서 보태평의 전폐희문 반복 연주.(天―평화와 번영을 상징하
는 음악)
일무: 보태평지무〔아홉 가지 동작의 문무(文武: 人―陽을 상징)〕를 춘다.
제물과 제기: 상월대에 커다란 황룡이 그려진 깃발 하나〔상월대(天) + 황
룡(세계의 중앙신, 번영의 상징)〕

⑤ 제기
세 발 향로(세 발 = 天, 地, 人 상징, 용의 머리 뚜껑) / 울창주를 담는 술통
한 쌍〔조이(鳥彝, 陽과 禮의 상징인 봉황새가 조각됨)와 계이(鷄彝, 陰과
人의 상징인 닭이 조각됨)〕36

⑥ 제의의 기대효과
이중적 목적을 가지고 있다. 하나는 도덕적 목적으로 조상에 대한 '효'이

고, 다른 하나는 정치적 목적으로 국가의 안녕이다.

4. 종묘제례의 유교적 담론

1) 조상숭배의 종교적 의미: 신(神)·인(人) 합일과 생명의 연속성

유교 제사의례로서 종묘제례는 만물과 사람의 근본인 천[天神]·지[地祇]
·인[조상신 = 人鬼]을 되돌아보고, 그 근본에 '예'로서 보답한다는 의미
를 갖는다. 중국 유학자 임계유는 천(天), 제(帝), 귀신(鬼神)이 비록 이름
은 다르지만 실상은 같으며, 상제와 신령들의 세계가 바로 유교의 피안세
계라고 말한다.37 아시아의 여러 나라에 전래된 유교에서 "제사는 천(天)
이하 모든 '신'을 인간 생명의 원천으로 인식하고 생명의 원천에 보답하
기 위한" 의례행위가 되며 나아가 "생명의 근원인 '신'과 일치를 이루는
것"으로 인식되었다.38 금장태에 따르면, 인간은 저 자신의 '신명'을 지녔
기 때문에 '신'과의 일치, 즉 '신'과 소통할 수 있고 '천'을 받들 수 있는 존
재이다. 또한 인간은 죽은 뒤에 '귀(鬼)' 내지 '신(神)'이 되어 살아 있는 후
손의 '신명'과 소통할 수 있으므로 '신'과의 만남이라는 연속성은 지속된
다. 집 안에 사당을 짓고 "죽은 이 섬기기를 살아 있는 이 섬기기와 같이하
는 것[事死如事生]", 조상신께 정기적으로 제사를 지내는 것, 이 모든 제
의적 행위는 바로 조상과 후손이 이승의 동일한 공간에서 '함께 있음', 즉
'신-인(神-人) 합일'이라는 추상적인 관념을 구체적으로 보여 주려는 인
간중심적 사고이다. 앞 장에서 밝힌 것처럼, 종묘의 월대에 공존하는 어로
(御路), 세자로(世子路), 신로(神路)는 종묘제례가 조상신과 후손이 만나
는 현장임을 공간적, 시각적으로 보여 준다. 유교의 생사관은 죽음을 삶

과의 단절이 아닌 삶의 연장선상에서 바라본다. 그러므로 제례는 돌아가신 조상을 마치 살아 계신 조상을 모시는 것과 같은 마음과 형식을 갖추어서 지내는 것이며, 제사를 지내는 사람의 경건한 마음가짐과 정성을 가장 중시한다. 따라서 상례(喪禮)의 본질적 중심이 슬픔[哀]이라면 제례는 경건함[敬]이 중심이다.[39] 유교 제사의례의 조건에 대해서『예기(禮記)』의 「제통(祭統)」편에서는 다음과 같이 말한다. "오직 현자라야 모든 것이 갖추어진 일을 할 수 있으니, 모든 것이 갖추어진 일을 할 수 있는 연후에 제사를 지낼 수가 있다. 따라서 현자가 제사를 지낼 때, 그 성(誠)과 신(信)과 충(忠)과 경(敬)을 바쳐 제물로서 받들고, 예(禮)로써 그것을 행하고, 악(樂)으로써 신령을 편안하게 하고, 시기로서 제사 날짜를 택하여 제물을 깨끗하게 올리는 것이며, 자기에게 복이 되는 것을 구하지 않는다."[40] 이러한 조상신의 숭배는 유교적 의미에서는 인간의 생명이 후손을 통하여 지속적으로 이어 갈 수 있다는 생명의 혈연적 연속성에 대한 신념을 보여준다.[41]

유교 제사의례에서는 조상이 실제로 계신 것과 같이 생각하고 먼저 술과 음식을 대접하는 과정을 거친 후, 마지막에 제사음식을 친족 및 이웃과 나누어 먹는다. 이 제사음식은 일차적으로는 '생명의 양식'이며, 이차적으로는 혈연 및 이웃을 하나 되게 만드는 '화합의 매개물'이다.[42] 서양 문화권에서도 제사음식이 중요하다. 예를 들어, 고대 그리스 종교에서 '꿀'은 통과의례의 제수(祭需) 중 핵심 요소인데, 그 이유는 '꿀'이 생사 혼합체의 상징, 안식(깊고 편안한 잠)의 상징, 특히 꿀의 황금색이 가리키는 죽음과 재생의 영원한 사이클에 의해 '불멸'의 상징으로 간주되기 때문이다.[43] '음식 나누기'도 오래된 중요한 제의적 행위이다. 셰크너(R. Schechner)에 의

하면, 인도의 '라사(Rasa)'라는 산스크리트어 개념 속에는 '맛'과 '미각'이라는 뜻이 들어 있고, 음식 나누기의 행위는 제의(혹은 제의적 공연)에서 일차적으로는 숭배의 대상인 신과 제관 사이, 이차적으로는 신관들(공연자들)과 참여자들(관중들) 사이의 일체화를 가능하게 하는 매개물이다.[44] 이러한 제의적 '음식 나누기'는 고대 인도의 제의적 공연과 고대 그리스의 디오니소스 제의 등 여러 제의에서 나타난다. 종묘제례에서 바쳐지는 엄청난 숫자의 제수들은 조선왕조의 궁중의례로서 크기와 위엄을 과시하면서 동시에 백성들과의 일체화를 강화하려는 전시적 의도 역시 내포되어 있다고 볼 수 있다.

중국 유학자 사겸(謝謙)에 따르면, "실제로 고대 중국인의 마음속에서는 천·지·조상을 신앙의 중심으로 하는 국가종교와 이른바 '유교'가 본래 같은 것이었다".[45] 이러한 종교관이 송대를 거치면서 신-유교주의로 바뀌고, 이를 조선이 수용했기 때문에 두 나라의 유교사상은 모두 인간을 본(本)으로 하고 현세를 중시한다는 공통점을 갖게 된다. 그래서 유교제사인 종묘제례는 인간이 주체가 되어 신을 받드는 의례이다. 공자는 인간의 성숙(仁)과 주체적 각성(德)에 의해서 '천(天)'의 세계가 열릴 수 있다고 생각했다. 그는 "'상제'에 대한 관념을 '천' 속에 수렴하고, 그것은 다시 인격 속에 내재되어 인간의 실질적 태도와 삶 자체가 중요하다"고 설파했다.[46] 종묘제례에서도 이러한 내재화된 신성성이 드러난다. 종묘제례는 조상신과 후손 사이의 감응(感應)을 재현하면서 생명교류를 상징적으로 보여 준다. 이와 함께, 가장 뿌리 깊고 변하지 않는 가족적 제의성을 국가 차원으로 확대하여 부모에 대한 '효'를 국가에 대한 '충'으로 전환하고자 했다. 그런 의미에서 종묘제례는 형이상학적 종교적 제사라기보다는 세대 간의 혈연적 연속성을 유지하고 공동체 생활에서 융화를 위한 현실 지향적 제사의례라고 볼 수 있다.[47]

2) 종묘제례의 도덕적 의미

유교 제사의례는 단순히 신을 섬기는 종교적 행위에 머무르지 않고, 다양한 사회적인 역할을 수행하면서 동양사회에서 유교문화를 이끌어 온 일종의 문화적 행위이기도 하다.[48] 일반적으로 종교에서 행하는 제의는 기복행사(祈福行事)이지만, 유교제례는 구복(求福)이 핵심이 아니고 세속세계를 도덕화하려는 윤리성과 도덕성을 기반으로 하고 있다. "유교적 사유체계에서 보면 인간이 '신'을 잘 섬길 수 있는 신앙심을 간직한다면, 그것은 바로 인간의 모든 도덕적 조건에 확고한 바탕을 확보하는 것이 된다."[49] 바꾸어 말하면, 유교제사를 통해 나타나는 가장 기초적인 도덕규범은 '효경(孝敬)'과 '체인(體仁)'인데, 만약 부모에 대해 공경과 보답〔孝, 敬〕을 소홀히 한다면 '천(天)'에 대한 공경과 순종의 마음도 일어날 수 없다는 것이다. 『예기』에 실린 "어진 사람이 부모를 섬기는 것, 그것이 곧 '천'을 섬기는 것이다〔仁人之事親也如天〕"라는 내용도 바로 그러한 뜻으로 풀이할 수 있다. 유교의 도덕적 '복(福)'은 인격적 완성과 도덕적 완성의 실현이라는 이중적 의미를 갖고 있다. 이는 제사를 드리는 인간의 도덕적 정당성이 갖추어져 있어야 복을 받을 수 있다는 의미이다. 이처럼 '제사'로 가르침의 근본을 삼는 것은 바로 종교로 도덕교화의 근본을 삼으려는 유교의 고유한 특성이다.[50]

종묘제례의 도덕적 근간은 '효'와 '충'이다. 주지하듯이 유교에서의 '효(孝)'는 제(悌)·자(慈)와 함께 유교의 가족윤리의 근간이다. 그런데 이 가족윤리 '효'는 임금에 대한 '효'로 확대되어 신하의 군주에 대한 '충(忠)', 즉 군신의 관계와 관료적 질서를 강화하는 사회적 덕목으로 확장된다.(『효경(孝經)』) 유학자들은 세계 전체를 하나의 거대한 가정으로 간주했기 때문에 사회적 집단은 가족의 확장이고 가족애 개념은 전혀 마찰 없이 충성심으로 확장될 수 있었다. 따라서 가족 간의 '효'의 마음가짐은 국가의 제사의례에서 왕이 모신 선대왕, 즉 나라의 선조이신 '조상신'에게로 전이되어 '충'으로 전환되고, 선대왕들과 후손인 백성 사이의 종교적 교류는 국가라는 공동체의 상징적 생명의 연속성을 강화하는 동력이 될 수 있었던 것이다. '효'와 '충'이라는 큰 기둥과 함께, '인의예지신(仁義禮智信)'을 내용으로 하는 오상지덕(五常之德)도 종묘제례를 지탱하고 있는 도덕적 기둥이다. 이와 함께, 종묘제례에 내재한 유교적 윤리의 핵심은 "고립된 개인주의가 아니라 공존원리를 인식하고 실천하는 가운데에서 자기의 정체성을 확인하는 것이며, 항상 공동체의 삶을 존중하는 '관계성'이다".[51] 바꾸어 말하면, 가정윤리가 확장되어 사회윤리의 실천적 근거가 됨으로써 '소통의 윤리체계'를 확립하고, 공동체를 위한 강력한 연대의식이 구축됨을 발견할 수 있다.

3) 종묘제례의 정치적·사회적 기능

유가(儒家)는 근본적으로 인륜과 도덕교화를 중시하여 수신(修身)-제가(齊家)-치국(治國)-평천하(平天下)의 내성외왕(內聖外王)의 학문을 추구하고, 부모에게 효도하고 임금에게 충성하는 강상(綱常) 윤리를 강구했다. 신-유교주의를 치국이념으로 삼았던 조선시대에도 종묘제례는 왕실의 조상숭배 제사의례이자 동시에 '효'를 통하여 백성을 통치하기 위한 정치적 목적을 내포하고 있었던 것으로 보인다.[52] 조선이 개국 초 주자학적인 예(禮)의 규정에 따라 교묘(郊廟) 제도를 시행하여(1392) 일차로 고려 시조 이하 8왕을 경기 마전현(麻田縣)에 입묘(立廟) 치제하게 하고 제전(祭田)을 지급한 후, 곧바로(1394) 한양 중심에 종묘(宗廟)를 조성하고 건축하면서 예악제도를 세웠던 것은 일종의 '정치적 기반 다지기'였다고 말할 수 있다.[53] 왜냐하면 유교가 강조하는 '관계의 망(網)'으로서 '우리', 즉 사회적 관계를 신성화하고 그 중심에 왕이 서 있을 수 있는 효과적인 형식이 '조상숭배의 제사의례'이기 때문이다. 당시 종묘제례의 참석자들은 지배계급에 속한다. 이들은 당대 조선, 그리고 이후 미래 조선을 이끌어 갈 주도적 인물들로서 왕가의 유교 제사의례를 통하여 종교적으로는 천·지·인 사이, 현실적으로는 국가·사회·개인 사이의 융화와 조화의 표지를 찾고자 했을 것이다.

프랑스의 인류학자이자 언론학자인 파스칼 라르들리에(Pascal Lardellier)에 따르면, 사회란 내재적으로 '제의적'이다. 그 이유는 행위와 재현 형태로 된 상징체계인 제의들을 통해서 한 공동체의 신화들, 이상들, 가치들, 강박관념들의 행간을 읽을 수 있기 때문이다.[54] 또한, 어떤 제의가 비록 세속화되고 권위를 상실했다 할지라도 그 상징적 효력에 의해 사회를 추동하는 힘은 잔존한다. 다시 말해, 하나의 이념이 아니라 '함께 있다'는 무의식적 소속감이 그 제의와 연관된 공동체의 '미래'를 위한 도덕적 초석을 구성할 수 있다.[55] 특히 '정기적' 제의는 한 공동체의 유대를 위해 필수적이다. 왜냐하면 특정한 제의에 반복적, 주기적으로 참여한다는 것은 해당 종교적 공동체에 소속감을 갖게 되어 점차적으로 강한 연대의식을 느끼게 되기 때문이다. 그런 맥락에서, 정기적 제사의례인 종묘제례의 참석자들은 유교가 국교인 조선에 대해 강력한 종교적 소속감과 연대감을 체험할 수 있었을 것이다. 종묘제례에서 왕과 제관들, 그리고 참석자들 모두 '함께 있다'는 인식을 통하여 자연스럽게 조선왕국과 유교사회의 일원으로 가입하는 일종의 입사식 과정을 거친 셈이 되었고, 그로부터 개인과 국가 간의 연대의식이 강화될 수 있었다고 하겠다. 따라서 정기적으로 봉행하는 종묘제례는 조선왕조를 대표하는 왕이 조상신(선대왕들)과의 생명의 교류를 통해 한민족의 뿌리의식을 재확인하고, 조선의 왕·군신·백성들 사이의 융화를 도모하는 정치적 목적을 충실하게 수행했다고 볼 수 있다.

제사의식 과정에서 '음복례'는 하늘로부터 선택받은 왕의 특권을 인증하는 절차이며, '분준(分餕) 의례'는 왕의 덕(德)을 드러내는 정치적 의례로서 '인(仁)'과 '충(忠)'의 융화를 통하여 왕과 신민(臣民) 사이의 결속을 강화하는 것이었다. 유교의 정치사상이 덕치주의와 왕도정치를 지향한다면, 국가를 잘 경영하기 위해서는 경제적 군사적 힘에 못지않게 백성들의 신뢰 확보가 중요할 것이다. 그런 의미에서 종묘제례는 '인의(仁義)'에 근거한 덕(德)을 펼치는 왕의 이미지를 공고히 하는 정치적 효과도 충분히 있었다. 주지하듯이, 제의는 그것의 상징적 효용성에 의해 특징 지어진다. 왜냐하면 제의는 인간들이 제정하고, 신성한 것으로 만들고, 합법화하고, 그 범위를 정하기 때문이다.[56] 따라서 정치적 차원에서, 유교적 궁중 의례인 종묘제례의 상징적 효용성은 '덕치주의의 이미지' 만들기라고 볼 수 있겠다.

4) 종묘제례: 유교문화의 총체적 제전(祭典)

제의는 사람들이 정신적으로 따라야 하는 선험적 질서이자 형식적 구조로서 가소성, 영속성, 보편성이라는 특징을 갖는다. 현상적으로 제의는 일종의 스펙터클이다. 그러나 단순한 스펙터클이 아니라 상징적 영역과 제례적 연행이 중첩되어 있는 스펙터클이다. 신-유교주의를 토대로 구성된 종묘제례와 종묘제례악은 단순히 조상신을 섬기는 종교적 행위에만 머무르지 않고, 유가사상과 유교적 정치철학 등 여러 측면을 제의적 예술적 연행으로 재현하면서 조선사회에서 유교문화를 이끌어 왔다고 볼 수 있다.[57]

우선, 종묘제례는 제례〔예(禮)〕와 제례악〔악(樂)〕으로 구성되어 있는데, '예'와 '악'의 관계는 우주의 근본원리와 현상세계의 무한한 변화를 구성하고 전개시키는 두 가지 근원 요소인 '음(陰)'과 '양(陽)'의 관계처럼 상호보완적이다.(『역경(易經)』) 현실세계에서 '예'는 '이성'의 질서에 속하고, '악'은 '감성'의 조화로운 화음(和音)이다. 또한 종합예술로서 가무악에서 연주곡인 '음악'은 이성적 질서의 측면이고, 노래와 춤인 '가무'는 정서의 자유로운 조화의 측면이다. 따라서 종묘제례악은 이성과 감성, 질서와 조화가 하나로 융화되면서 본래 선하고 조화로운 인간의 본성을 회복하려는 "순수한 인간 정서와 진실한 감흥"[58]이 담긴 일종의 제례적 교향악이라고 부를 수 있을 것이다. 이처럼 종묘제례는 한편으로는 참석자들에게 유교적 도덕원리를 바탕으로 한 조선시대의 유교적 정치 이상과 사회적 제도의 규범을 보여 주는 제례이면서, 다른 한편 현자가 제사를 지낼 때 그 성(誠)과 신(信) 과 충(忠)과 경(敬)을 바쳐 제물로서 받들고, 예(禮)로써 그것을 행하고, 악(樂)으로써 신령을 편안하게 하는 일체의 과정을 재현하는 제의적 문화적 퍼포먼스이다. 그런 의미에서 종묘제례 전체는 유교정신을 구체적으로 실천한 유교문화의 총체적 제전(祭典)이라고 말할 수 있다.

5. 맺는 말

종묘제례는 조선왕조뿐만 아니라 아시아 유교문화권의 종교적 세계와 윤리, 정치, 사회, 그리고 예술을 이해하는 데에 매우 중요한 역사적 문화적 자료이다. 이를 요약하자면 첫째, 종묘제례는 조선왕조 오백 년 동안 계승된 유교 제사의례의 전통을 간직한 궁중의례로서 그 가치가 크다. 또한 예와 악, 효와 충, 인과 덕 등 유교사상을 토대로 도덕적 정치적 메시지를 전달하는 유교문화의 중요한 유산이다. 둘째, 유네스코 세계인류구전 및 무형문화유산걸작으로서 종묘제례악은 조선왕조의 궁중전통음악과 함께 유교문화권의 제례음악을 연구하는 데에 있어서 탐구대상으로 주목받고 있다. 셋째, 건축학의 관점에서 종묘는 한국의 전통 건축양식과 유교문화의 관계를 연구하는 데에 있어서 핵심적인 건축물이다.

　이미 조선시대 후기, 실학파 학자들을 중심으로 성리학에 대한 반성과 예(禮)의 형식화를 비판하는 목소리, 그리고 중국문화중심주의를 극복해야 한다는 주장이 대두된 바 있다. 이러한 반성적 사유와 함께, 20세기 말에 이르러서는 한국의 유교사상에 대한 분석과 새로운 평가, 그리고 현대사회에서의 유교의 역할에 관한 연구들도 활발하게 진행되고 있다. 한편에서는, 유학자들을 중심으로 한국 유교의 사유기반을 긍정과 융화로 간주하며 유교사상의 인본주의와 융화의 논리를 현대적으로 조명하고 있고, 다른 편에서는 비교철학자들이 구조주의적 관점에서 유교사상에 내재한 상호주관성에 관해 탐구하고 있다.[59] 유교사상에 관한 이러한 현대 철학적 관점의 연구 작업들은 젊은 학자들에게 적잖은 영향을 끼치고 있다. 젊은이들은 새로운 관점으로 유교문화를 바라보게 되었고, 그 안에서 한국과 아시아 문화의 원천과 범세계적 가치를 되찾고자 노력하고 있다. 앞으로 한국 유교문화의 자부심을 더욱 높일 수 있는 좋은 연구 결과물들이 발표되기를 기대한다. 끝으로, 유네스코 인류무형문화유산으로 등재된 '종묘제례'의 종교적, 문화적, 예술적 의미와 가치를 지키기 위해서는 현행 종묘제례의 공개행사와 관련된 몇 가지 문제점들(의례시간, 관객들-관광객들의 지도 관리 등)에 관한 발전적 검토도 필요하리라고 사료된다.

조선시대 의례의 연희자

김종수(金鍾洙)

1. 들어가는 말

사회에서 추구하는 정의로운 가치를 상징적인 행위로 표현하는 것이 의례(儀禮)이다. 의례는 크게 길례(吉禮), 가례(嘉禮), 빈례(賓禮), 군례(軍禮), 흉례(凶禮)의 다섯으로 분류되며, 각 의례에는 거의 모두 악(樂)이 수반되어 있다. '귀천(貴賤), 장유(長幼), 친소(親疎) 등을 구별하는 예(禮)'와 '구성원을 화합하게 하는 악(樂)'은 유가적 이상 국가를 지향하기 위한 것이다.

조선에서는 형벌과 정치로 백성을 인도하는 것은 한계가 있으므로, 예악으로 교화시켜 풍속을 아름답게 만들고자, 성종대(1469-1494)에 법전인 『경국대전(經國大典)』을 편찬했을 뿐 아니라 예서(禮書)인 『국조오례의(國朝五禮儀)』를 편찬하여 조선왕조를 이끌어 가는 커다란 중심축으로 삼았다.

오례에 수반된 악(樂)과 악을 수행한 연희자(演戲者)에 대해 살핌으로써, 조선시대에 의례를 통해 추구하고자 한 것이 무엇이었는지 알아보고 자 한다.

2. 오례(五禮)와 악(樂)

1) 길례(吉禮)

길례는 천지와 조상 및 성현(聖賢)에 제사를 올리는 것이다. 만물은 모두 하늘의 기운을 받아 생(生)을 부여받고, 땅의 소산물로 자라며, 조상에게 서 혈기를 받고, 성현의 가르침으로 사람답게 살게 된다. 따라서 제사를 통해 자신이 존재하게 된 근본을 잊지 않고 고마움을 표시하는 것이다.[1] 제례에 음악은 필수 불가결한 것이었다. 음악을 통해 신명(神明)과 교류 할 수 있다고 여겼기 때문이다.

토지신과 곡물신에게 올리는 사직제(社稷祭), 바람·구름·번개·비의 신에게 올리는 풍운뇌우제(風雲雷雨祭), 농사짓는 법을 가르쳐 준 신농씨 와 후직씨에게 올리는 선농제(先農祭), 누에치기를 처음 시작한 서릉씨 (西陵氏)에게 올리는 선잠제(先蠶祭), 공자를 위시한 여러 유학자에게 올 리는 문묘제(文廟祭)에서는 아악(雅樂)이 연주되었다.

역대 왕과 왕후에게 올리는 종묘제(宗廟祭)에서는 조선 초기에 아악이 연주되었지만, 세조 9년(1463)에 '세종께서 창제한 보태평(保太平), 정대 업(定大業)의 성용(聲容)이 성대한데 종묘에 쓰지 않음은 애석하다' 하여, 그해 12월에 제사에 맞도록 가사를 줄이고 제사에 필요한 진찬(進饌), 철 변두(徹籩豆), 송신(送神)의 악을 지어 세조 10년(1464) 이후부터는 보태 평, 정대업 같은 속악(俗樂)이 종묘에서 연주되었다.(도판 1)

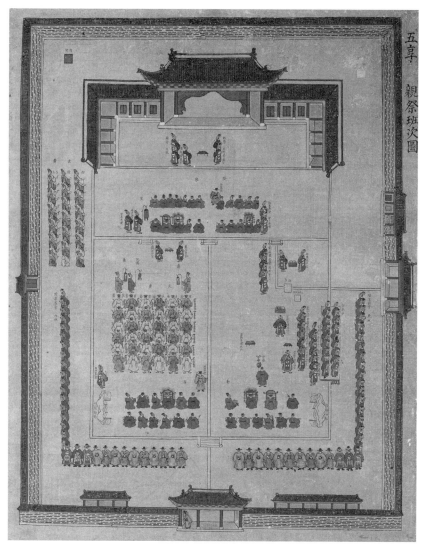

1. 〈오향친제반차도(五享親祭班次圖)〉, 종묘친제규제도설(宗廟親祭規制圖說) 8폭 병풍 중 제7폭.
19세기 후반. 국립고궁박물관.

절차	악현(樂懸)	악곡과 일무(佾舞)
영신(迎神)	헌가(軒架)	보태평지악(保太平之樂), 보태평지무(保太平之舞) 9성(成)
전폐(奠幣)	등가(登歌)	보태평지악, 보태평지무
진찬(進饌)	헌가	풍안지악(豊安之樂)
초헌(初獻)	등가	보태평지악, 보태평지무
아헌(亞獻)	헌가	정대업지악(定大業之樂), 정대업지무(定大業之舞)
종헌(終獻)	헌가	정대업지악, 정대업지무
음복(飲福)		
철변두(徹籩豆)	등가	옹안지악(雍安之樂)
송신(送神)	헌가	흥안지악(興安之樂)
망예(望瘞)		

세조 10년(1464) 이후 종묘제례 절차와 음악.[2]

2) 가례(嘉禮)

가례는 왕실의 경사스러운 행사를 뜻한다. 황제의 조서나 칙서를 맞이하는 영조칙의(迎詔勅儀), 동지와 정조(正朝, 정월 초하루) 및 매달 삭망(朔望) 및 경사에 하례(賀禮) 드리는 조하의(朝賀儀), 오 일마다 왕에게 조회하는 조참의(朝參儀), 왕세자와 왕비 책봉, 나라의 인재를 뽑는 문과전시의(文科殿試儀), 합격자를 발표하는 문무과방방의(文武科放榜儀), 임금이 교서(敎書)를 내리는 교서반강의(敎書頒降儀) 등에서 임금이 어좌에 오르내릴 때와 신하들이 절할 때 음악이 연주되었다. 문무과방방의를 실례로 들면 다음과 같다.

임금이 어좌에 오름.	악작(樂作)
종친, 문무백관이 사배(四拜)함.	樂作
문과방방관(文科放榜官)과 무과방방관(武科放榜官)이 명단을 외치면 급제자가 자리에 나아감.	
급제자가 사배함.	樂作
정랑(正郎)이 급제자에게 홍패(紅牌)를 나누어 줌. 꽃과 주과(酒果)를 내림.	
급제자가 사배함.	樂作
백관 대표가 '의정(議政) 구관(具官) 신(臣) 모(某) 등은 현인준사(賢人俊士)를 등용하게 됨을 경하드리나이다'라고 축하의 말을 아룀.	
종친, 문무백관이 사배함.	樂作
임금이 어좌에서 내려옴.	樂作

문무과방방의(文武科放榜儀).[3]

설날에 임금과 문무백관이 화합을 다지거나, 대비전과 중궁이 내명부(內命婦)·외명부(外命婦)와 회합을 다지는 회례연(會禮宴), 가을에 노인을 공경히 대접하는 양로연(養老宴), 경사가 있을 때 베푸는 진연(進宴) 등의 연향에는 춤과 노래와 악기 연주가 어우러져 흥취를 더했다.

숙종 45년(1719), 숙종이 59세로 기로소(耆老所)[4]에 들어간 것을 경축하여 올린 기해진연(己亥進宴)을 실례로 들면 다음과 같다.

절차	음악	정재(呈才)
전하 출궁	여민락만	
진찬안(進饌案), 진화(進花), 진소선(進小膳)	여민락령	
	존숭악장 유천지곡(維天之曲)	
제1작(爵)	천년만세(千年萬歲)	
진만두(進饅頭)	청평곡(淸平曲)	
제2작	오운개서조(五雲開瑞朝)	
진탕(進湯)	환환곡(桓桓曲)	
제3작	보허자령(步虛子令)	초무(初舞)
진탕	하운봉(夏雲峰)	
제4작	정읍만기(井邑慢機)	아박(牙拍)
진탕	유황곡(維皇曲)	
제5작	보허자령	향발(響鈸)
진탕	천년만세	
제6작	정읍만기	무고(舞鼓)
진탕	청평곡	
제7작	여민락령	광수(廣袖)
진대선(進大膳)	태평년지악(太平年之樂)	
	여민락 향당교주	처용무
전하 환궁	여민락령	

숙종 45년(1719) 9월 진연악.[5]

3) 빈례(賓禮)

외교와 관련된 의례로 중국과 일본, 유구국(琉球國), 여진족의 사객(使客)에게 연향을 베풀어 주거나 일본, 유구국 등의 서폐(書幣)를 받는 의식 등이 이에 속한다.

『국조오례의』를 통해 중국 사신에게 베푼 연향 절차를 살펴보면, 처음에 차와 과일을 올리는 다례(茶禮)를 행하고, 이어서 제1작례(第一爵禮)를 행하며 과일을 올렸으며, 그다음 찬안(饌案)과 꽃을 올리고, 제2작례와 소선(小膳) 및 제3작례와 탕(湯)을 올렸다. 그다음 일곱 순배(巡杯)의 술을 돌리고 탕을 올린 뒤에는 대선(大膳)과 과일을 올리고, 마지막으로 완배례(完盃禮)를 하고 마쳤으며, 각 절차에서는 음악이 연주되었다.6

가례(嘉禮)에 속하는 회례연, 양로연, 진연은 왕과 신민(臣民) 사이의 연향이므로 왕은 북쪽에서 남향하여 앉고 신민은 남쪽에서 북향하여 앉지만, 중국 사신연에서는 중국 사신을 상국(上國)의 손님으로 예우하여 상석인 동쪽에 앉게 하고, 왕은 서쪽에 앉았다.7 사신에 대한 음식 시중은 서서 하지만, 임금의 음식 시중은 무릎을 꿇고 하였으니,8 음식 시중을 드는 제조(提調)나 제거(提擧)가 중국 사신에 대해서는 신하의 의리가 없기 때문이다. 이처럼 예는 사람이 마땅히 행해야 하는 의리를 표현하고 있다.

4) 군례(軍禮)

섣달그믐 전날 밤에 궁전 뜰에서 큰 소리로 악귀를 쫓는 대나의(大儺儀)를 행한 뒤, 처용무(處容舞), 학무(鶴舞), 연화대정재(蓮花臺呈才) 등과 잡희(雜戲)를 보며 밤을 지새웠다.

활을 쏘는 행사인 대사례(大射禮)에서, 임금이 어좌에 오르내릴 때, 신

2. 〈대사례도(大射禮圖)〉. 1743. 연세대학교박물관.

하가 절할 때, 임금과 신하가 활을 쏠 때 음악이 연주되었다.(도판 2)

5) 흉례(凶禮)

조선시대에 삼년상(三年喪)은 왕에서 서인에 이르기까지 공통이다.[9] 따라서 국왕이 승하하면, 종묘와 사직 같은 대사(大祀)에만 졸곡(卒哭)[10] 뒤에 음악을 연주할 뿐, 그 외는 삼 년 동안 음악을 정지하였다. 왕세자가 빈전(殯殿) 앞에서 유교(遺敎)와 대보(大寶)를 전해 받은 뒤 즉위식을 거행할 때, 종친과 문무백관이 국상(國喪)을 알리고 시호(諡號)와 왕위 계승을 청하는 글을 중국에 보내는 의식을 거행할 때 등에는 헌가(軒架)를 진설하되 음악 연주는 하지 않았으며, 장례를 지내기 위하여 발인(發靷)하여 산릉에 이르는 동안 고취(鼓吹)를 진설하되 연주하지는 않았다.(도판 3)

즉위식과 중국에 국상을 알리는 의식을 소개하면 다음과 같다.

(1) 사위(嗣位)

예조판서가 여차(廬次) 앞에 나아가 부복(俯伏)하였다가 꿇어앉아 면복(冕服) 갖추기를 계청(啓請)하고, 상의원의 관원이 면복을 바치면, 왕세자가 최복(衰服)을 벗고 면복을 입는다. 좌통례의 인도를 받아 사왕(嗣王, 왕세자)이 동문으로 들어와 욕위(褥位)에 나아가 북향하여 선다. 좌통례가 '무릎 꿇을 것'을 계청하면, 사왕이 무릎 꿇는다. 종친, 문무백관도 같이 한다. (…)

영의정이 유교(遺敎)를 사왕에게 드리면, 사왕이 유교를 받아서 읽는다. 읽기를 마치고서 근시(近侍)에게 주면, 근시가 받고서 뒤로 물러나 무릎 꿇는다. 영의정이 내려가서 본래의 반열로 나아간다. 좌의정이 대보

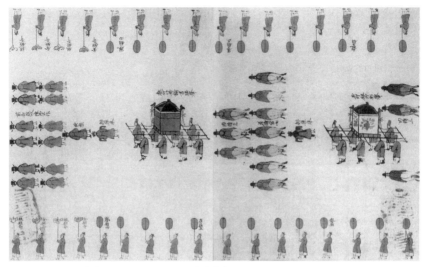

3. 『정조국장도감의궤(正祖國葬都監儀軌)』〈발인반차도(發靷班次圖)〉. 1801.

(大寶)를 사왕에게 드리면, 사왕이 받아서 근시에게 주고, 근시는 받고서 뒤로 물러나 무릎 꿇는다. 좌의정이 내려가서 본래의 반열로 나아간다. 좌통례가 '부복하였다가 일어나 몸을 바로 할 것'을 계청하면, 전하가 부복하였다가 일어나 몸을 바로 한다. 종친, 문무백관도 같이한다. (…)

좌통례의 인도로 전하가 동문으로 나가면, 근시가 각각 유교와 대보를 받들고 앞서간다. 전하가 악차에 들어가 어좌에 앉으면, 근시는 유교와 대보를 상서원 관원에게 준다. (…)

액정서는 어좌를 근정문 한가운데에 남향으로 설치하고, 보안(寶案)을 어좌 앞 동쪽 가까운 곳에 설치하고, 향안(香案) 둘을 계단 위 좌우에 설치한다. 장악원은 헌현(軒懸)을 뜰의 남쪽 가까이에 북향하여 진설하고,〔진설하되 연주하지는 않는다(陳而不作)〕협률랑의 거휘위(擧麾位)를 서계(西階) 아래의 서쪽 가까이에 동향으로 설치한다. (…)

좌통례가 악차 앞에 가서 부복하였다가 무릎 꿇고 '어좌에 오를 것'을 계청하면, 전하가 악차에서 나와 여(輿)를 타고 나간다. 산선(繖扇)과 시위는 평상 의식과 같이한다. 좌통례의 인도로 전하가 어좌에 오르면, 향로의 연기를 피워 올린다. 상서원의 관원이 대보를 받들어 안(案)에 놓는다. (…) 인의(引儀)의 인도로 종친과 문관, 무관의 이품 이상이 동편문(東偏門)으로 들어가 자리에 나아간다. 전의(典儀)가 "사배(四拜)"라고 말하고 찬의(贊儀)가 "국궁(鞠躬), 사배(四拜), 흥(興), 평신(平身)"을 창하면, 종친, 문무백관이 몸을 굽혔다가 사배하고 일어나 몸을 바로 한다. 찬의가 "궤(跪), 진홀(搢笏), 삼고두(三叩頭)"를 창하면, 종친, 문무백관이 무릎 꿇고 홀을 꽂고 세 번 머리를 조아린다. 찬의가 "산호(山呼)"를 창하면 종친, 문무백관이 두 손을 마주 잡아 이마에 대고 "천세(千歲)"라고 외치고, 찬의가 "산호"를 창하면 종친, 문무백관이 "천세"라고 외치고, 찬의가 "재산호(再山呼)"를 창하면 종친, 문무백관이 "천천세"라고 외친다.〔천세를 외칠 때 악공과 군교(軍校)도 일제히 응하여 외친다〕

좌통례가 어좌 앞으로 나아가 부복하였다가 무릎 꿇고 '예가 끝났음'을 아뢰고서 부복하였다가 일어나 제자리로 돌아간다. 전하가 어좌에서 내려와 여(輿)를 탄다. 산선과 시위는 평상의식과 같다. 여차(廬次)로 돌아와 면복을 벗고 도로 상복(喪服)을 입는다. 인의의 인도로 종친, 문무백관이 조복(朝服)을 벗고 도로 상복을 입는다.[11]

(2) 고부(告訃), 청시(請諡), 청승습(請承襲)

사위(嗣位)의 예가 끝나면, 종친, 문무백관이 백의(白衣), 오사모(烏紗帽), 흑각대(黑角帶)를 착용하고 국상을 알리고 시호를 청하는 표문(表文), 전문(箋文)에 배례(拜禮)를 하는데 평상시 의식과 같이한다. 악기를 진설하되 연주하지는 않는다. 사자(使者)가 표문과 전문을 받들고 나가면, 종친과 모든 문관, 무관이 국문(國門) 밖까지 전송하고 돌아와 도로 최복(衰服)을 입는다.[12]

3. 의례(儀禮)의 연희자

1) 악생

아악을 연주하는 공인을 악생(樂生)이라 한다. 악생은 세종대 아악 정비 이후 초하루 조하(朝賀)와 대조하(大朝賀) 및 책명대례(册命大禮) 등의 조회와 회례연(會禮宴)과 양로연(養老宴) 등의 연향에서 아악을 연주하기도 했지만, 이는 세종 중기 이후 세조 초년까지의 한정적인 기간뿐이다.[13] 이후 영조대(1724-1776)에 잠시 연향에서 아악이 연주된 적이 있을 뿐이고,[14] 악생은 대부분 풍운뇌우(風雲雷雨), 사직(社稷), 선농(先農), 선잠(先蠶), 문묘(文廟) 등의 제례에서 주로 활동하였다.

성종 당시 사직 제사에 쓰인 악현(樂懸)과 일무(佾舞)는 오른쪽 표와 같다.

2) 악공

악공(樂工)은 종묘와 영녕전, 문소전, 둑제 등 속악을 연주하는 제례, 영조칙(迎詔勅), 배표전(拜表箋), 조하(朝賀), 조참(朝參), 책봉, 왕세자관례(王世子冠禮), 문과전시(文科殿試), 문무과방방(文武科放榜), 생원진사방방(生員進士放榜), 대사례(大射禮), 친경(親耕) 및 크고 작은 연향 등에서 연

등가(登歌)	헌가(軒架)
문무(文舞)	무무(武舞)

『악학궤범(樂學軌範)』 권2 사직 악현과 일무.[15]

주함으로써 활동범위가 가장 다양하고 광범위하다.

순조 9년(1809) 혜경궁 관례 육십 주년을 기념하여 베푼 연향에서도 한 악공의 면모를 짐작할 수 있다.(도판 4-5)

3) 무동

조선 초기에 외연(外宴)이든 내연(內宴)이든[16] 여악(女樂)이 대부분 춤과 노래를 담당했다. 그러나 세종 14년(1432)에 위정자(爲政者)가 남녀유별의 모범을 보이고자, 정전(正殿)에서 베푸는 외연에 여악을 쓰지 않기 위해 여덟 살에서 열 살 사이의 남자아이 예순 명을 뽑은 것이 조선시대 무동의 시초이다.[17] 무동은 종래 여악이 하던 춤과 노래를 대신하는 존재이므로 여악과 대비하여 남악으로 불렀다.

세종 15년(1433)부터 외연에서 무동이 공연하도록 했다. 그러나 조선 전기에는 외연에서 무동이 정재를 공연하는 제도가 정착되지 못하고, 세종 15년부터 대략 이십오 년 남짓과 중종 6년(1511)부터 십여 년간만 시행되었을 뿐이다. 인조반정(1623) 이후 외연에 무동을 쓰는 제도가 확립되어 조선조 말까지 존속되었다.

조선 후기에는 외연에 언제나 악공이 악기 연주를 담당하고, 무동이 춤과 노래를 담당하였다. 순조의 즉위 삼십 년을 경축하여 베푼 외진찬에서는 여악이 아닌 무동이 무고(舞鼓)를 가운데에 두고 춤을 추고 있다.(도판 6)

4) 여악

여악은 악기 연주, 노래, 춤을 공연하는 여자 악인(樂人), 또는 그들이 공

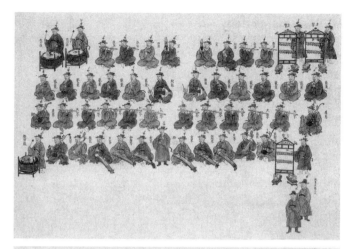

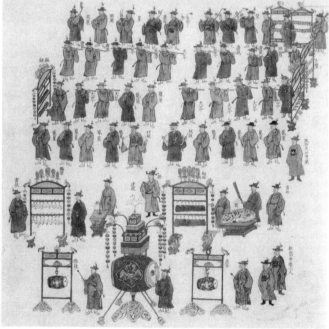

4. 『기사진표리진찬의궤(己巳進表裏進饌儀軌)』〈등가도(登歌圖)〉. 1809.(위)

5. 『기사진표리진찬의궤』〈헌가도(軒架圖)〉. 1809.(아래)

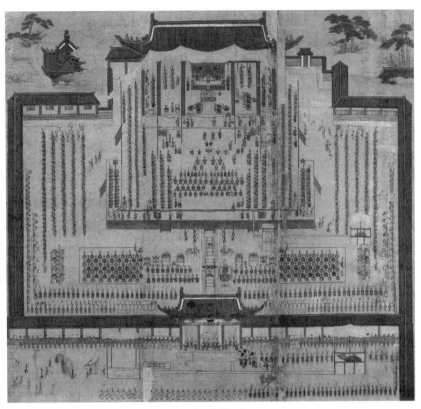

6. 〈기축진찬도(己丑進饌圖)〉 부분. 1829. 국립중앙박물관.

연하는 악가무(樂歌舞)를 가리킨다. 여기(女妓), 여령(女伶), 기생(妓生), 관기(官妓), 창기(倡妓)로도 불리었다. 조선시대까지만 하더라도 여염집 여자들의 사회활동이 금기시되었으므로, 의술과 악가무와 같은 전문적으로 일을 하는 여성은 모두 천인(賤人)이었다.

여기의 신역(身役)은 국가의 크고 작은 연향에서 악가무를 공연하거나 의장(儀仗)을 들고 시위(侍衛)하는 일이었으며, 오십 세가 되어야 기역(妓役)에서 벗어날 수 있었다.[18] 그들의 자손은 여기 및 악공과 무동이 되어

그 업을 세습하였다.[19]

조선시대에 여악은 서울뿐 아니라 외방(外方)에도 두었는데,[20] 궁중에서의 음악활동이 중요하므로 서울에서 활동하는 여기인 경기(京妓)는 대개 외방여기 중 재예가 뛰어나 뽑혀 올라온 자들이었다. 『경국대전(經國大典)』(1485)에는 경기의 정원이 백오십 명으로 규정되어 있다.[21]

기예에 대한 대가로 나라에서는 군병(軍兵), 각사(各司) 이전(吏典) 및 악공처럼 여기에게도 봉족(奉足)[22]을 대 주어 생활을 도왔고,[23] 일 년에 두 차례 쌀을 지급했으며,[24] 연향을 마친 후에 면포(緜布)와 정포(正布) 등의 연폐(宴幣)를 주었고,[25] 포상으로 천인 신분을 면제해 주기도 했다.[26]

여악은 악가무의 예능활동으로 사회에 유용하였다. 그러나 여기와 관비는 모두 공천(公賤)에서 뽑으므로, 여기의 수가 많으면 그만큼 관비의 수가 적게 되어 노동력이 부족해지는 점, 여기 한 사람의 의복과 장식이 평민 열 사람의 의복보다 지나칠 정도로 사치풍조를 조장하는 점, 풍기가 문란해지는 점 등이 폐단으로 나타났다. 이 중 가장 큰 것은 풍기문란이었다.

심지어 조선 건국 초에 풍속을 바로잡아야 하는 수령이 버젓이 관기로 하여금 사객의 시침(侍寢)을 들게도 하고, 모녀와 자매가 다 여기가 되어 같은 사람과 사통(私通)하는 경우도 있어서, 강상(綱常)을 무너뜨리고 풍화(風化)를 어지럽히는 것이 여악보다 더 심한 것이 없다고 비난되었다. 그리하여 여러 차례 여악 폐지가 건의되기도 하였다.

그러나 조선조 말까지 폐지하지 못하고 존속되었다. 여악만이 할 수 있는 여악 고유의 역할이 있기 때문이었다. 조선시대는 내외(內外)가 엄격했으므로, 대비와 중궁에게 올리는 내연(內宴)과 하례(賀禮), 중궁이 주관하는 친잠례(親蠶禮) 등에서 음악 연주를 남자 악공이 할 수는 없었다. 연향에서의 춤과 음악 및 하례와 친잠례에서의 음악 연주에 여악이 필수 불가결했던 것이다. 이것이 바로 조선시대 여악의 존재이유이다.[27]

따라서 여악을 존속시키되, 세종 1년(1419) 4월에 관기간통금지법을 만들어 폐단을 줄일 수 있도록 하였다.

세종 1년(1419) 6월 18일. 대소 사신의 관기간통을 금지하였다. 이때에 정부와 육조가 평안감사 윤곤(尹坤)이 건의한 것을[28] 함께 의논하였는데, 모두 말하기를, "행해 온 지 오래되었으니 금할 필요가 없다"고 하였고 박은만 "곤의 요청을 따르는 것이 마땅하다"고 하였다. 변계량은 예전대로 할 것을 주장하여 뭇사람의 마음에 맞추었으나, 임금은 "행해 온 지 오래되었으나, 어찌 이것이 아름다운 풍속인가? 더구나 남편 있는 기생은 어떻겠는가? 곤의 건의를 따르는 것이 옳다" 하였다.[29]

인조반정(1623) 이후에는 서울에서 상주하며 활동하는 장악원 소속의 여기(女妓)를 혁파하고, 내연을 베풀 때는 외방여기를 서울로 불러들여 행사를 진행하고, 행사를 마친 후에는 다시 외방을 돌려보냈다.

여악이 내연의 악기 연주와 노래와 춤을 모두 담당하는 전통이 적어도 영조 20년(1744)까지는 지켜졌다. 여악의 악기 연주가 부족한 경우에는 부득이 앞을 못 보는 관현맹인으로 보충했을 뿐이고, 남자 악공이 대비나 왕비 및 명부(命婦)가 참석하는 의례에서 연주할 수는 없었다.

그러나 사도세자의 묘(墓)가 있는 화성에서 베푼 정조 19년(1795) 윤2월의 혜경궁 회갑 경축연에서 커다란 변화가 있었다. 악공이 내연에서 악기 연주를 하고, 의녀(醫女)와 침선비(針線婢)가 화성의 여기와 함께 정재를 공연한 것이다. 물론 악공 앞에는 장막을 치는 조치를 하였다. 이후 내연에서 악공이 휘장 밖에서 연주하고 의녀와 침선비가 외방여기와 함께 정재를 공연하는 것이 정례화되었다.[30]

순조 29년(1829) 2월에는 순조의 즉위 삼십 주년과 보령(寶齡) 사십 세를 경축하여 베푼 내진찬(도판 7)이, 헌종 14년(1848) 3월에 순조비 순원왕후의 육십 세를 경축하여 베푼 내진찬(도판 8)이 있었다. 악공이 휘장또는 주렴 밖에서 악기를 연주하고 있고, 여기가 그 안쪽에서 춤과 노래를 하고 있다.

5) 관현맹인

관현맹인(管絃盲人)은 장님 악공을 가리키며, 고사(瞽師)로도 불리었다. 내전(內殿)에서 행해지는 의례, 즉 대비나 중궁 또는 세자빈이 참석하는 의례에서는 여악이 연주하기로 되어 있지만, 여악의 악기 연주가 부족한 경우에는 관현맹인이 이를 보충하였다.[31] 관현맹인을 둔 것은 맹인이 소리에 대한 감각이 뛰어난 것도 있지만, 장애를 가진 자를 구휼한다는 의미도 있다.[32]

세종 14년(1432) 1월 28일. 예조에서 아뢰기를, "상호군 박연이 상언한 조항을 상정소제조와 같이 의논했는데, (…) '나이 어린 관현맹인을 택하여 검직(檢職)을 주고 사시(四時)로 미곡을 주며, 승중(承重)한 사대부 자손으로서 장님인 자에게도 또한 검직을 제수하자'는 조항에 대하여 정초가 말하기를, '검직은 이미 폐지하였으니 다시 설치할 수 없으나, 영관

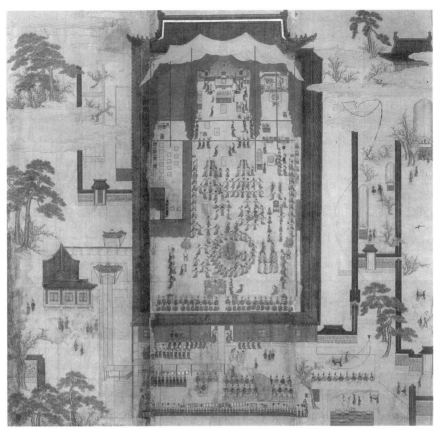

7. 〈기축진찬도〉 부분(위)과 제6폭 중간 부분(아래). 1829. 국립중앙박물관.

8. 〈무신진찬도(戊申進饌圖)〉 부분. 1848. 국립중앙박물관.

(伶官)은 옛날에는 다 장님을 썼으니, 지금도 전악서에 위계(位階)에 따라 한두 명씩 증원하여 장님의 전직자(前職者)에게 제수하면 사시로 미곡을 줄 수 있을 것이다. 장애를 가진 자를 구휼(救恤)하지 않으면 어떻게 살아갈 수 있겠는가'라고 하였습니다" 하니, 따르다.

영조 20년(1744)은 영조가 51세로 기로소에 들어간 해이다. 이를 기념하여 그해 10월 4일에 대왕대비(인원왕후)에게 진연을 올리고, 10월 7일에는 임금이 경희궁의 정전(正殿)인 숭정전(崇政殿)에서 진연을 받았는데, 대왕대비전 진연에서 관현맹인은 여악과 함께 거문고, 피리, 대금, 해금, 비파, 초적(草笛)을 연주했다.

여악 6명	장고 2, 방향 1, 교방고 1, 가야금 1, 거문고 1
관현맹인 13명	거문고 1, 피리 5, 대금 2, 해금 2, 비파 2, 초적(草笛) 1

영조 20년(1744) 10월 내연의 풍물차비.[33]

1784년(정조 8)에 왕세자 책봉을 기념하여, 9월 17일 창덕궁 경복전(景福殿)에서 왕대비(정순왕후)에게 '익렬(翼烈)'이란 존호를 올릴 때 관현맹인이 음악을 연주하고 여령이 악장을 노래했다.[34]

4. 맺는 말

조선은 성리학적 이상 국가를 실현하고자, 정치와 형벌보다는 예(禮)와 악(樂)으로 나라를 이끌어 가고자, 의례를 제정하였으며, 의례에는 음악이 수반되었다. 예는 귀천(貴賤)과 장유(長幼)를 구분하여 질서있게 하는 것이고, 악은 한마음으로 만들어 화합하게 하는 것이므로, 예와 악은 상호 보완이 되기 때문이다.

조선에서는 예악 시행의 한 방법으로 악생, 악공, 무동, 여악, 관현맹인 등을 두었으니, 악생은 주로 제례아악을 연주했고, 악공은 속악을 쓰는 제례, 조회, 연향 등에서 활약했다. 무동은 조정의 예연(禮宴)에서 여악 대신 춤과 노래를 공연한 십대 초반의 남자아이들로, 무동을 두게 된 계기는 위정자(爲政者)가 단정한 행실의 모범을 보여, 남녀 간의 풍기문란을 막기 위함이었다. 여악은 대비전, 중궁, 명부 등이 참석하는 의례에 필수 불가결했으며, 관현맹인은 여악의 악기 연주를 보완해 주는 존재였다.

조선시대 궁중의례와 건축공간[1]

조재모(曺在模)

1. 의례와 건축공간

궁궐은 국가 정치의 중심 무대이자 왕실의 생활공간이다. 대조적인 성격
으로 읽힐 수 있는 두 기능이 서로 복합적으로 결합하여 있는 건축공간이
바로 궁궐이다. 그래서 궁궐의 공간은 크게 두 부분으로 구성된다. 하나
는 정치의 공간인 외전 영역이고, 다른 하나는 생활의 공간인 내전 영역이
다.[2] 외전은 내전에 비해 공적인 성격이 강하기 때문에 보다 엄격하고 정
제된 형태의 공간 사용이 특징이다. 내전은 비교적 사사로운 일상적 행위
가 주를 이루고는 있지만, 내전의 일상이라고 할지라도 왕실의 격에 맞는
법도가 존재하고 있었다. 즉 외전이든 내전이든, 궁궐에서 일어나는 대부
분의 행위는 소위 왕실의 법도에 준하여 이루어져야 했다. 이 법도를 다른
말로 정의하면 곧 '의례(儀禮)'라고 할 수 있다.

왕실의 의례는 크게 다섯 가지의 범주로 분류된다. 길례(吉禮), 가례(嘉
禮), 흉례(凶禮), 군례(軍禮), 빈례(賓禮) 등 다섯 개의 의례 범주로 구성되

는 오례(五禮)는 군주에게만 해당되는 예의 규범으로서, 민간 의례인 사례(四禮)[3]와는 위계가 다르다. 오례 개념은 『서경(書經)』「순전(舜典)」이나 『주례(周禮)』「춘관(春官)」 등에서 기록을 찾을 수 있는 것으로 보아 아주 오랜 연원을 갖고 있다고 하겠다. 『주례』의 글을 빌려 그 개념을 살펴보면 "길례로써 나라의 귀신에게 제사 지내고, 흉례로써 나라의 상사(喪事)를 슬퍼하고, 빈례로써 다른 나라들과 친하고, 군례로써 나라들을 화동(和同)하며, 가례로써 만백성을 친한다"라 하여 기본적으로 민간이 아닌 국가 차원에서의 의미를 담고 있다. 이러한 개념은 8세기의 『대당개원례(大唐開元禮)』와 두우(杜佑)의 『통전(通典)』으로 이어져 그 체제를 완성하게 되었고, 이후 중화문명권 의례 제정에 모델로 참조되었다.

우리나라에서 오례의 개념이 명확히 정립된 것은 조선 성종의 『국조오례의(國朝五禮儀)』로 생각할 수 있다. 하지만 『국조오례의』 찬집의 과정에서 중국의 『제사직장(諸司職掌)』『홍무례제(洪武禮制)』와 더불어 전조 고려의 『고금상정례(古今詳定禮)』를 참조한 것을 보면 우리나라의 오례 개념 정립 시기를 좀 더 앞당겨 이해할 수도 있을 것이다. 성종조의 『국조오례의』는 길례, 가례, 군례, 빈례, 흉례의 서목(書目)에 따라 편제되어 있으며 의절별로 항목을 나누어 상세하게 기록되어 있다.

분류	내용	사용 공간
길례(吉禮)	제신(祭神)	종묘(宗廟), 사직(社稷), 원구단(圜丘壇), 기타 사단 등
흉례(凶禮)	국상(國喪), 국장(國葬)	혼전(魂殿), 빈전(殯殿), 왕릉 등
군례(軍禮)	연무(鍊武), 사례(射禮)	사단(射壇) 등

빈례(賓禮)	교린국(交隣國)	태평관(太平館), 궁궐 정전(正殿) 등
가례(嘉禮)	조하(朝賀), 관혼(冠婚), 연례(宴禮)	궁궐 정전, 편전(便殿), 정침(正寢), 정당(正堂), 성균관(成均館) 등

오례(五禮)의 분류와 사용 공간.

길례(吉禮)는 망자의 흉례를 제외한 모든 제사의식, 즉 신에 대한 제사를 지칭하는데, 종묘(宗廟), 영녕전(永寧殿), 사직단(社稷壇), 원구단(圜丘壇) 등에 지낸 대사(大祀), 풍(風)·운(雲)·뢰(雷)·우(雨)·악(岳)·해(海)·독(瀆)의 제신(諸神)과 선농(先農)·선잠(先蠶)·우사(雨祀)·문선왕(文宣王) 및 역대 시조 등에게 지낸 중사(中祀), 마조(馬祖)·선목(先牧)·마사(馬社)·마보(馬步)·영성(靈星)·명산대천(名山大川) 등에 지낸 소사(小祀)가 이에 포함된다. 따라서 길례의 배경이 되는 시설은 곧 종묘, 사직, 원구단 등의 국가적 제사시설을 망라하게 되는데, 특히 종묘에 대해서는 그 의절을 대단히 상세하게 기록하고 있다. 바꾸어 말하면, 종묘의 건축은 그러한 의절을 수용할 수 있는 공간이어야 하고, 또 의절의 세세한 규정을 결정짓는 조건이 되기도 한다.[4]

궁궐도 종묘에서와 마찬가지의 논의, 즉 의례규정과 건축공간의 상관관계에 의한 해석이 가능할 것이라는 가정은 이러한 의미에서 유효하다. 『국조오례의(國朝五禮儀)』에서 궁궐의 건축공간을 배경으로 행해지는 의례는 주로 가례(嘉禮)에 집중되어 있으며, 흉례(凶禮)에도 국상(國喪), 국장(國葬)의 의례 중 산릉에서 행해지는 의례들과 종묘 부묘(祔廟)를 제외한 상장례 의식이 이에 해당한다. 가례(嘉禮)는 조의(朝儀), 즉위(卽位), 책봉(册封), 국혼(國婚), 사연(賜宴), 노부(鹵簿) 등에 관한 의식을 정리한 것인데 대부분의 행례가 궁궐 내의 주요 전각에서 이루어지는 것으로 규정되어 있다. 흉례(凶禮)의 행례들은 가례의 규정만큼 다양한 전각을 사용하는 것은 아니지만, 승하(昇遐)부터 빈전(殯殿)과 혼전(魂殿)의 의식에 이르기까지 정침을 중심으로 행해지는 상례의 의식을 규정하고 있다.[5]

궁궐 건축공간에 대한 행례의 규정이 종묘의 행례규정과 다른 점은 궁궐의 공간은 다양한 행위를 포괄적으로 수용했던 다목적의 공간이라는 것이다. 종묘의 경우에는 오로지 제사의 의식을 위하여 존재하는 건축물이기 때문에 여러 제사의식이 행해졌음에도 불구하고 단일한 목적을 위한 하나의 공간 내에서 일어나는, 즉 변위가 크지 않은 예법들로 한정되어 있다는 것이 그 특징이 될 수 있다. 더욱이 제례가 행하여지지 않는 일상적인 시간에라도 다른 행위가 일어날 가능성이 희박하다는 점으로부터 종묘에서의 건축과 행례의 관련성은 궁궐에 비해 훨씬 긴밀하게 설정된다. 그러나 궁궐의 경우 『국조오례의(國朝五禮儀)』에서 규정하고 있는 의례규정 이외에도 기록되지 않은 수많은 일상적인 행위가 지속적으로 일어나는 장소라는 점 때문에 종묘와는 다른 방식의 접근을 필요로 한다. 즉 궁궐 건축공간에 대한 의례규정의 상관성은 하나의 의례규정과 하나의 공간이 일대일로 대응하는 방식이 아니라 하나의 공간에 다수의 의례규정이 연결되거나 때로는 하나의 의례규정에 대해 구체적인 공간 범위를 상정하고 있지 않다는 점, 누대에 걸쳐 서로 상이한 공간에서 행하여졌다는 점으로부터 해석의 실마리를 찾아야 한다. 더욱이 다수의 궁궐을 사용하였던 조선왕조의 궁궐 운영방식 때문에 이러한 복잡한 상관성은 그 정도를 더할 수밖에 없다.

요컨대, 조선시대 궁궐건축의 형식을 이해하기 위해서 중국의 궁궐제도와의 비교, 실제 사용방식의 유형 분석 등의 기존 방법론이 유효한 것이 사실이나, 조선시대의 궁궐의례 분석을 통해서 더욱 구체적인 상에 접근할 수 있다는 점에 주목할 수 있다. 행례의 배경으로서의 궁궐건축이라는 관점은 이러한 의미에서 유의미하다. 특히 오백 년가량 지속된 조선시대의 궁궐사에 있어서 예학 수준의 발전과 이에 따른 궁궐 의례규정의 변동은 건축형제의 변화를 추동하는 근본적인 요소가 된다는 판단으로부터, 성종조『국조오례의(國朝五禮儀)』와 영조조『국조속오례의(國朝續五禮儀)』[6] 등 제반 의례규정은 건축공간의 운영에 있어 핵심적인 요소라 할 수 있다.

2. 조선의 궁궐: 의례공간으로의 재정비

경복궁의 창건은『국조오례의(國朝五禮儀)』가 편찬된 1474년보다 무려 팔십 년가량 빠른 시기에 이루어졌다. 세종조의 예학적 발전과 오례(五禮) 정립으로부터 보아도 적어도 삼십 년의 시간적 차이가 존재한다. 그러므로『국조오례의』의 행례규정은 이미 창건되어 있었던 건축적 배경인 경복궁의 건축공간에 기반하여 형성되면서도, 한편으로는 기존 경복궁의 건축형제 역시 정립된 의례에 알맞도록 변형되어야 하였던 것으로 추측된다. 세종조에 이르러 경복궁의 건축이 큰 변화를 보이는 것은 이러한 배경에 의해 해석될 수 있을 것이다. 즉 경복궁이라는 구체적인 건축공간의 형상으로부터 의례규정의 구체화가 이루어졌을 것이며 역으로 예학적 발전에 의한 행례규정의 정립이 건축공간의 변화를 불러일으켰으리란 전제가 가능하다. 또한, 명종조의 경복궁 대화재, 임진왜란 이후의 경복궁 부재의 상황에서는 기존 경복궁을 중심으로 정립된 의례의 규정들이 실제 행례 배경인 건축공간과 잘 맞지 않는 경우가 생겨날 수 있게 되었다. 따라서 의례규정과 건축공간 중 어느 한쪽을 일부 수정하지 않으면 안 되었으며, 이 문제의 해결방안이 조선 후기의『국조속오례의』편찬작업 등을 통하여 의례를 수정하는 방향으로 진행되었던 것은 건축공간과 의례규정의 상관관계를 잘 보여 준다고 하겠다.

경복궁(景福宮)은 조선조의 법궁으로 창건되었으나 개경 환도와 태종의 창덕궁 운영으로 인해 오랫동안 비어 있었다. 이미 태조 7년의 궁성(宮城) 공사로 남문, 동문, 서문이 형성되었고 태종 연간에는 6년과 11년에 경복궁의 수리가 있었다. 특히 12년에는 경회루(慶會樓)가 건립되어 경복궁 배치에 큰 변화가 있었다.[7] 태종의 경복궁 정비는 세자인 세종에 대한 정치적 배려라는 의미가 강하였던 것으로 이해되고 있다.[8] 경복궁 근정전(勤政殿)에서 즉위한 세종은 재위 7년부터 본격적으로 경복궁에 임어(臨御)하였으며 이 시기의 경복궁 내에는 여러 건의 건축공사가 진행되었다. 영추문(迎秋門), 건춘문(建春門), 광화문(光化門), 융문루(隆文樓), 융무루(隆武樓) 등 성곽문, 사정전(思政殿), 경회루(慶會樓), 강녕전(康寧殿) 등 제 전각에 대한 개수 작업을 비롯하여, 동궁(東宮), 내루(內樓), 문소전(文昭殿), 북문(北門), 흠경각(欽敬閣), 교태전(交泰殿), 계조당(繼照堂), 함원전(咸元殿), 자미당(紫薇堂), 종회당(宗會堂), 송백당(松栢堂), 인지당(麟趾堂), 청연루(淸燕樓) 등의 건립은 당시의 중요한 공사들이었다.[9] 이들 전각의 공사는 궁궐의 체모를 갖추는 일이었을 뿐만 아니라 세종조의 의례 정비와 밀접한 관련이 있다. 특히 강녕전, 사정전(思政殿) 일곽의 변화와 동궁 건립은 의례규정과 관련하여 살펴볼 필요가 있다.

세종조 전반에 걸쳐 순차적으로 정립된 의례규정은 공간의 변동을 추동하였다. 의례규정에서 내전(강녕전), 사정전, 동궁에 관련된 항목들의 수립과 건축공사 과정을 살펴보면 아래와 같다.[10]

시기	의례	내전	편전	동궁	건축공사
세종 3년	왕세자의 태상전조하(太上殿朝賀), 종묘 알현, 책봉	○		○	
세종 4년	빈전삭제(殯殿朔祭)	○			
세종 6년	원경왕후 상존호(上尊號), 대행황제 거애(擧哀)	○	○		
세종 7년	사약재(賜藥材), 칙서봉영(勅書奉迎)	○			
세종 9년	납채(納采), 왕세자빈책봉, 왕세자 납빈(納嬪), 동뢰, 빈조현(嬪朝見)	○	○	○	→ 동궁 건립
세종 10년	본조사신 칙서봉영(勅書奉迎)	○			
세종 11년	상참(常參)	○	○		→ 사정전 개수
세종 12년	본조사신 칙서봉영, 정지조하 (正至朝賀), 정일 왕세자 조하(朝賀)	○			
세종 13년	동궁 삭일조의(朔日朝儀), 오일조참(五日朝參), 탄일 동궁 조하, 회례연	○	○	○	
세종 14년	양로연(養老宴), 왕비 책봉, 왕세자빈 책봉	○	○	○	문소전 건립
세종 15년	문소전이안례, 후 조하, 야인토벌 고종묘후(告宗廟後) 조하	○	○		강녕전 개수
세종 16년	문무과방방의(文武科放榜儀)		○		

세종 17년	대행황제 성복(成服), 생원방방의(수정)		○		
세종 18년	왕세자 납빈, 납채	○	○	○	
세종 19년	왕세자빈 책봉[再], 강무 후 풍정(豐呈)	○	○		
세종 21년	황제칙서, 칙사봉영	○			
세종 23년	(현덕빈) 사시(賜諡), 상장(喪葬), 사약봉영(賜藥奉迎)	○	○		
세종 24년	반교서의(頒敎書儀), 왕세자 사시랍향(四時臘享), 전향축(대행)	○	○		
세종 25년	왕세자 조참, 정지백관하왕세자의(正至百官賀王世子儀)			○	→ 계조당 건립
세종 27년	동궁 왜국사신인견			○	
세종 29년	동궁 정사(政事)			○	
세종 30년	동궁 양로연, 왕세자 탄일 조하			○	
세종 32년	조칙봉영(대행)	○			

세종 연간 내전, 사정전, 동궁 관련 의례 정비와 건축공사.

　세종대에 공사가 있었던 주요 전각에 대한 의례 정비는 세종 3년의 왕세자 의례를 기점으로 시작되었다. 그러나 3년 10월에 정리된 의례들은 태상전(太上殿)과 종묘(宗廟) 및 근정전(勤政殿)을 중심으로 이루어지는 것이었고 동궁(東宮)의 공간은 단지 왕세자가 참례를 위해 준비하는 장소로만 사용되는 것이었기 때문에 본격적인 사용이라고 볼 수 없다. 내전 역시 왕세자 책봉의 의례가 끝나면 군주가 되돌아가는 공간으로만 기술되어 있다. 세종 9년 이전까지 정비된 대부분의 의례에서 내전, 사정전, 동궁의 전각이 주된 행례공간으로 활용된 항목은 없었으나, 9년 4월에 정비된 왕세자 혼례에 관계된 의례규정에서는 내전과 동궁의 공간이 주된 장소로 활용되었다. 그런데 세종 초년의 동궁은 경복궁 밖에 위치하고 있었기 때문에[11] 근정전(勤政殿), 사정전(思政殿), 내전(內殿) 등 궁궐 내 다른 전각들과 복합적인 관계 속에서 의례를 행하기에는 어려움이 있었을 것으로 추측된다. 이러한 문제를 해결하기 위하여 세종 9년 8월에 이르러 궐내 동궁 영건이 시작되었다.[12] 여기에는 이미 태종대부터 제기되어 온 바와 같이 동궁전(東宮殿)이 대전(大殿)과 멀리 떨어져 있어 문안을 드리거나 학문을 수양하는 예를 행하는 데 난점이 있다는 인식이 작용하였다.[13] 동궁 영건에 이어 진행된 사정전 확장공사[14] 역시 사정전을 본격적인 행례공간으로 사용하는 대표적인 예법인 상참의(常參儀)의 정비와 관련이 있다.[15]

이러한 의례 정비와 공간 확충의 관계는 혼례를 중심으로 정비된 내전 의례와 강녕전의 개수를 비롯하여 문소전(文昭殿)과 계조당(繼照堂)의 영건 등의 경우에도 마찬가지로 적용되었다. 세종 14년의 문소전 영건에 따라 문소전이안례(文昭殿移安禮) 등의 의례를 정리하게 되었고 25년의 계조당(繼照堂) 영건은 세자에게 모든 정사를 위임하였던 세종의 의도에 따라 왕세자가 정치할 수 있는 공간을 마련하기 위한 것이었다. 계조당 영건과 더불어 왕세자의 조참의(朝參儀), 조하의(朝賀儀), 인현의주(引見儀註), 양로연의(養老宴儀) 등 예법의 항목이 정비되었다.

문소전(文昭殿)은 궐내 원묘(原廟)의 하나인데, 원래 창덕궁에 태조를 위해 건립된 것이었다.(도판 1) 애초에 창덕궁에 문소전 이외에도 태종을 위한 광효전(廣孝殿)이 있던 것을 경복궁 내에 따로 원묘를 지어 합사한 것이다. 세종은 재위 14년 초부터 원묘(原廟)를 지을 터를 궁성 북쪽에 알아보라 하였고[16] 안숭선에게 옛 원묘의 제도를 상고하여 보고하게 하였다. 안숭선은 송(宋)의 경령궁(景靈宮)과 명(明)의 봉선전(奉先殿)의 제도, 고려의 경령전(景靈殿)을 상고하여 합사할 것을 제안하였으며[17] 풍수적 관점의 검토를 거치는 등,[18] 대단히 신중하게 접근하였다. 원묘(原廟)의 건축형제는 전묘후침(前廟後寢)의 묘제(廟制)가 비교적 철저하게 구현된 것이었다. 이때의 논의를 살펴보면, 의례상정소의 대신들이 영녕전의 건축형제에 근거하여 네 간 건물을 짓자고 한 바에 대해 시조(始祖)의 신위를 조천하지 않게 하려는 배려와 백성의 예와 왕의 예가 다름을 들어 결국 다섯 간의 건물로 결정하였다.[19] 또한 후침(後寢)과 전전(前殿)을 같이 짓고 행랑으로 연결할 것을 제안하여 세종이 이를 받아들임으로써 예법에 충실한 건물을 만들 수 있었다.

세종대의 문소전 영건은 궁궐 전체의 배치에 큰 영향을 미치는 사건은 아니었지만 당시의 유가 궁실제 이해 수준을 가늠하게 하는 중요한 지표가 된다. 묘(廟) 건축은 죽은 자의 신위를 모시는 공간이기 때문에 두 가지 측면에서 건축의 원칙성이 강조될 수 있는

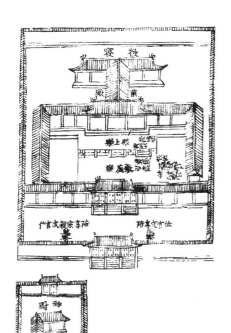

1. 『국조오례서례(國朝五禮序例)』
문소전(文昭殿).

가능성을 가진다. 문소전에 관련된 의례들[20]이 포함되는 길례(吉禮)는 역대 군주들이 가장 중요시하였던 의례였으며, 또한 생활공간이 아니기 때문에 고제의 구현 외에 다른 건축적 관습의 영향을 거의 받지 않는다는 점이 그것이다. 조선 전기 궁궐 내에 존재하였던 건축물들에 관한 비교적 상세한 그림 자료는 『국조오례서례』의 문소전도(文昭殿圖)가 유일하기 때문에 다른 전각들에 대해 평면의 형상까지 유추할 방법은 없지만 문소전의 예로 보건대, 유가궁실제에 대한 이해의 수준은 점차로 높아 가고 있었음을 알 수 있고 이러한 예학적 수준은 궁궐 건물의 영건과 개수에 일정 정도 영향을 주었을 것으로 판단된다.

이러한 점을 전제한다면, 세종조에 이루어진 예학적 성과는 사정전, 강녕전, 동궁 등 당시에 건립되거나 개작된 전각들에 반영되었을 것으로 판단할 수 있다. 창건 당시 경복궁의 공간으로는 세종조에 완비된 의례를 제대로 설행할 수 없었기 때문이다. 사정전 의례인 상참의(常參儀)를 예로 들면 전내(殿內) 공간 중앙의 어좌(御座)를 비롯하여 이(吏)·호(戶)·예(禮) 참의(參議)는 전영(前楹) 사이의 동쪽에, 병(兵)·형(刑)·공(工) 참의는 전영 사이의 서쪽에, 그리고 승지(承旨)가 그 가운데에 위치하게 되어 영간(楹間)의 규모가 작아 행례가 번잡스러워진다. 또한 영의정(領議政) 이하 계사관(啓事官)이 전내의 동쪽에, 부원군(府院君) 이하 계사관이 전내의 서쪽에 자리하며, 사관(史官)이 영(楹) 바깥쪽에 동서로 자리하게 되는데, 중앙의 세 간이 모두 행례에 넉넉한 크기가 되어야 했을 것으로 보인다. 동·서계하(西階下)의 찬의(贊儀)의 위(位)는 총 여덟 줄의 배위가 구성되므로[21] 전정(殿庭)의 깊이 역시 일정한 크기 이상이어야 하였다. 세종이 지적하였던 사정전의 협착함은 바로 이러한 문제에서 비롯되었던 것으로 이해된다. 또한, 내전과 사정전 공간에 대해 분명한 관련성을 보여주는 정지왕세자빈조하의(正至王世子嬪朝賀儀)를 살펴보면 왕세자빈은 궁문에서 가마를 타고 사정전 합문(閤門) 앞까지 이동하여 가마에서 내린 후 내전 합문까지 걸어 들어가는 것으로 되어 있다. 즉 내전과 사정전 사이에는 합문을 경계로 공간이 구획되어 있었다는 것을 알 수 있는데, 기존의 천랑(穿廊)만으로 연결된 구성과는 조금 다른 영역 간 결합 방식이 요구되었을 것으로 추측된다. 세종 25년 5월에 영건된 계조당(繼照堂)의 경우에도 "하루 전에 유사(攸司)가 세자의 자리를 계조당 한가운데에 서향(西向)하여 설치하고, 전영 밖에 좌우로 향로(香爐) 둘을 설치한다"[22]고 규정한 왕세자탄일조하의(王世子誕日朝賀儀)에 의해 전영(前楹)의 존재를 알 수 있고 따라서 중앙에 세 간의 청(廳)이 존재했음을 유추할 수 있다.

세종대에 완비된 의례공간으로서의 경복궁의 체계는 큰 변화 없이 지속되었다. 임진왜란으로 인한 소실 이전까지, 경복궁에 큰 변화가 없었던 것은 의례공간으로서의 궁궐건축이 세종조에 이미 본궤도에 올라섰음을 방증하는 것이라 하겠다.

3. 조선 궁궐의 운영규범, 『국조오례의』

유교주의(儒敎主義)를 공식적으로 표방하면서 건국한 조선에 있어서 국가의례의 제정과 이의 준칙은 국가체계 수립의 가장 중요한 사업이었다. 각득기소(各得其所)하는 이상적 사회를 목적으로, 한편으로는 적합한 통치체계의 수립을 위하여 군생(群生)의 생존법칙으로서의 예(禮)에 대한 이해, 즉 예학은 당시 학자들의 주된 관심사였다.[23] 정도전이 주도한 『조선경국전(朝鮮經國典)』의 편찬은 개국 초기 국가의례 제정의 근간을 이루었다. 그러나 『조선경국전』의 체제는 정보위(正寶位), 국호(國號), 안국본(安國本), 세계(世系), 교서(敎書) 등으로 나뉘어 『주례(周禮)』이래의 중국의 전통적 관제에 따라 치(治), 부(賦), 예(禮), 정(政), 헌(憲), 공(工)의 육전(六典)을 설치하여 각 전(典)의 업무를 규정하고 있는 것으로, 예의 실제적 시행에 있어서의 세부 항목까지 규정하고 있는 것은 아니었다. 세종(世宗)은 이러한 현실적인 문제를 해결하기 위해 허조(許稠) 등에게 예를 정비할 것을 명하였고 허조를 비롯한 집현전의 문신들은 예서(禮書)를 널리 모으고 중국의 『제사직장(諸司職掌)』『홍무례제(洪武禮制)』와 전조 고려의 『고금상정례(古今詳定禮)』[24] 등 책을 아울러 참작, 가감하고, 당대(唐代) 두우(杜佑)의 『통전(通典)』[25]을 모방해서 오례를 편찬하였다.[26] 비록 세종대의 편찬작업은 완전한 체계로 마무리되지 못하여 결국 성종조에 이르러 신숙주의 주도로 『국조의례의』로 완성되기까지는 육십여 년의 시간을 더 필요로 하였으나, 이때의 편찬이 기본적으로 『통전(通典)』의 체계를 모방하면서 명나라의 예법과 전조(前朝) 고려의 예법을 참조하였다는 것은 중요한 의미를 갖는다.[27]

『국조오례의』의 기본 틀을 당대의 개원례(開元禮), 『송사(宋史)』 예지(禮志), 『고려사』 예지, 『명사(明史)』 예지 등과 비교하여 보면 조선시대의 국제(國制)가 가지는 성격을 명확히 할 수 있다.[28] 앞서 서술한 바와 같이 편제(編制)에 있어서 『국조오례의』는 『통전』의 체계를 따랐다. 이는 특히 『송사』 예지의 편제와 비교하면 명확해지는데, 송대의 예법에서는 상조(常朝)의 의례를 빈례(賓禮)에 포함하고 있다는 점이 크게 차이나는 부분이다.[29] 당대의 의례에는 정단(正旦)과 동지(冬至)에 황제-황태자, 황후-황태자, 황제-황태자비, 황후-황태자비, 황제-군신, 황후-군신, 황후-외명부 등 여러 종류의 조하의례로 세분되어 있고, 천추절(千秋節)에 황제-군신의 의례가 있어 이들 의례가 대조회(大朝會)에 해당한다. 명당(明堂)에서 거행되는 독오시령(讀五時令)이 가례(嘉禮)에 포함되어 있다는 점은 특기할 만하다. 따로 황태자는 정지(正至)에 군신(群臣)과 궁신(宮臣)의 조하를 받는다. 상조(常朝)의 의례로는 삭일수조(朔日受朝)로 기록되었고 따로 상참의례와 조참의례를 구분하지는 않았다. 송대(宋代)의 의례는 전조(前朝) 당(唐)의 의례를 이어받았다고 평해지면서도[30] 그 편제에 있어서는 차이가 두드러진다. 특히 대조회의(大朝會儀)와 상조의(常朝儀)가 빈례에 포함되어 있다는 점이 두드러지며 개원례(開元禮)에서 세분되어 서술되었던 대조회 의례들이 하나의 항목으로 통합되어 있다는 점 역시 큰 차이점이다. 개원례에서 삭일수조(朔日受朝)로 기록된 상조(常朝) 의례는 상조의(常朝儀)와 입합의(入閤儀)로 구분되었다. 명대(明代)에는 대조의(大朝儀), 상조의(常朝儀)로 구분된 바는 송대의 예와 크게 다르지 않으며 의절의 항목이 상당 부분 통합되어 『명사』 예지의 편제는 항목의 수가 많지 않은 것이 특징이라고 하겠다. 즉 조선의 『국조오례의』가 『통전』의 체계를 따랐다고 한 것은 특히 조하의(朝賀儀)를 세분하여 조하를 받는 자와 드리는 자의 관계에 따라 의절을 나누었다는 점에서 잘 드러난다. 고려시대의 국가의례 역시 이러한 구분이 상세하였지만 『국조오례의』는 고려 의절에 비해 더욱 정돈된 항목으로 구성되었다.

한편, 그 내용에 있어서 『국조오례의』는 세종조에 수립된 고제 중심의 체계를 바탕으로 하고 있다. 즉 『홍무예제』와 『고금상정례』 등의 제설을 참조하였지만 근본적으로 주자 성리학적 입장에서 이해된 예학적 성과를 반영하고 있다고 볼 수 있다. 좀 더 넓게 보면, 개원례(開元禮)를 근간으로 하여 진행된 국가의례에 사대부례가 크게 발전된 송대의 제도를 참작하여 수정함으로써 주자 성리학적 예악(禮樂)의 제도를 정립한 것이다.

『국조오례의』의 길례는 종묘와 사직 및 각종 제사의식을 기록한 것이어서 단편적으로 궁궐의 공간을 이용하는 부분이 없는 것은 아니나, 본격적인 궁궐 사용과는 거리가 멀다. 또한 군례의 경우에는 사단(射壇) 등 궁궐 외의 공간을 사용하였고 빈례 역시 태평관(太平館)을 비롯한 궐외의 시설에서 대부분의 예를 행하였기 때문에 결국 궁궐 공간의 행례는 가례와 흉례에 집중되어 있다고 하겠다.

『국조오례의』 가례는 총 50조항의 예법을 포괄하고 있다. 구체적으로는 정지급성절망궐행례의(正至及聖節望闕行禮儀), 황태자천추절망궁행례의(皇太子千秋節望宮行禮儀), 영조서의(迎詔書儀) 등을 비롯한 대중국 관련 의식, 정지왕세자백관조하의(正至王世子百官朝賀儀), 중궁정지명부조하의(中宮正至命婦朝賀儀) 등의 조하의식, 조참(朝參)과 상참(常參)의 의식, 왕세자관의(王世子冠儀), 납비의(納妃儀) 등의 관혼례(冠婚禮) 의식, 교서 반포와 과거시험의 의식, 연회의 의식, 교육에 관련된 의식 등이 가례(嘉禮)에 포함된다. 가례의 의례들은 일부 궐외(闕外)에서 거행되는 예법을 제외하면 대개 근정전(勤政殿) 일곽, 근정문(勤政門) 일곽, 사정전(思政殿) 일곽, 내전(內殿)과 정전(正殿), 동궁(東宮) 등의 궐내 주요 전각을 중심공간으로 설정하고 있다. 그리고 이들 각각의 공간의 사용은 『통전』의 체계를 따라 즉 행례주체와 의례의 성격에 따라 구분되어 있다. 가례 규정 중에서 핵심이 되는 대조의(大朝儀)와 상조의(常朝儀)는 조하(朝賀), 조참(朝參), 상참(常參) 등으로 세분되어 있으며 특히 조하(朝

賀)는 대조(大朝)에 해당하는 정지(正至)와 탄일(誕日)의 조하, 상조(常朝)에 해당하는 삭망(朔望)의 조하가 모두 조하의(朝賀儀)에 포함되어 있어 일반적인 유가궁실의 의례와는 차이를 보인다. 삭망의 조하와는 달리 매 5·11·21·25일의 조현례(朝見禮)는 조참(朝參)으로 구분되어 근정문에서 거행하였고,[31] 매일 거행된 군주와 신하 간의 조현례는 상참(常參)이라 하여 사정전(思政殿)에서 행하도록 규정하고 있었다.

주석(主席) 빈도	황제	군주	중궁	왕세자
매일		상참(사정전)		
매 5·11·21·25일		조참(근정문)		
삭망(매 1·16일)		조하(근정전)		
정조(正朝), 동지[32]	망궐(근정전)	조하(근정전)	조하(정전)	조하(정당)
탄일[33]	망궐(근정전)	조하(근정전)	조하(정전)	조하(정당)

조의(朝儀)의 행례규정.(『경국대전』 및 『국조오례의』 참조)

가례가 각각의 의식별로 서술된 것과는 달리 흉례(凶禮)는 대체로 전체 국상(國喪)의 절차에 따라 서술되어 있다. 흉례 첫머리에 위황제거애의(爲皇帝擧哀儀) 등 중국 황제의 상례(喪禮) 시에 조정에서 행하는 의례를 기록하였고[34] 이후 국휼고명(國恤顧命)으로부터 소렴(小斂), 대렴(大斂), 성빈(成殯), 발인(發引), 노제(路祭) 등의 궐내 의식과 산릉에서의 장례의식, 그리고 혼전(魂殿)에서의 우제(虞祭), 졸곡(卒哭) 및 중국으로부터의 부물을 받는 사부의(賜賻儀), 기년(期年)의 연제의(練祭儀), 재기(再期)의 상제의(祥祭儀), 담제의(禫祭儀)와 종묘부묘(宗廟祔廟)에 관련된 의식 등장례 절차 전체에 대해 시간의 흐름에 따라 정리되어 있다. 마지막 부분에는 외조부모, 왕비 부모, 왕세자와 부인, 공주와 옹주(翁主), 내명부(內命婦)와 종척(宗戚) 등 군주 이외의 왕실 관련 인물들의 거애의(擧哀儀)와 상의(喪儀)를 따로 정리하였으며 백성들에 대해서는 대부사서인상의(大夫士庶人喪儀)라는 단 하나의 항목을 기록하였다.[35] 흉례의 의례는 주로 사정전(思政殿)을 사용하도록 규정되어 있으며 빈전(殯殿)과 혼전(魂殿)에 대해서는 따로 명확한 규정이 없다.[36] 흉례 규정이 궁궐 건축의 해석에서 중요한 위치를 차지하는 이유는 사정전이라는 하나의 전각에서 순차적인 의례가 행해지면서 평면의 형태에 대해서 예학적으로 추론할 수 있는 근거가 되기 때문이며 조선 중·후기 편전 공간의 혼전(魂殿) 전용사례에 있어서는 궁궐 전체의 공간이용 체계가 달라지는 동인이 되기 때문이다.

이상의 가례와 흉례 규정에서 주로 사용되는 궁궐 전각은 근정전, 근정문, 사정전, 내전, 정전, 정당 및 빈전과 혼전 등이며 이들은 의례의 주체와 성격에 따라 그 용례가 다르게 나타난다. 내전(內殿)과 정전(正殿)은 침전의 중심 전각을 지칭하는 것으로 해석되며, 정당(正堂)은 왕세자를 중심으로 행례가 이루어지는 것으로 보아 동궁전의 정당을 지칭하는 것으로 추정된다. 여기서 근정전, 근정문, 사정전은 고유한 건물의 이름을 명시하고 있으나 내전, 정전, 정당[37] 등은 일반 명사를 사용함으로써 구체적으로 어느 건물을 사용할 것인지를 정해 놓지는 않았다. 빈전(殯殿)과 혼전(魂殿)은 건물의 용도를 기록하였을 뿐이다.[38]

4. 가장 화려한 궁중의례 진연례: 의례와 공간의 융통성

조선 전기에 수립된 『국조오례의』의 체제는 이후 영조대의 『국조속오례의』 등 몇 차례의 정비를 거치면서 왕조의 존속과 더불어 준용된 강력한 준거였다. 하지만 조선 전기와 후기의 의례 운영 사이에는 많은 차이가 있다. 특히 외전 의례보다 내전 의례를 강화하는 방향으로 분위기가 바뀐 것이 큰 변화였다. 조선 후기의 의례에서 중요한 것은 진연(進宴), 진찬(進饌)에 관련된 것이다. 『속오례의(續五禮儀)』에는 진연의(進宴儀), 왕비진연의(王妃進宴儀), 대왕대비진연의(大王大妃進宴儀), 삼전진연의(三殿進宴儀), 어연의(御宴儀) 등이 수록되어 있으며 사용 공간은 인정전(仁政殿), 통명전(通明殿), 광명전(光明殿), 명정전(明政殿) 등으로 설정되어 있다.

인정전의 진연의에서 설위(設位)의 기준은 전내(殿內), 전계상(殿階上), 계상(階上) 등 위계적으로 구분되는데, 전내에는 북벽의 어좌(御座)를 비롯하여 왕세자위(王世子位), 종친, 의빈의 2품 이상과 문무관 2품 이상이 전내 동서로 나누어 자리한다. 승지와 사관의 자리는 전내의 서남쪽 모퉁이에 설치하여, 전내에 비교적 많은 인원이 자리를 차지하는 의례에 속한다. 전계상(殿階上)에는 종친 및 문무관의 당상 3품이 동서로 자리하고 그 뒤로 시신(侍臣) 당하 3품 이하의 자리를 배치하며, 남계상(南階上)에는 전에 오르지 못하는 참례자들이 자리를 차지한다. 군주의 편차(便次)는 전 바깥의 동계(東階) 위에 만들어지고 왕세자의 차(次)는 인정문 밖의 길 동쪽에, 소차(小次)는 인정전 바깥의 동계 아래에 만든다. 군주의 동선은 상존호에서와 마찬가지로 내전(內殿)에서 여(輿)를 타고 전문(殿門)을 거쳐 어좌에 오르며, 행례가 끝나면 역시 여를 타고 내전으로 돌아간다.[39]

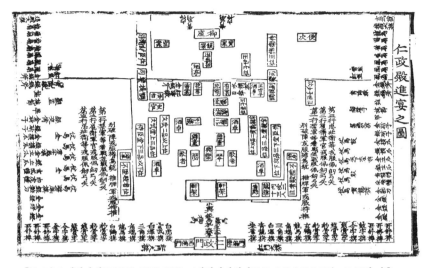

2. 『국조속오례의서례(國朝續五禮儀序例)』〈인정전진연지도(仁政殿進宴之圖)〉. 1744년 이후.

　　인정전 진연의는 『속오례의(續五禮儀)』 서례(序例)에 도식으로 정리되었다.(도판 2) 그런데 본문에서 설정하고 있는 위(位)의 위치와 도식에 그려진 것에 차이가 있다. 특히 종친, 의빈 2품 이상 및 문무관 2품 이상의 자리는 원문에 각각 '왕세자지후소남(王世子之後少南)' 및 '어좌서남(御座西南)'으로 기록하였고 전체 맥락으로도 전내(殿內)의 공간을 사용하고 있음이 분명한데 도식에서는 3품위의 앞줄로 그려져 있다.[40] 뿐만 아니라 승지(承旨)와 사관(史官)의 위치 등도 기록과 도식이 맞지 않는 부분이다. 기사의 말미에는 '肅宗丙戌 行此儀 ○ 今上癸亥 下教日 外宴用舞童 丙戌初 行也'[41]라 하여 인정전 진연의의 연원을 밝히면서 외연(外宴)에는 여성 무희를 쓰지 않고 무동을 쓰도록 하였다는 사실도 부기하였다.

　　왕비에 대한 진연은 통명전에서 거행하는 것으로 정의되었다.[42] 왕비의 자리를 통명전 북벽에, 왕세자는 그 동남쪽으로 하고 편차(便次)를 동게 아래에 설치하며 배위(拜位)는 전정(殿庭)의 길 동쪽으로 한다. 왕세자빈의 자리와 편차, 배위는 왕세자와 대칭되는 위치로 정하였으며, 명부(命婦)의 자리는 왕세자빈의 뒤쪽에 설치하였다. 악기는 전계(殿階) 및 전정(殿庭)의 남쪽 가까이에 북쪽을 향하도록 설치한다. 전 내에는 왕비와 왕세자 내외를 중심으로 전빈(典賓), 전언(典言), 전찬(典贊)의 자리가 만들어지고 왕자와 명부의 주탁(酒卓)은 전 밖의 좌우에 설치하여 위계의 차이를 두었다. 대왕대비전의 진연(進宴) 역시 통명전에서 행하며 그 의절은 왕비전 진연과 유사한 편이다. 대왕대비의 자리를 북벽에 남향하여 설치하고 왕대비좌는 대왕대비좌의 동쪽에서 서향하도록 하며 전하의 자리는 왕대비좌와 대칭되는 위치로 한다. 왕비좌는 왕대비좌에서 조금 더 동쪽으로 한다.[43] 각각의 소차(小次)는 전계 위의 동서쪽에 설치하는데 지형(地形)의 편의에 따른다. 왕세자의 자리는 전하의 자리 남쪽에, 왕세자빈의 자리는 왕비좌의 남쪽으로 놓고 편차(便次)는 동계, 서계의 아래로 하는데 역시 지형의 편의에 따른다. 명부(命婦)의 자리는 왕세자빈의 뒤로 동쪽 가까이 북향하도록 한다. 악기는 왕비전 진연과 마찬가지로 전계위와 전정에 설치한다. 배위(拜位)는 전 중앙의 왕대비배위를 중심으로 전하와 왕비의 배위를 조금 뒤에 각각 서쪽과 동쪽으로 하고, 왕세자 내외의 배위는 전정의 길을 중심으로 서쪽에 왕세자가, 동쪽에 왕세자빈이 배위를 차지한다.[44] 행례는 대왕대비가 자리에 오르면 왕대비, 대전 내외, 왕세자 내외의 순으로 차례로 배례(拜禮)를 행하는데, 절을 하는 사람은 모든 어른에게 차례로 배례한다. 예를 들어 왕세자 내외는 대왕대비 앞에서 절을 하고 왕대비, 군주, 왕비에게 차례로 배례하는 것이다.

삼전에 진연하는 의식은 광명전(光明殿)에서 행하도록 하였다. 자리는

북벽의 대왕대비좌를 중심으로 동서로 대전과 중전이 마주하여 자리한
다. 대왕대비좌에는 염(簾)을 설치하여 시각적으로 구분한 점이 특징이
다. 악기의 위치와 기타 의장은 평상시의 의례와 같다. 전하의 배위는 전
영(殿楹) 밖의 동쪽에, 왕비의 배위는 서쪽에 북향하도록 한 점은 앞서 대
왕대비전 진연과 다른 점이다. 왕세자 내외의 배위는 대전 내외의 배위 뒤
쪽이며 명부(命婦)는 왕세자빈의 뒤쪽으로 한다. 사찬(司贊)의 자리는 영
외(楹外)의 동쪽으로 하며 여령(女伶)과 여집사(女執事)의 위 역시 전외
(殿外)에 설치되어 대왕대비전의 의례에 비해 전내의 설위(設位)가 적다.

　명정전(明政殿)의 어연의(御宴儀)에서는 월대의 사용이 두드러진다. 어
좌를 북벽에 설치하는 등의 예는 비슷한데, 장악원에서 헌현(軒懸)과 함
께 등가악(登歌樂)을 전정(殿庭)과 전계(殿階) 위에 북향하여 설치하며 헌
수(獻壽)하는 예를 행하고 나서 속락(俗樂)이 물러가고 아락(雅樂)이 들
어오는데 가자(歌者), 금슬(琴瑟), 문무(文舞), 무무(武舞)의 인원들이 함
께 계(階)에 오른다. 이들의 자리는 모두 월대 위에 놓여지며 매 작(爵)마
다 여민락령, 휴안지악 등을 연주하고 열문(烈文)과 소무(昭武)의 춤을 춘
다. 마지막 7작에는 무고(舞鼓)와 무동(舞童)이 들어와 춤을 추고 또 처용
무(處容舞)를 춘다. 다른 의례에 비해 악(樂)과 무(舞)의 의절이 상세한 것
이 어연의(御宴儀)의 특징이다.[45] 영조 당시의 그림은 아니나 순조 연간에
명정전에서 설행한 진연의 모습은『기축진찬의궤(己丑進饌儀軌)』의 도식
으로 살펴볼 수 있다.(도판 3)[46] 다만, 동일한 공간에서의 의례라고 하더
라도 시간의 흐름에 따라 승지와 사관의 위치 등 전내외(殿內外), 계상하
(階上下)의 설위(設位) 및 행례 규모가 지속적으로 변화하였다는 점은 유
의하여야 한다.

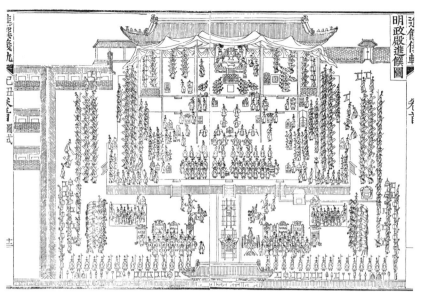

3. 『순조기축진찬의궤(純祖己丑進饌儀軌)』〈명정전진찬도(明政殿進饌圖)〉, 1829.

    진연례는 다른 의례에 비해 행사의 규모가 크다. 특히 악관과 무희의 공간이 의례설행에서 큰 면적을 차지하게 됨에 따라 정전(正殿)의 월대(月臺)를 제외하면 이를 수용할 수 있는 공간이 부족하다는 문제에 직면하게 된다. 고대의례의 연례(燕禮) 규정에서는 악관의 자리를 계하(階下)의 중앙, 정(庭)의 북단에 자리하도록 하였다.[47] 즉 당내(堂內)에는 연례를 받는 인물이 자리하여 정(庭)의 공간과는 구별되도록 하는 것이다. 여기에 무희의 공간이 더해지면 정(庭)은 완전히 참례자 및 보조 인물들로 가득 차게 되어 정전 월대와 같은 의례설행 공간이 된다.

    조선조의 진연례에서 무희와 악관은 월대 위에서 악무(樂舞)하였는데, 외연(外宴)의 경우에는 기존의 월대 공간을 활용하여 의례설행이 가능하였으나, 내연(內宴)에 있어서는 제 전각의 월대(또는 기단부)가 협소하여 공간적으로 부족함이 있었다. 궁궐 내에서 많은 연례를 행하였던 연산군은 무려 천 명이 앉을 수 있는 보계(補階)를 강녕전(康寧殿)에 설치하도록 요구하였던 바 있다.[48] 즉 보계는 의례의 규모를 확장하는 수요한 공간적 수단에 해당하였던 것으로 해석된다. 연례 이외에도 의례의 규모가 공간에 비해 크게 설정되는 경우에는 보계를 설치하는 방법을 통해 공간적 문제를 해결하였다. 사가(私家)의 혼례(婚禮) 등에서도 규모가 큰 경우에는 보계를 사용하였고[49] 흉례,[50] 혼례에 관련해서도 공간적 제약을 해결하기 위해 보계를 사용하였다. 영조조에 함인정(涵仁亭)을 가혼전(假魂殿)으로 사용한 때에도 함인정이 3×3간의 작은 전각인데다가 전면으로도 좁은 기단부만이 존재하고 있어 보계의 설치가 필수적이었던 것으로 보인다.[51] 애초에 연례의 설행은 흔하게 있는 일은 아니었기 때문에 일상적인 생활이나 여타의 의례설행에 있어서는 강녕전 월대 같은 규모만으로도 충분했지만, 연례에 있어서는 악관과 무희의 공간이 더해짐으로 인해 어려움이 있다. 그렇다고 내전의 주요 전각 전면에 모두 월대를 설치하는 것은 경제적으로나 기능적으로 합리적인 선택은 아니었으며 이로 인해 진연례의 설행 때에만 보계를 설치하여 문제를 해결한 것이다.[52] 이후 순조조와 고종조에 수차례의 진연, 진찬례를 거행하면서도 보계를 크게 설치하는 관행을 따랐다.

보계의 활용과 더불어 유악(帷幄)[53]과 염(簾)을 활용한 공간의 재구성은 실내공간, 즉 의례공간으로서의 당(堂)의 유기적 확장이라는 측면에서 건축형식의 융통성을 확대하는 요소가 된다. 조선시대의 연례는 외연(外宴)과 내연(內宴)으로 나뉘며 이는 공간적 차이에 근거하는 것이 아니라 주석(主席)과 의례의 성격에 기인하는 구분이다. 외연은 군주가 주석이 되어 동궁, 백관 등이 참례하는 의식이고, 내연은 중궁 및 왕대비, 대왕대비 등이 주석이 되어 세자빈과 명부(命婦)가 함께 참례하는 의식이다. 즉 이러한 구분에는 남녀 간의 내외가 주된 인자로 작용하였으며 보계 위를 비롯한 행례공간의 구성이 다를 수밖에 없었다.[54] 공간에 의한 구분은 아니었으나 대부분의 외연은 정전(正殿)에서 설행되었는데 헌종 14년의 진찬 및 광무 5년의 진연례에 있어서는 각각 통명전과 함녕전에서의 외진연이 설행된 바 있다. 또한, 18세기까지의 진연례는 외연과 내연으로 마무리되었지만 순조 중반 이후로는 야연(夜宴), 다음 날의 익일회작(翌日會酌), 익일야연(翌日夜讌) 등의 행사가 이어져 2-4일간 행사가 계속되었다.[55] 동일한 공간에서 내연과 야연 등이 연속해서 설행되고 경우에 따라서는 외연까지도 동일 공간을 사용하였기 때문에, 남녀내외라는 내외연의 구분을 공간에도 적용하기 위해서는 임시로 시설되는 가설물이 필요하게 되었다. 유악(帷幄)의 사용은 이러한 의미에서 중요하다. 보계의 활용을 통한 행례 공간의 일시적 확대는 제도화된 공간으로서의 동서온실형(東西溫室形)이 진연례 등 대규모의 의례도 수용하도록 마련된 해법이며, 유악을 활용한 공간의 재구성은 보계로 형성된 의례공간의 효용성을 극대화할 수 있는 장치로 풀이된다.

5. 맺는 말

궁궐의 건축공간과 의례규정은 밀접한 관련 속에서 상호 영향을 주었다. 하나의 체제로 완비된 국가의례라 할지라도 실제 공간에 적용하는 문제는 일관될 수 있는 것이 아니다. 태종의 창덕궁 영건으로 시작된 다수 궁궐의 동시운영이라는 조선궁궐의 운영 특성은 규범의 적용에 있어 난제(難題)로 작용하였고 규범과 실제의 운영이 종종 일치하지 않아 나타난 혼란은 단선적 해석을 불가능하게 하였다. 조의(朝儀)의 경우, 조선 전기에는 대체로 꾸준히 설행되었지만, 공간의 사용에 있어서는 변례가 많았다. 특히, 성종조 창덕궁에서의 조참례는 인정문이 아닌 인정전에서의 설행이 정례화되어 경복궁의 운영에까지 영향을 주었다. 내전의례는 건축적 적용에 있어 비규범적이었다. 승하례와 중궁전 의례에 있어서는 의례에서 규정한 개념적 공간과 실제 운영공간이 일치하지 않는 이중성을 보였다. 조선 후기에 들어서는 조의의 형식화와는 대조적으로 내전의례의 중요성이 더해졌으며, 대비전 의례, 특히 진연의 설행은 가장 주도적인 것이었다.

현대인으로서 조선시대의 궁궐을 둘러보는 우리들에게 필요한 것은 세계에 대한 당시의 감각, 궁궐을 둘러싼 역사적 맥락, 의례라는 견고한 틀, 건축역사학적 지식 등이다. 여러 궁궐들 사이에 놓여 있는 보편적 동질성과 차별적 해법을 함께 살필 수 있는 예민한 눈이 필요하기도 하다. 하지만 이러한 훈련이 되어 있지 않다고 하더라도, 궁궐은 충분히 흥미로운 장소이다. 옛 사람의 기분으로 궁궐 이곳저곳을 둘러보기만 해도 얻을 수 있는 것은 충분히 많다. 더욱이, 당시의 사람들도 모든 행동을 의례에 근거해서만 하였던 것도 아니다.

의례 이외의 시점이 필요하다면 다음과 같은 것들일 수 있다. 경복궁이라면 강녕전 뒤, 아미산, 자경전 뒤 등 곳곳의 굴뚝을 찾아보면서 궁궐의 엄격한 배치 속에 숨어 있는 유희의 감각들을 살펴보는 것이 가능하다. 창덕궁에서는 인정전 뒤나 낙선재, 혹은 후원에서 건축과 자연이 어떻게 어우러지고 있는지를 파악하는 것과 인정전, 선정전, 희정당, 대조전으로 이어지는 병렬된 전각들 사이에 어떤 동선이 형성되었을지를 상상해 보는 것이 좋다. 성종대에 삼대비전을 모시기 위해 지은 창경궁에서는 동쪽을 향한 명정전 뒷면의 빈양문과 행각, 함인정, 경춘전, 환경전 등 대비전 영역이 가장 좋은 중심의 평지를 차지하고 있는 특징, 통명전 옆의 연지를 살펴볼 필요가 있다. 남아 있는 것이 거의 없지만, 경희궁에서는 직선의 규범적 배치를 경사 지형에 풀어낸 감각을 추적해 보는 것이 좋겠고, 덕수궁에서는 근대의 거친 바람 속에서 이미 자리를 차지하고 있는 각국 공사관과 고종의 궁궐이 얽혀 있는 도시적 감각을 느끼는 것, 그리고 석조전, 중명전 등 양관으로 만들어진 궁궐 전각에서 시대의 변화를 감지하는 것이 의미있을 것이다. 그럼에도 불구하고 궁궐의 건축공간을 이해하는 요점은, 궁궐은 비어 있는 곳이 아니라 수많은 사람들이 생활하고 일하던 곳이라는 것을 놓치지 않는 것이다.

조선시대 제사음악에 담긴 유학사상
하늘, 땅, 인간과 음악

송지원(宋芝媛)

1. 들어가는 말

유교를 국시(國是)로 건국된 조선은 국가례를 길례(吉禮), 가례(嘉禮), 빈
례(賓禮), 군례(軍禮), 흉례(凶禮)의 오례(五禮)로 규정하여 시행하였다.
오례 가운데 가장 중시된 것은 길례에 속하는 제례로서[1] 천지와 조상, 그
리고 성현(聖賢)에 대해 예를 표하는 것이다. 만물은 하늘의 기운으로 생
성되어 땅에서 자라며, 사람은 조상에 근본하여 생겨나며, 성현의 가르침
은 사람을 사람답게 하기 때문에 이와 같은 대상을 향해 올리는 제사는 매
우 중요한 것으로 여겼다. 이처럼 제사는 근본을 생각하게 하는 행위로서
근본에 보답하고, 시초를 돌이켜 보는, 보본반시(報本反始)하는 행위임을
알 수 있다. 시초를 돌이키면 근본이 두터워진다고 하였다.[2] 이로써 유교
의 제례는 '그 처음을 되돌아보도록(致反始)' 하기 위한 것이며 예로써 행
하는 의례행위를 통해 사람의 마음을 귀신과 통하게(致鬼神)[3] 하며, 귀신

과 통하게 되면 윗사람을 높이게 된다는 의미를 지닌다. 이는 유교에서 제사의 필요성 혹은 제사의 유용성이 어떠한 방식으로 설명되고 있는지 알 수 있게 한다.

『예기(禮記)』에 의하면 제사는 물질인 '외부'로부터 오는 것이 아니라 내부로부터 나오는 것으로서, 마음속에서 생겨나 행하는 것이고 마음속에서 신비함을 느껴 예(禮)로써 받드는 것이므로 현자(賢者)라야 제례의 뜻을 다 할 수 있다고 설명한다.[4] 몸과 마음을 닦아 나 스스로가 성인이 되고자 노력해야 한다는 유교적 수양관을 전제할 때 제례를 올리기 위한 전제 조건, 혹은 자격 요건이 '현자'라는 점은 우리에게 시사하는 바 크며, 그것은 유교적 제례의 의미와 맥락은 그 스펙트럼이 좁지 않다는 사실을 암시한다.

이와 같은 이념적 전거 아래 조선시대의 국가 제사는 중요도에 따라 대사(大祀), 중사(中祀), 소사(小祀)로 구분하여 각 시기별로 정비되었고 시기별 정비의 내용은 『세종실록』「오례」 및 『국조오례의』『국조속오례의』『국조오례통편』『춘관통고』『대한예전』 등의 국가전례서에 정리되었다.

유교는 '관계'를 중시한다. 제사는 신과 인간의 관계가 전제된 행위로서 사람의 눈으로 확인되지 않는 '신(神)' 혹은 '기(氣)'와 인간 사이의 추상적인, 혹은 비현실적인 관계 사이에 이루어지는 것이므로 의례의 많은 요소가 상징적인 체계로 이루어지거나 상징적 의미를 부가하는 방식으로 성립된다. 제사의 대상에 따라 그 용어를 구분하여 '천사(天祀)' '지제(地祭)' '인향(人享)'의 방식으로 표현하는 것에서도 제사의 상징과 의미를 생각하도록 하며 이러한 구분은 제사의 내용에 있어서도 각각 차별화되는 부분을 만든다.

『예기』에서 제사의 가장 중요한 세 가지를 이야기할 때 먼저 '바치는 것〔獻〕'으로는 '관(祼)', '소리〔聲〕'로는 '승가(升歌)', '춤〔舞〕'으로는 '무숙야(武宿夜)'라 했다.5 '관(祼)'이란 땅에 붓는 향기로운 술을 말하며,6 '승가(升歌)'란 당상에서 연주하는 노래를 말한다. '무숙야(武宿夜)'는 주나라 무왕(武王)이 주왕(紂王)을 친 후 들에서 밤을 지내며 모든 군졸들과 함께 기뻐하고 노래하며 춤을 추었던 고사를 바탕으로 만든 무악(舞樂)을 말한다. 따라서 제사에서 가장 중요한 것이 술과 노래와 춤 세 가지임을 알 수 있는 바, 이 가운데 노래와 춤은 유가제례에서 필수적인 악(樂), 가(歌), 무(舞)를 말하는 것이다.

본문에서는 땅에 대한 제사인 제(祭), 하늘에 대한 제사인 사(祀), 사람에 대한 제사인 향(享) 각각에 해당하는 각종 제사의례에서 연행하는 악가무(樂歌舞) 가운데 중요한 의미를 수반하고 있는 요소들을 중심으로 살펴봄으로써 유교 제사와 음악의 관계, 즉 하늘과 땅, 인간과 음악의 관계와 의미를 찾는 방식에 대해 생각하는 기회를 갖고자 한다. 먼저 조선시대의 유교적 국가제사의 종류와 음악에 대해 개괄한 후 천·지·인에 대한 제사의례에서 '소리', 즉 음악을 제례에 올리는 의미와 그 상징, 내용에 대해 살펴볼 것이다. 결국 인간이 '보본반시(報本反始)'로서 행했던 유교적 제사 내에서 '소리'의 문제를 생각해 보기 위한 것이다. 따라서 유교를 국시로 채택한 조선에서 행해진 유교의례와 음악의 관계를 고찰하는 글이며 양기(陽氣)로 상정되는 소리7가 제례 안에서 어떠한 방식으로 드러나는지 고찰하는 글이 될 것이다.

2. 조선시대의 유교적 국가제사

성종대의 국가전례서인 『국조오례서례(國朝五禮序例)』에서는 제사를 지내는 대상에 따라 용어를 네 가지로 나누어 표현했는데, 천신(天神)에 지내는 것은 '사(祀)', 지기(地祇)에 지내는 것은 '제(祭)', 인귀(人鬼)에 지내는 것은 '향(享)', 문선왕(文宣王: 공자)에게 지내는 것은 '석전(釋奠)'이라 구분해 놓았다.[8]

여기에서 천신은 천〔天帝, 上帝〕, 일(日), 월(月), 성신(星辰), 풍운뢰우(風雲雷雨) 등을 모두 아우른다.[9] 이 가운데 '천(天)'은 신성화된 외재적 실재이며 '일월성신(日月星辰)'은 천의 다양한 현현(顯現)을 말하는 것으로 인간에게 추위와 더위, 사계절을 가져다주는 존재로 상정된다. 또 '풍운뢰우'는 하늘이 인간을 향해 능력을 표현하는 수단으로 이해되었으므로 풍운뢰우를 주관하는 신을 신앙의 대상으로 삼아 천신에 대한 제사에 포함시켰다. 지기에 대한 제사로 대표되는 것은 토지신〔社〕[10]과 곡식신〔稷〕[11]에 제사하는 사직제 그리고 산천(山川), 명산대천(名山大川) 등이 해당되며 인귀에 대한 제사는 효의 근본을 이루는 조상에 대한 것이 대표되어[12] 역대 왕과 왕비를 종묘에 제사하는 종묘제례가 대표된다.

이와 함께 제례의 규모와 중요도 등에 따라 대사, 중사, 소사, 기고, 속제, 주현으로 구분하였다.[13] 대사(大祀)에는 사직·종묘 제향 등이, 중사(中祀)에는 선농(先農)·선잠(先蠶)·문묘(文廟) 제례 등이, 소사(小祀)에는 명산대천(名山大川)·둑제(纛祭) 등이 포함된다. 기고(祈告)는 기도(祈禱)와 고유(告由)의 목적으로 올리는 것인데, 홍수, 가뭄, 전염병, 병충해, 전쟁 등이 있을 때 기도하였고, 책봉, 관례(冠禮), 혼례 등 왕실의 중요한 일이 있을 때 고유하여 각각 해당하는 대상에 제사를 올렸다. 속제(俗祭)는 왕실의 조상을 속례(俗禮)에 따라 설날, 단오, 추석 등의 절기에 제사 지내는 것이다. 주현(州縣)은 지방 단위에서 지방관이 주재자가 되어 사직(社稷), 문선왕(文宣王), 포제(酺祭), 여제(厲祭), 영제(禜祭) 등의 제사를 올리는 것을 말한다. 이 가운데 왕실의 주요 제사에 해당하는 대사, 중사, 소사는 헌관(獻官)의 수나 위격, 재계(齋戒)하는 일수, 음악 사용의 유무, 제기(祭器)의 종류와 숫자, 규모 등에서 구분해 놓고 있다.[14] 이들 제사에는 몇몇 경우를 제외하고는 대부분 음악이 사용되었는데, 넓은 의미의 악(樂)에 해당하는 악·가·무 즉 기악과 노래와 춤을 모두 포함한 형태이다.

길례 가운데 가장 중요하게 여긴 것은 역대 왕과 왕비의 신위를 모신 종묘에 제향하는 종묘제(宗廟祭)와 국토의 신과 곡식의 신에 제사하는 사직제(社稷祭)로서 대사에 속하는 제사이다. 종묘와 사직은 곧 국가를 대변하는 용어로 쓰이는 것에서도 그 중요도를 알 수 있다. 또 공자와 그의 제자, 중국의 역대 거유(巨儒) 및 조선의 역대 유학자를 모신 문묘에 제사하는 석전제(釋奠祭) 즉 문묘제와 농사신에 제사하는 선농제(先農祭), 양잠신에 제사하는 선잠제(先蠶祭)를 비롯하여 산천제(山川祭), 기우제(祈雨祭) 등의 제사도 각각의 이유로 중요시 여겼다. 이러한 모든 제사는 하늘과 땅, 그리고 인귀(人鬼)에 대해 살아 있는 사람으로서 갖출 수 있는 최대의 예(禮)를 갖추어 행했고, 천지인(天地人) 삼재사상(三才思想)을 음악적으로 드러낸 악(樂)을 구비하였다. 여기서 예와 악은 서로 본말(本末)과 체용(體用)을 이루는 것으로 상호 보완적인 관계를 형성하고 있다.[15]

『국조오례서례』에 수록되어 있는 길례의 종류는 다음의 표와 같다.

구분	제사	비고
대사	사직(社稷), 종묘(宗廟), 영녕전(永寧殿)	
중사	풍운뢰우(風雲雷雨), 악해독(嶽海瀆), 선농(先農), 선잠(先蠶), 우사(雩祀), 문선왕(文宣王), 역대 시조〔단군(檀君), 기자(箕子), 고려시조(高麗始祖)〕	정사(正祀)
소사	영성(靈星), 노인성(老人星), 마조(馬祖), 명산대천(名山大川), 사한(司寒), 선목(先牧), 마사(馬社), 마보(馬步), 마제(禡祭), 영제(禜祭), 포제(酺祭), 칠사(七祀), 둑제(纛祭), 여제(厲祭)	
기고	사직, 종묘, 풍운뢰우, 악해독, 명산대천, 우사	기도와 고유 목적으로 지내는 제사
속제	문소전(文昭殿), 진전(眞殿), 의묘(懿廟), 산릉(山陵)	왕실의 조상을 속례(俗禮)에 따라 제사
주현	사직, 문선왕, 포제, 여제, 영제	지방 단위에서 행하는 제사

『국조오례서례』에 기록된 길례 목록.[16]

　　표에 보이는 제례 가운데 몇몇은 유교적 전통과 다르다는 혐의로 인해 폐지된 경우도 있다. 예컨대 소사에 속하는 영성제(靈星祭)와 노인성제(老人星祭)의 경우 중종 13년(1518)에 소격서(昭格署)가 혁파되면서 폐지된 사례에 속한다.[17] 이는 도교적 전통으로 간주되었기 때문이다. 이러한 사실은 유교를 국시로 한 조선의 국가제례의 운영이 유교 강화의 맥락과 흐름을 같이했던 역사와 밀접한 관련이 있다.

　　이들 제례 가운데 소사를 제외한 대부분의 의례에서는 악가무(樂歌舞)

라는 총체적 의미의 '악(樂)'이 연행되었다.[18] 총체적 의미의 '악'이란 성인이 천지자연의 형상을 본떠 만든 것으로, 악가무 이 세 가지가 모두 구비되어야 악의 온전한 형태를 갖춘 것이며, 그 형태는 천지와 조상에게 제사를 올리는, 보본반시하는 의식에서 쓰일 때 진정한 가치를 발하는 것이다. 따라서 제사의식에서는 악의 온전한 형태를 갖추어 올려야 예(禮)에 흠결됨이 없는 것으로 생각했으며, 제례악을 연주하는 악대의 위치, 악기의 빛깔과 배치, 일무를 추는 동작 및 인원 등은 유가(儒家)의 예악론(禮樂論) 안에서 규정되었으며, 그 규정된 내용은 음악 연주를 통해 외부적으로 구현된다. 제례악을 연주하는 악대는 상월대에서 연주하는 등가(登歌)악대와 하월대, 즉 묘정(廟庭)에서 연주하는 헌가(軒架)악대, 그리고 등가와 헌가 사이에서 줄지어 추는 춤인 일무(佾舞)의 삼자를 갖추게 되는데, 이는 천지인 삼재사상을 음악적으로 드러내는 방식이 된다.

이 가운데 악대를 이루는 악기의 구성은 곧 8음(八音)[19]을 구비하는 것을 원칙으로 하였다. 이는 조선시대 국가제례음악의 악현(樂懸), 즉 악대 편성의 지향을 통하여도 확인된다. 조선조 내내 국가적인 규모의 제사를 지낼 때 8음을 갖추어야 한다는 논리는 지속적으로 이어졌고 전란을 치른 후 악기가 소실되었을 때에는 8음을 구비하기 위한 노력이 가장 먼저 수행되었다는 사실에서도 확인된다.[20]

천자(天子)가 8음을 구비하여 쓰는 이유에 대해 설명한 『백호통의(白虎通義)』의 내용을 잠시 살펴보자. 『백호통의』에서는 천지의 작용을 이어 만물을 자라나도록 해야 하는 존재가 천자이기 때문에 마땅히 만물의 수를 알아야 하고, 만물의 수를 얻으면 마땅히 만물의 소리를 알아야 하며 만물의 틀을 생각하는 것이라고 설명한다. 이와 같이 된다면 심지어 날아 다니는 곤충과 기어 다니는 벌레조차도 그 음을 반드시 즐기게 되며, 이는 곧 '완전한 덕으로 이르게 되는 도(道)'라 하였고 또 하늘의 뜻을 대변하는 천자가 그에 대하여 즐거워하기 때문에 팔음을 갖추어 연주하는 것이라 설명하고 있다. 도식적인 설명이지만 '완전한 덕으로 이르게 되는 도'라는 측면에서 이 땅을 이루는 여러 물질을 재료 삼아 소리를 만들어 음악을 올린다는 사실은 유가적 음악관을 구체적으로 드러내고 있다.

제사에서 음악의 중요한 기능은 곧 '신령을 편안하게 하는 것'이라 했다. 이는 『예기(禮記)』「제통(祭統)」편에서 "오직 현자라야 모든 것이 갖추어진 일을 할 수 있으니, 그다음에 제사를 지낼 수가 있다. 따라서 현자가 제사를 지낼 때, 그 성(誠)과 신(信)과 충(忠)과 경(敬)을 바쳐 제물로써 받들고, 예(禮)로써 그것을 행하고, 악(樂)으로써 신령을 편안하게 하고, 시기로써 제사 날짜를 택하여 제물을 깨끗하게 올리는 것이며, 자기에게 복이 되는 것을 구하지 않는다"[21]라고 한 데에서 잘 드러난다. 이때 '악으로써 신령을 편안하게' 하기 위한 방법이 무엇일지 생각하도록 하는데, 이는 우주만물의 자연적 특성, 즉 음양오행과 천지, 자연이 음악으로 상징화되는 체계와 원리에 대해 주목할 때 그 의미가 드러날 수 있을 것이다.

3. 사천(祀天)의례와 음악

천신은 천(천제, 上帝), 일, 월, 성신, 풍운뢰우 등을 모두 아우르는 것으로, 대사(大祀)로서 하늘에 제사하는 환구제(圜丘祭), 중사에 속하는 풍운뢰우제, 소사에 속하는 영성제, 노인성제 등이 여기에 속한다.

이 가운데 환구제[22]는 '하늘은 둥글고 땅은 모가 났다'는 천원지방(天

圓地方)설에 따라 둥근 모양의 단에서 제사한다. 그러나 조선조에는 천자(天子)만이 하늘에 제사할 수 있다는 명분론이 대두되어 일정 시기 동안 잠시 지내다가 폐지되었으며 고종이 황제를 선언한 1897년 이후 다시 지내기 시작했다. 환구제에서 하늘에 제사하는 의례의 전형을 볼 수 있으므로 환구제의 절차에 따른 음악의 구성, 악현(樂懸)과 악기 등을 통해 사천 의례가 지제(地祭), 인향(人享)의례와 차별화되는 점을 살펴보고자 한다.

건국 초기의 환구제 음악은 고려시대의 전통을 따랐고 악장(樂章)만 고쳐 쓰는 정도였는데[23] 영신례와 송신례에 황종궁(黃鍾宮)의 선율을 썼고 이후의 부분에서는 태주궁(太簇宮)의 선율을 연주하였다. 그러나 태종 16년(1416) 이후 조용(趙庸)이 예조 판서가 되면서 이를 개정하여 당하에서는 황종궁(黃鍾宮)을 연주하고, 당상에서는 대려궁(大呂宮)을 노래하도록 하여 주나라의 제도를 회복하였다. 환구제는 천신에게 지내는 제사이므로 황종과 대려, 곧 자(子)와 축(丑)의, 율려의 음양이 합하는 법을 택한 것이다. 그러나 이는 일시적인 것이었고 이후 다시 그전의 제도로서 당상과 당하에서 모두 양률인 태주궁을 썼고 영신과 송신에 황종궁 선율을 썼다.[24]

세조 3년(1457) 세조는 면복(冕服)을 갖추고 환구단(圜丘壇)에 올라 환구제를 올렸다. 의례는 영신(迎神), 전옥폐(奠玉幣), 진조(進俎), 초헌(初獻), 아헌(亞獻), 종헌(終獻), 음복(飮福), 철변두(徹籩豆), 송신(送神), 망료(望燎)의 순으로 거행되었다. 이때 사용된 악장과 음악은 『세조실록악보(世祖實錄樂譜)』에 기록되어 있다.[25] 이 음악은 세조 10년(1464) 새로 만든 환구제례악을 사용하기 전까지 칠 년간 사용된 것으로 생각된다.

세조 10년(1464)에도 세조는 환구제를 친히 지냈다. 1월 15일의 일이다. 이때에는 세종대에 제정된 악무인 보태평(保太平)과 정대업(定大業), 그리고 일무(佾舞)가 영신, 전폐, 초헌, 아헌, 종헌에서 연행되었고, 융안지악(隆安之樂), 성안지악(成安之樂), 영안지악(寧安之樂) 등의 음악이 사용되었다.[26]

세조 10년(1464) 1월 15일에 행했던 환구제의 절차와 악무의 순서를 정리해 보면 다음과 같다.

절차	곡명	악현	일무
영신	보태평지악(영신희문)	헌가	보태평지무
전폐	보태평지악(전폐희문)	등가	보태평지무
진조	융안지악	헌가	
초헌	보태평지악(기명)	등가	보태평지무
아헌	정대업지악(선위)	헌가	정대업지무
종헌	정대업지악(탁정)	헌가	정대업지무
음복수조			
철변두	성안지악成安之樂	등가	
송신	영안지악寧安之樂	헌가	
망료/망예			

세조 10년(1464) 1월 15일에 행했던 환구제의 절차와 연행악무.[27]

고종이 황제로 즉위하면서 거행한 대한제국 시기의 환구제는 조선시대에 거행했던 것과 여러 면에서 차이가 있다. '천제는 천자만이 지낼 수 있다'는 명분론에 더 이상 얽매일 이유가 없으므로 황제의 위상을 갖춘 의례를 추구한 것이다.

절차	곡명	악조	악현	일무
영신	중화지곡(中和之曲)	협종궁/남려궁/ 고선궁/대려궁	궁가	
전폐	숙화지곡(肅和之曲)	대려궁	등가	
진찬	응화지곡(凝和之曲)	황종궁	궁가	
초헌	수화지곡(壽和之曲)	대려궁	등가	무공지무(武功之舞)
아헌	예화지곡(豫和之曲)	황종궁	궁가	문덕지무(文德之舞)
종헌	희화지곡(熙和之曲)	황종궁	궁가	문덕지무(文德之舞)
음복수조				
철변두	옹화지곡(雍和之曲)	대려궁	등가	
송신	안화지곡(安和之曲)	협종궁	궁가	
망료	안화지곡(安和之曲)	협종궁	궁가	

대한제국 시기 환구제의 절차와 연행악무.[28]

환구제를 지낼 때는 기악과 노래, 춤, 즉 넓은 의미의 '악(樂)'을 연행한다. 이때 우주에서 생산되는 물질 가운데 소리를 낼 수 있는 여덟 가지 재료인 팔음(八音), 즉 쇠붙이〔金〕, 돌〔石〕, 실〔絲〕, 대나무〔竹〕, 박〔匏〕, 흙〔土〕, 가죽〔革〕, 나무〔木〕로 만든 악기의 반주에 맞춰 사람의 목소리와 춤을 갖춰 제사를 올린다.

세조대 이전의 환구제례악 악현에 대해서는 상세한 기록이 없으나 조선 건국 이후에는 고려조의 제도를 따라 아악기를 위주로 하고 일부는 향악기도 사용하였다. 이러한 제도는 세종 10년(1428)에 이르러 원단, 사직, 풍운뇌우, 우사, 선농, 선잠 등의 제사에 향악을 쓰지 않기로 결정하면서[29] 아악 위주의 음악을 연주하는 전통으로 바뀌어 세조 10년(1464)에 보태평과 정대업이 환구제례악으로 채택되기 전까지 환구제에서는 아악을 연주하였다.

세조 10년(1464) 1월 15일에 연행된 환구제의 제례악은 종묘제례악의 보태평과 정대업이 연주되었고, 또 융안지악, 성안지악, 영안지악이 연주되었으므로 다시 향악과 아악을 섞어 연주하는 제도가 환원됐다. 1464년 1월 14일에 거행된 종묘제례에서는 세종대에 회례악무로 제정되었던 보태평과 정대업의 악무를 다시 제례용 음악으로 개정하여 사용했고[30] 그다음 날에 거행된 환구제에서도 같은 보태평과 정대업을 연주하였다.[31] 이처럼 1464년의 환구제에서는 향악과 아악이 모두 연주되는 형태였다. 특히 보태평과 정대업은 환구제의 핵심 절차인 영신례, 전폐례, 초헌례, 아헌례, 종헌례에서 사용되어 세조대 환구제례악은 아악보다는 향악이 중심적인 악무로 연행되었음이 확인된다.

환구제례악을 연주할 때 가장 특징적인 아악기는 6면 북인 뇌고(雷鼓)와 뇌도(雷鼗)이다. 땅을 제사하는 사직제와 같은 지기(地祇)의 경우 8면 북인 영고(靈鼓)와 영도(靈鼗)를 쓰지만 환구제는 천신(天神)을 제사하기 때문에 6의 숫자로 된 악기를 택한다. 이는 『주례(周禮)』「춘관(春官)·대사악(大司樂)」의 "천신을 제사할 때에는 악6변, 지기를 제사할 때에는 악8변"이라는 전거를 따른 것이다.[32] 이 숫자는 음악을 연주하는 횟수와도 관계가 있지만 특정 제사에 사용하는 북의 면수와도 관계된다.

뇌고와 뇌도는 천제에 쓰이는 것이므로 말가죽으로 만든다. 건괘(乾

卦), 즉 '하늘'은 말[馬]에 해당하기 때문에 말가죽을 쓴다. 또 치는 6면 북인 '뇌고'와 흔드는 6면 북인 '뇌도'를 모두 사용하는 것은 '고'로 조절을 하고 '도'로 조짐을 보이는 것이라는 내용이 진양(陳暘)의 『악서(樂書)』에 보인다. 그러나 세종대와 세조대의 뇌고는 그 북의 면수가 8면이다. 이는 정현(鄭玄)이 "뇌고는 8면이요, 영고와 노고는 4면이다"라고 해석한 견해를 받아들였기 때문이다.(도판 1)

성종대 『악학궤범(樂學軌範)』의 뇌고와 뇌도가 6면으로 되어 있는 것으로 볼 때 8면 뇌고의 제도를 채택한 것은 조선 전기의 상황으로 이해된다.(도판 2)

세조대의 환구제는 영신(迎神), 전옥폐(奠玉幣), 진조(進俎), 초헌(初獻), 아헌(亞獻), 종헌(終獻), 음복(飮福), 철변두(徹籩豆), 송신(送神), 망료(望燎)의 순으로 거행되었는데 각 절차마다 4언 4구의 악장을 협종궁(夾

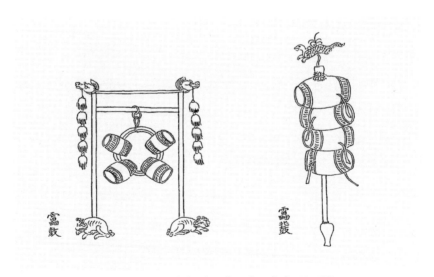

1. 『세종실록』「오례」에 수록된 천신제에 사용하는 뇌고(왼쪽)와 뇌도(오른쪽).

140

鍾宮) 선율로 노래했다. 당시 음악은 아악을 썼으므로 기조필곡(起調畢曲)의 원리, 즉 곡을 시작한 음으로 곡을 마치는 원리를 따라 협종음으로 곡을 시작하고 마쳤다. 이때 사용된 악장과 음악은 『세조실록악보』에 기록되어 있는데,[33] 모든 절차에서 향악이 아닌 아악을 썼고 동일한 협종궁의 선율로 노래했다. 이는 『주례』의 주에 '협종(夾鍾)은 방성(房星), 심성(心星)의 기(氣)에서 나오니, 방성, 심성은 천제(天帝)의 명당(明堂)이 되는 것이다'라는 내용과 진양『악서』의 '제(帝)가 진방(震方)에서 나오므로 협종궁을 써서 천신(天神)을 내리게 한다'는 전거에 바탕한 것이며 『대명집례(大明集禮)』의 예를 따른 것이다.

이와 같은 4언 4구, 협종궁의 아악 선율로 연주하는 환구제례악은 세조

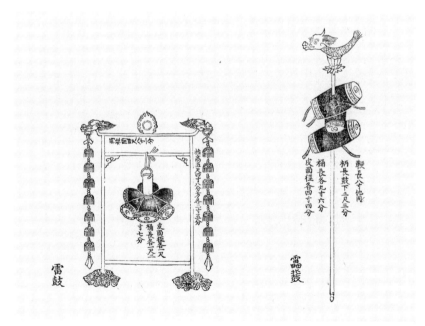

2. 『악학궤범』의 뇌고(왼쪽)와 뇌도(오른쪽). 세종대와 달리 6면으로 되어 있다.

3년(1457)부터 세조 10년(1464) 새로 만든 환구제례악을 사용하기 전까지 칠 년간 사용되었다. 1464년 이후에는 영신과 전폐, 초헌, 아헌, 종헌에서 보태평과 정대업을 사용하였고 진조, 철변두, 송신 절차에서 아악 선율을 써서 두 가지 형태의 제례악을 보인다. 악장이 5언 4구(영신·전폐)와 4언 6구(진조·철변두·송신), 4언 4구(초헌), 4언 12구(아헌), 3언 6구(종헌)[34] 등, 자수와 구수가 일정하지 않은 것도 보태평과 정대업 선율을 따라 지은 것이기 때문이다. 이는 이전 시기의 환구제례악 악장과 차이를 보인다. 아악 선율을 사용한 진조, 철변두 송신 절차에서는 일정하게 4언 6구를 썼지만 그 외에 향악인 보태평과 정대업지악을 쓴 절차에서는 일정치 않음이 확인된다.

이상 살펴본 사천의례와 음악 가운데 하나로 살펴본 '환구제'를 지낼 때 특징적인 것으로는, 먼저 제물을 올릴 때 태우는 번시(燔柴) 행위를 들 수 있다. 제물을 드리는 방법으로 연기를 오르게 하여 흠향하도록 하는 방법을 채택한 것이다. 그 제사 대상이 하늘이기 때문이다. 또 마지막에 축문과 폐백을 태우는 '료(燎)'도 하늘에 연기를 올리는 방식으로 연행하였다.[35] 악기 사용 면에서 특징적인 것은 말가죽으로 만든 6면 북인 뇌고(雷鼓)와 뇌도(雷鼗)를 사용하여 음악을 연주하는 점을 확인하였다.

4. 제지(祭地)의례와 음악

제지(祭地)의례는 땅과 인간을 생각하는 의례이다. 고대에는 태절(泰折)이라는 제단에서 희생을 묻는 제사가 있었는데 '묻는 것'은 지신이 땅에 있다고 믿기 때문이었다.[36] 지기(地祇)에 대한 제사에는 사직제와 산천(山

川), 명산대천(名山大川) 등이 있다. 이 가운데 사직제를 중심으로 제지의 례와 음악에 대해 살펴보고자 한다.

『예기(禮記)』에서는 사(社)에 대한 제사를 하늘에 대한 제사와 대비하여 이렇게 설명한다.

"사(社)는 토지의 신을 제사하는 것으로 음기(陰氣)를 주관한다. 사(社)에 대한 제사는 땅을 신으로 여기는 도(道)이다. 땅은 만물을 싣고 하늘은 일월성신을 매달았으니, 땅에서 재물을 취하고 하늘에서 법칙을 본뜬다. 따라서 하늘을 높이고 땅을 친히 여긴다. 그런 까닭에 백성을 가르쳐 아름다운 예로 하늘과 땅의 은혜에 보답하도록 한다. 집은 중류(中霤)를 중심으로 삼고, 나라는 사(社)를 중심으로 삼는 것은 근본을 보이는 뜻이다. 오직 사(社)의 제사를 위해 한 마을 사람이 모두 나와 돕고 오직 사의 제사를 위한 사냥에 나라 사람이 모두 도우며, 오직 사의 제사를 위해 여러 고을에서 곡식을 공급하는데, 이는 근본에 보답하고 처음 상태로 돌아가기 위한 것[報本反始]이다."37

음기를 주관하는 토지신은 땅에서 재물을 취하므로 사의 제사를 위한 사냥을 하게 되면 온 나라 사람이 돕는 것이라 하였다. 이는 토지신에 대한 제사의 중요성이 강조되고 있음을 알 수 있다. 사직제는 국토의 신과 오곡의 신, 즉 지기(地祇)에 지내는 제사에 속한다. 제사의 대상이 지기에 속하므로 제사 지낼 때의 세부 절차와 내용은 물론 악무(樂舞)의 쓰임도 부분적으로 달라진다.

우리나라 사직제례의 음악은 고려조 예종 11년(1116)에 송나라에서 대성아악이 수입된 이후 수입음악인 아악(雅樂)과, 원래 연주되고 있었던 향악을 같이 썼다. 즉 두번째 술잔을 올리는 아헌례와 마지막 술잔을 올리는 종헌례, 그리고 신을 보내드리는 송신절차에 향악을 연주했고 그 나머지 절차에서 아악을 연주함으로써 외래음악과 전래음악을 하나의 제사에서 함께 연주했다.

그러나 조선시대에 들어와 세종 12년(1430) 박연이 주도한 아악정비운동이 일어나면서 『주례(周禮)』를 근거로 한 변화의 움직임이 일었다. 그 움직임의 원칙은 음과 양의 원리를 따라 해당 선율을 연주한다는 것이었다. 지기(地祇)에 제사할 때 당하(堂下)의 헌가(軒架)가 양(陽)에 속하는 태주궁(太簇宮)의 선율을 연주하고, 당상(堂上)의 등가(登歌)는 음(陰)에 속하는 응종궁(應鍾宮)의 선율을 노래하는 음양합성지제(陰陽合成之制)의 원칙에 따라 제례악을 정비하였다. 이는 음이 고유하게 지니는 음양의 원리를 따라 선율을 구성하는 원칙을 지킨 것이다.

세종대에 아악을 정비하기 전에는 당상악(堂上樂)인 등가, 당하악(堂下樂)인 헌가가 모두 태주궁(太簇宮), 즉 '양'에 속하는 음으로 연주를 시작하고 마쳤으나 1430년의 아악 정비 이후부터 음과 양을 조화롭게 하는 연주를 실현하게 되었다.

태주와 응종음은 12지로 말하면 인(寅)과 해(亥)에 해당하여 음과 양이 합한 것이다. 또 신을 맞이하는 영신례(迎神禮)의 절차에는 음려에 속하는 임종궁(악보) 선율을 여덟 번[8변(變)] 연주함으로써 『주례』의 전거를 따라 음악 연주의 횟수도 조절하게 되었다. 이러한 방식으로 세종대에 정비된 사직 제례악은 조선조 내내 변함없이 연주되었다.

절차	악명	악곡명	악현	일무
영신	순안지악	임종궁 유빈궁		
응종궁 유빈궁	헌가	열문지무		
전폐	숙안지악	응종궁	등가	열문지무
진찬	옹안지악	태주궁	헌가	
초헌	수안지악 → 서안지악	응종궁 → 태주궁	등가 → 헌가	문무 → 무무
아헌	수안지악	태주궁	헌가	소무지무
종헌	수안지악	태주궁	헌가	소무지무
철변두	옹안지악	응종궁	등가	
송신	송신	송임종궁	헌가	

『국조오례의』와 『국조오례서례』에 따른 사직제의 절차와 악무.

　사직제례에서 음악이 연주되는 절차는 신을 맞이하는 영신, 폐백을 올리는 전폐, 찬을 올리는 진찬, 첫번째 술잔을 올리는 초헌, 두번째 술잔을 올리는 아헌, 마지막 술잔을 올리는 종헌, 제기를 거두는 철변두, 신을 보내는 송신 등에서이다. 이때 연주되는 선율은 모두 같은 선율이지만 조를 다르게 옮겨서 연주한다. 조를 옮겨서 연주하는 경우 편종이나 편경의 음역인 열여섯 음, 즉 12율과 한 옥타브 위의 네 음인 십이율사청성(十二律四淸聲)[38]에 해당하는 음역으로만 선율을 구성한다. 이 음역을 넘는 음은 한 옥타브를 내려 연주하는 것이 원칙이었다.

　앞의 표에 보이듯 영신(迎神) 절차에서 음려인 임종궁(林鍾宮)과 양률인 유빈궁(蕤賓宮), 그리고 음려인 응종궁, 다시 양률인 유빈궁의 순으로

林 姑 汰 應 南 應 姑 汰 蕤 姑 汰 應 姑 汰 林 南

林 姑 南 林 蕤 姑 林 應 南 林 姑 汰 姑 應 南 林

3.『국조오례서례』「아부악장」임종궁 선율.

연주하는 것은 『주례』의 전거를 따른 것이다.(도판 3) 『주례』「춘관·대
사악」에서 "함종위궁(函鍾爲宮: 林鍾爲宮), 태주위각(太簇爲角), 고선위치
(姑洗爲徵), 남려위우(南呂爲羽)의 악(樂)과 영고(靈鼓), 영도(靈鼗)와 손죽
(孫竹)의 관(管)과 공상(空桑)의 금슬(琴瑟)과 함지(咸池)의 춤을 하지(夏
至)에 못 가운데의 방구(方丘)에서 연주하는데, 악이 팔변(八變)하면 지기
가 모두 나와 예를 올릴 수 있다"[39]라고 하였다. 세종대의 아악을 정비한
박연이 해석한 바에 따르면 함종위궁이란 곧 임종궁이고, 또 태주위각은
유빈궁, 고선위치는 응종궁, 남려위우는 유빈궁의 선율이 된다. 따라서 이
와 같은 조(調)로 된 선율을 제례악으로 연주하였다.

'팔변'의 의미는 비단 연주 횟수에만 해당되는 것은 아니다.(도판 4) 악
기의 선택도 이러한 원칙을 따라, 타악기인 북의 경우 전체 여덟 면으로
된 두 종류의 북을 악기 편성에 포함시켰다. 채로 치는 북인 영고(靈鼓),
그리고 일종의 귀가 달려 흔드는 북인 영도(靈鼗)가 이러한 악기이다. 영
고는 단면 북 여덟 개를 매달아 만들고, 영도는 양면 북 네 개를 엮어 북면
을 여덟 개로 하여 만든다. 이와 같이 '8'이라는 숫자, 지기가 나오는 숫자
를 지켜 영고와 영도를 제작하여 음악을 연주하였다. 악기의 빛깔도 땅의
색인 황색을 사용하였다.

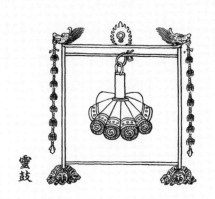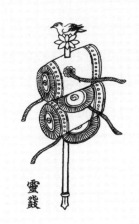

4.『사직서의궤(社稷署儀軌)』의 영고(靈鼓)와 영도(靈鼗).

영고(靈鼓)와 영도(靈鼗)는 쇠가죽으로 만든다. 하늘을 대상으로 하는 천제(天祭)에 쓰이는 6면북 뇌고(雷鼓)와 뇌도(雷鼗)를 말가죽으로 만드는 것과 비교된다. 이 또한 음양의 원리를 따른 것인데, 하늘은 '건(乾)'으로써 '말[馬]'이고 땅은 '곤(坤)'으로써 '소[牛]'에 해당하기 때문이다. 치는 북인 '고(鼓)'와 흔드는 북인 '도(鼗)'를 함께 쓰는 것도 맥락이 있다. 즉 '고'는 조절하는 역할을 하며 '도'는 조짐을 보이는 것이기 때문에 이 둘을 함께 쓴다.

사직제례악을 연주하는 악기의 편성은 성종대의『국조오례서례』에 기록되어 있다. 사직제사는 지기에 대한 것이므로 종묘제사와 달리 악대(樂隊)가 남향(南向)을 하여 연주한다. 따라서 악기편성에도 남쪽방향으로부터 제1단이 위치한다. 악대의 등가(登歌)는 단 위 북쪽 가까이에 위치한다.

사직제례에 사용하는 악장(樂章)은 당상의 등가에서 노래한다. 이는 등가에 현악기와 노래를, 헌가에 관악기를 편성해야 한다는 고제(古制)의 원칙을 따른 것이다. 그러나 등가에 현악기와 노래만을 편성할 경우 음량이 작다는 이유에서 일부 관악기를 등가에 포함시켜, 고제가 온전하게 지켜진 것은 아니지만 아악악현의 최소한의 원칙은 지킨 것으로 보인다. 사직제례의 악장은 전폐와 초헌, 철변두 절차, 즉 등가에서만 연주되는데 모두 땅의 덕을 노래하는 내용이다.

5. 향인귀(享人鬼)의례와 음악

사람이 죽으면 혼백(魂魄), 즉 영혼와 육체가 분리되어 하늘과 땅으로 돌아간다. 혼과 백은 흔히 양과 음으로 설명되는데, 양의 기운은 곧 '혼'으로 영혼을 의미하며 음의 기운은 '백'으로 육체를 의미한다. 제사를 올릴 때 향을 사르고 촛불을 켜고 울창주를 땅에 붓는 일련의 행위들은 곧 죽음으로 인해 분리된 혼백을 부르는 의미를 지닌다. 이러한 행위를 통해 감응이 일어나는 것으로 상정된다. 인향(人享)의례로 대표되는 종묘제례를 통해 인귀에 제향하는 의례와 음악의 특징에 대해 살펴보고자 한다.

성종대에 완성된 오례서 『국조오례의』의 「길례(吉禮)」 종묘제향(宗廟祭享) 의주(儀註)를 보면 제사의 준비단계부터 제사 종료 이후 단계까지의 절차가 매우 상세하게 기록되어 있다. 제사가 시작되기 칠 일 전의 '재계(齋戒) 단계'부터 제사를 모두 마치고 궁으로 돌아온 후 제사를 무사히 마치고 돌아왔다는 의미로 의례를 행하는 '칭하(稱賀)'의 단계까지 길게 서술되어 있는데, 일반적으로 종묘제례에 대해 신을 맞이하는 영신 절차부터 축문을 태우는 망료(望燎) 절차까지만 제사의 단계로 이해하는 것과 차이가 있다. 즉 본 제향을 거행하기 위한 준비단계부터 이미 제례가 시작된 것으로 인식하는 것이 『국조오례의』의 기록 태도임을 알 수 있다.

종묘제향의 시작은 제사 전 칠 일 동안 재계하는 데에서 시작된다. 제사삼 일 전부터는 진설(陳設)을 시작하여, 제사 하루 전에 왕의 거가(車駕)가 궁을 나가는 거가출궁(車駕出宮), 희생과 제기를 살피는 성생기(省牲器)가 이어지고, 제사 당일 새벽에 행하는 신관(晨裸), 궤식(饋食), 진찬(進饌), 초헌(初獻), 아헌(亞獻), 종헌(終獻), 음복수조(飮福受胙), 철변두(徹籩豆), 망예〔望瘞, 영조대 이후 망료(望燎)로 바뀜〕, 그리고 제향을 모두 마친 후 왕의 거가가 궁으로 돌아오는 거가환궁(車駕還宮)과 칭하(稱賀) 순으로 진행한다.

재계란 제사에 참여하는 사람이 몸과 마음을 정결히 하고 제사에 전념할 수 있도록 준비하는 절차를 말하는데, 대사(大祀)에 속하는 종묘제례를 지내기 위해서는 칠 일 동안 재계한다. 이 가운데 사 일 동안은 산재(散齊)하고 삼 일 동안은 치재(致齊)한다. 산재하는 동안에는 조상(弔喪)을 하지 않으며 병문안을 가지 않고, 음악을 듣지 않는다. 또한 형살(刑殺)과 관련된 문서를 처리하지 않으며 술이나 매운 것, 파, 부추, 마늘과 같은 음식을 먹지 않으며 더럽고 악한 일에 관여하지 않는다. 삼 일 동안 치재하는 기간에는 모든 업무를 폐하고 제향과 관련된 일만 한다. 악공과 문무, 무무를 담당하는 사람들도 깨끗이 재계하고 하루를 예조(禮曹)에서 묵는다. 이들은 치재하기 하루 전에 의정부(議政府)에 모여서 의식을 익히는 이의(肄儀)를 행한 후에 본 제사에 참여하게 된다.[40]

종묘제향의 절차는 재계-진설-거가출궁-성생기의 절차를 거쳐 신관-

전폐-궤식-진찬-초헌-아헌-종헌-음복수조-철변두-망예-거가환궁-
칭하의 순으로 거행된다. 이는 현재 영신-전폐-진찬-초헌-아헌-종헌-
음복-철변두-송신-망료의 순으로 설명하고 있는 것과 그 내용이 같지
만, 『국조오례의』에는 '영신(迎神)'례와 '송신(送神)'례를 표제어로 드러내
지 않았다. 또 『국조오례의』 당시에는 폐백과 축문을 태우는 '망료(望燎)'
대신 묻는 절차인 '망예(望瘞)'가 행해졌음이 확인된다. 망예절차를 망료
로 고친 것은 영조 33년(1757) 이후의 일이기 때문이다.[41]

이와 같은 절차로 거행되는 종묘제향의 전 과정을 통해 악무가 연행되
는 절차를 정리해 보면 영신, 전폐, 진찬, 초헌, 아헌, 종헌, 철변두, 송신의
절차에서 제례악이 연행됨을 알 수 있다. 연행 절차와 악무는 다음과 같다.

절차	악명	악곡명	일무
영신	보태평	영신희문	문무
전폐	보태평	전폐희문	문무
진찬	풍안지악	진찬곡	×
초헌	보태평	熙文, 基命, 歸仁, 亨嘉, 輯寧, 隆化, 顯美, 龍光貞明, 重光, 大猶, 繹成	문무
아헌	정대업	昭武, 篤慶, 濯征, 宣威, 神定, 奮雄, 順應, 寵綏, 靖世, 赫整, 永觀	무무
종헌	정대업	아헌과 같음	무무
철변두	옹안지악	진찬곡	무무퇴 (武舞退)
송신	홍안지악	진찬곡	×

종묘제례의 절차에 따른 연주악무.

종묘제례악이 인귀에 대한 제향이므로 천지제사의 악기편성과 다른 특징적인 점은 노고(路鼓)와 노도(路鼗)를 사용하는 점이다. 노고의 '노(路)'는 사람의 도리[人道]를 의미한다.[42] 길 도(道)자가 사람의 도리를 의미하는 것과 같다. 인귀의 강신악은 9변하는데,[43] 노고와 노도가 4면의 가죽으로 되어 있는 것은 금(金)[44]의 속성이 능히 화(化)할 수는 있어도 변(變)할 수는 없기 때문이라 하였다.[45]

종묘제향에서 연행되는 일무는 등가 헌가와 함께 유가적 우주관의 기초를 이루는 천지인(天地人) 삼재(三才)의 상징으로 설명된다. 즉 댓돌 위에 편성되는 등가는 천(天)을, 댓돌 아래 편성되는 헌가는 지(地)를, 그 사이에서 연행되는 일무는 인(人)을 상징한다. 일무를 출 때 사용하는 무구도 상징적 의미를 지닌다. 문무에서 약과 적을 들고 무무에서 간과 척을 드는 것은 이들 무구가 각각 '문(文)'과 '무(武)'의 상징을 잘 드러낼 수 있는 도구이기 때문이다. 즉 약은 경륜(經綸)의 근본이 되고 적은 문장의 지극함이 되기 때문에 문무를 출 때 손에 쥐는 것이고, 무무의 간에는 방어의 상징이 있고, 척은 용감함의 의가 있으므로 무무를 출 때 손에 쥐는 것으로 설명된다. 그 밖의 일무 각각의 동작도 모두 상징의 세계를 확보하고 있다.

일무를 추는 동작은 깊은 상징성을 포함하여 동작 하나하나가 압축된 의미를 지닌다. 문무를 출 때 시작하는 동작을 보면, 약(籥)을 가로로 하여 안쪽으로 잡고, 적(翟)은 세로로 하여 바깥쪽으로 잡는다. 이는 인의(仁義)와 경위(經緯)의 표리관계를 이루는 것이다. 조선 후기의 서명응(徐命膺)이 이에 대해 설명한 내용이 있는데, 문무에서 춤을 시작하기 전에 약을 안쪽에 위치하고 적은 바깥쪽에 위치하게 하는 것은 경륜(經綸)은 안에서 운영되고 문장(文章)은 바깥에서 선양되기 때문이라 하였다. 무무에서 척(戚)을 안쪽으로 하고 간(干)을 바깥쪽에 위치하도록 하는 것은 용감함은 안에서 앞장서고, 방어함은 바깥에서 막기 때문이라고 설명하였다.

또 춤을 시작할 때, 문무의 경우 몸을 먼저 구부리고 무무는 몸을 우러르는 동작을 하는데 이는 음양의 논리로 설명된다. 즉 문무는 양(陽)이지만 음으로 쓰임[用]을 삼기 때문에 몸을 먼저 구부리는 것이고 무무는 음(陰)이지만 양으로 쓰임[用]을 삼기 때문에 몸을 먼저 우러른다. 이처럼 일무의 상징체계는 동작 하나하나가 일정한 논리를 갖추어 설명된다. 다시 말하면 일무의 동작 하나하나는 압축된 상징적 세계를 지닌다.[46]

6. 맺는 말

조선시대 국가제사는 오례의 하나인 길례로 연행되었다. 사람이 죽는 것은 흉한 것으로 여겨 흉례라 했지만 죽음을 기리는 것은 길한 것으로 여겨 길례에 포함시켰다. 나아가 정성스런 예를 갖추어 올리는 제사를 통해 복(福)을 받는 것이라 여겼다. 이때의 복은 세속적인 의미의 복이 아닌, '갖추어서 만사가 순조롭다'는 것을 의미한다.

이처럼 제례는 산 자가 제사의 대상에게 할 수 있는 성(誠), 신(信), 충(忠), 경(敬)의 태도로 보본반시(報本反始)하는 행위이다. 이는 제례 행위의 외연(外延)으로 드러나는 여러 상징적 행위와 제사의 도구로 쓰이는 여러 기물, 악기, 음악, 복식 등의 외형적 요소 하나하나에 일정 의미와 내용이 부여되고 그것이 제례의 요소를 이루는 과정이 일시적이고 단순하지 않음을 암시한다. 제사의 상징과 의미에 대한 해석이 쉽지 않은 이유가 여기에 있을 것이다.

지금까지 조선시대 국가제사를 대상에 따라 천, 지, 인으로 나누어 그 각각에 해당하는 제사의 종류를 살펴보고 환구제, 사직제, 종묘제를 중심으로 중요한 의미와 몇 가지 특징적인 음악적 의미와 내용에 대해 살펴보았다. 제사 대상에 따라 의례 내용이 차별화되고, 음악을 연주하는 횟수 및 악기의 차별화, 악장 내용의 차별화가 제사의 핵심적 요소를 이루는 악가무에서 드러나고 있음을 확인하였다. 이 글에서 미처 언급하지 못했지만 제례악을 연주할 때 동쪽에 배치하여 음악의 시작을 알리는 축(祝)과 서쪽에 배치하여 음악의 끝을 알리는 어(敔)의 관계, 악기 재료의 속성에 따라 짝을 이루어 연주하는 종과 경, 쇠붙이와 가죽 등 기타 여러 논의가 가능한 악기의 의미와 상징에 대한 연구는 '소리'에 대해 더 깊은 성찰을 요하는 부분이다. 이는 추후 과제로 남겨 두고자 한다.

궁중의례의 복식미

백영자(白英字)

1. 들어가는 말

현대사회는 전통문화예술의 전승이 요구되는 시대이다. 특히 전통문화의 고품격 수준을 가늠해 주는 궁중의례의 재현에 관심이 늘면서 많은 궁중 의례 공연이 이루어지고 있다. 이들 궁중의례 공연에는 수많은 의식 참여 자와 그들이 입은 복식이 항상 대두된다. 이들 의례 참여자의 복식 형태와 제도 고증 및 미적 특성을 추출함은 공연예술의 질을 향상시키기 위한 필 수 요소이며 또한 본 연구의 의미 및 목적이기도 하다.

조선시대의 신분제도는 복식의 엄격한 계층분화를 가져왔고 강렬했던 양반의식과 왕조적인 상하 질서의식은 그것을 더 엄격하게 했다. 이들 복 식은 법제(法制)와 관습에 의하여 규제되고 있는데, 조선시대 전기『세종 실록』을 근간으로 하여 성종(成宗) 5년(1474)에『국조오례의(國朝五禮 儀)』를 편찬 집대성하면서[1] 모든 의례복을 법으로 정하였다.

또한 성종 23년(1493)에 편찬된『악학궤범(樂學軌範)』은『국조오례의』와 더불어 조선시대 궁중의례에 대한 가장 기본이 되는 간행물이다. 더구나 궁중의례는 의례와 함께 악가무(樂歌舞)가 따른다. 그러므로 상류층 복식은 『국조오례의』를, 정재(呈才) 복식은 『악학궤범』을 기본으로 활용하여 파악하도록 한다.

그러나 조선시대 오례(五禮)인 길례(吉禮), 흉례(凶禮), 군례(軍禮), 빈례(賓禮), 가례(嘉禮)로 분류되는 국가적인 수많은 궁중의례에는 의식 거행시 매우 다양한 신분의 인물들이 다채로운 복식으로 등장하고 있다. 지배계급의 신분으로는 왕(황제), 왕비(황후), 명부, 백관, 종친 등이 등장하고 하위계급인 연희자의 신분으로는 악인, 무동, 여령이 있으며 기타 각 차비(差備)와 의위(儀衛) 들이 존재한다. 따라서 궁중의례 거행시 의식 참여자의 복식의 미적(美的) 특성을 밝히기 위해 이에 가장 적합한 인물을 선별하여 범위를 축소함이 필요하다.

이에 따라 최고 상위 신분으로서는 왕(황제), 왕비(황후)와 하위 신분으로서는 의식의 꽃인 일반무 여령(女伶)의 복식을 대상으로 그들의 복식형태를 살펴봄과 동시에 그들을 대상으로 미적 특성을 추출해 보고자 한다.

2. 궁중의례 참여자의 복식

1) 왕(황제)의 의례복(儀禮服)

조선시대의 궁중의례에 착용하는 대표적인 왕복(王服)의 종류를 보면, 대례(大禮) 제복(祭服)에는 면류관(冕旒冠), 곤복(袞服)을 착용하고 삭망(朔望), 진표(進表), 조현(朝見) 등에 입는 조복(朝服)에는 원유관(遠遊冠), 강사포(絳紗袍)를, 시무복(視務服)인 상복(常服)에는 익선관(翼善冠), 곤룡

1. 구장복(九章服). 국립중앙박물관.

포(袞龍袍)를 입었다. 연거시(燕居時)에는 편복(便服)을 입었으며 또한 국난을 당했을 때는 군복 차림인 융복(戎服)을 입었다.

이들 중 면복은 왕이 종묘(宗廟) 사직(社稷) 등에 제사 지내고, 정조(正朝), 동지(冬至), 조회(朝會), 수책(受册), 납비(納妃) 등의 의례에 착용하는 제복 및 대례복이다. 이러한 면복은 면류관과 곤복으로 구성하는데 면류관의 면류 수, 곤복의 장문 수로 등위를 가렸다. 이때 황제의 십이장문(十二章紋)은 의(衣), 상(裳), 중단(中單), 폐슬(蔽膝) 등에 시식하는데, 일(日), 월(月), 성신(星辰), 산(山), 용(龍), 화충(華蟲), 화(火), 종이(宗彝), 조(藻), 분미(粉米), 보(黼), 불(黻)로 구성되어 있다. 조선시대 국왕은 중국의 친왕례(親王禮)에 따라 구류면(九流冕), 구장복(九章服)을 착용하다가 국말(國末) 고종(高宗)이 황제위에 오르면서 십이류면(十二流冕), 십이장복

(十二章服)을 착용하게 되었다.(도판 1)

2) 왕비(황후)의 의례복

여자 예복은 궁중을 중심으로 하여 생겨나고 그것이 외명부에게 적용되고 다시 사대부가와 민가에까지 전파된다. 조선시대 여인의 예복에는 적의(翟衣), 노의(露衣), 장삼(長衫), 원삼(圓衫), 활옷(闊衣), 당의(唐衣) 등이 있다. 이들 중 대수포(大袖袍)는 조선왕조 후기 이후 노의, 장삼 등 대수(大袖) 대의(大衣)에 속하는 것들이 원삼으로 집약되었다. 즉 황후는 황원삼, 비빈은 홍원삼, 자적 원삼, 공주나 옹주는 초록 원삼, 사대부 부녀자와 서민 혼례복 역시 초록 원삼을 입었다.[2] 특히, 왕비복(王妃服)의 상징이라고도 할 궁중 법복(法服)인 적의는 조선 초기 명(明)의 사여관복(賜與冠服)을 왕비복의 대례복 즉 법복으로 삼아 『경국대전(經國大典)』에 제도화하였으나, 임진란 이후부터 국속화되었다.

(1) 임진왜란 전의 적의

중국의 명나라는 조선시대를 그들의 친왕례(親王禮)로 예우하였다. 그러나 실제로 보내온 예복은 군왕비례(郡王妃禮)를 준용하여 보내온 대삼(大衫)이었다. 문식(文飾)이 없는 대홍색(大紅色) 대삼(大衫), 청색 바탕에 적계문(翟鷄文)을 수놓은 배자(褙子), 적계문이 있는 하피(霞帔)에 부수 복식인 대대(大帶), 옥혁대(玉革帶), 수(綬), 옥패(玉佩), 말(襪), 석(舃), 옥규(玉圭)가 포함되어 있다.

이상과 같이 대삼을 대례복으로 습용(襲用)하면서, 관이 적관인 데다 배자나 하피에 적계문이 있고, 적의는 대홍색이라는 인식이 구례(舊例)로 전해져 오는 점에서, 왕비 법복은 대삼을 적의로 인식해 왔음을 알 수 있다.

(2) 임진왜란 후의 적의

임진왜란과 병자호란을 고비로 명이 망하였으므로 왕비 예복은 차츰 국속화하여 영조대의 『국혼정례(國婚定例)』와 『국조속오례의보(國朝續五禮儀補)』를 통해 적의 제도가 우리 나름대로의 방식대로 정리 확립되어 대한제국이 성립될 때까지 존속되었다. 『국조속오례의보』에 나타난 왕비의 적의 형태 설명을 근간으로 하여 임진왜란 후의 국속화된 적의 제도의 형태를 종합하면 다음과 같다.

· 앞보다 뒤가 길다.
· 섶선이 여며지지 않는다.
· 선(襈)을 대지 않는다.
· 수원적 쉰한 개를 붙인다.
· 부수 복식으로 별의(別衣), 내의(內衣), 하피(霞帔), 상(裳), 면사(面紗) 등은 명의 적의 제도에 없는 것으로 국속화된 적의는 대삼과 절충된 양식으로 보여진다.

이러한 내용을 뒷받침해 주는 간략한 그림은 가례도감에 붓으로 그려져 있다.[3]

(3) 조선시대 말기의 적의

고종이 황제 제위에 오르자 명 황후의 것과 같은 규모의 적의를 제정하였다. 그런데 국말 생존하여 황후의 칭호를 받은 사람은 순정효황후(純貞孝皇后)인 순종비 윤씨뿐으로 많이 적용된 제도는 아니다.

적의는 바탕이 심청색(深靑色)으로 되어 있고 저사사나(紵絲紗羅)를 사용하였는데, 여기에 십이등분하여 적문(翟紋)을 넣었는데 백오십 내지 백육십 쌍(세종대 유물 백쉰네 쌍)이었고 또 작은 윤화(輪花)를 사이사이에 넣었으며 홍색의 깃과 도련 및 수구에 홍색선과 운룡문(雲龍紋)을 직금하였다. 중단(中單)은 옥색의 사(紗)나 선나(線羅)로 만들었으며, 홍색깃에 불문(黻紋) 열세 개를 직성하였고, 도련과 수구에는 홍색선을 둘렀다. 부수 복식으로 폐슬(蔽膝), 옥혁대(玉革帶), 대대(大帶), 수(綬), 옥패(玉佩), 말(襪), 석(舃), 옥곡규(玉穀圭)가 있다.

3) 정재의례복(呈才儀禮服)

전통적인 양식의 궁중정재는 재조(才操)를 드린다는 뜻으로 나라의 경사, 궁중의 향연, 외국 국빈을 위한 연회 등의 궁중의례 때에 하던 춤과 노래의 연예(演藝)를 말한다. 이는 신라시대부터 발생되기 시작하여 조선시대에 이르러 삼십여 종의 무용이 만들어졌고 조선 말기에는 약 오십여 종에 달했다.

궁중무용은 특히 조선 후기 순조조에 이르러 정리되고 그 종목도 대폭 증대되어 전성기를 이룬다. 궁중에 내외연이 성행될 때에는 외연을 무동(舞童)이, 내연은 여령(女伶)이 각각 거행하게 되며, 대기 무동은 악공 중에서 대치하고 여령은 각 도에서 선출하기도 하였다.

2. 〈무신진찬도(戊申進饌圖)〉 부분. 1848. 국립중앙박물관.

(1) 무동복(舞童服)

조선 말기 궁중무용의 전성기까지 이어진 전통무용 중 무동이 등장하는 춤은 이십구 종이다. 이는 복식의 형태가 동일한 이십육 종의 복식과 첨수무(尖袖舞)의 복식, 처용무(處容舞)의 복식 그리고 학무(鶴舞)의 복식으로 나누어 볼 수 있다. 일반적인 무동복식은 정재의 수도 많지만 여기에 참여하는 무동의 수도 상당히 많으므로 이들의 복식이 대표적인 궁중남무복이라 할 수 있다. 이들은 머리에 화관(花冠)을 쓰고 중단의(中單衣)에 상(裳)과 각 색의 단령(團領)을 입었으며, 그 위로 야자대(也字帶)를 두르고 흑화자(黑靴子)를 신었다.

(2) 여령복(女伶服)

순조 29년부터 고종 말까지 내연에서 거행된 총 삼십사 종 중 처용무와 학무를 제외하면 여령이 추는 무용은 삼십이 종이다. 이들 여령무복은 여섯 종류의 복식으로 분류할 수 있다. 일반 여령의 복식으로는 아박무, 향발무, 헌선도, 무고, 가인전목단, 선유락, 연화대무, 첨수무, 몽금척 등 이십오 종이 있다. 일반 여령무(女伶舞)는 정재의 수도 많지만 여기에 참여하는 무기(舞妓)의 수도 상당히 많으므로 이들의 복식이 곧 이 시대의 궁중여무의 대표적인 복식을 말해 준다. 이들은 공통적으로 평복 차림에 화관을 쓰고 홍초상(紅青裳)과 황초삼(黃青衫·綠青衫)을 입은 위로 수대(繡帶)를 매었으며 오색한삼을 끼우고 초록화(草綠靴)를 신었다. 이 차림은 일반 여령들과도 같으며 무(舞)의 종류에 따라 필요한 의물(儀物)이나 악기(樂器)를 들었다. 일반 여령의 복식 외에 춘앵전(春鶯囀), 검기무(劍器舞), 선유락(船遊樂), 집사(執事), 무산향(舞山香), 동기(童妓) 등의 여령 정

재 복식이 있다.(도판 2)

4) 공연을 위한 궁중의례복 연구

조선시대 연회의례의 경우 조선 전기에는 조선 후기 진연(進宴)보다 큰 규모인 회례연(會禮宴)이나 풍정(豊呈)[4]형태로 이루어졌다.[5]

(1) 회례연 공연 사례

다음은 조선시대 전기의 연회인 회례연을 2008년 국립국악원에서 '태평지악(太平之樂)—세종, 하늘의 소리를 듣다'라는 주제로 공연되던 당시, 필자가 제작했던 세종과 백관의 복식 일습(一襲)의 형태 및 유형 파악에 관한 것이다. 세종조 회례연 절차는 『악학궤범』에 제9작까지 기록되어 있고, 이에 따라 아악, 당악, 향악이 사용되었고, 정재는 무동이 하였다.

세종대왕의 회례연 의례 복식[6]

『조선왕조실록』에 보이는 수많은 회례연에 관한 기록 중에서도 1433년 1월 1일의 회례연은 처음으로 아악(雅樂)을 사용한 점이 주목된다. 1433년 회례연에 등장하는 주요한 역할에 따라 설정된 인물로는 세종대왕, 맹사성, 신상, 박연이 있다.

세종대왕은 회례연 참관과 예악 논쟁을 주관하는 역할이고, 좌의정인 맹사성은 예악 논쟁에 참여한다. 그리고 예조판서 신상은 회례연의 식순을 진행하는 역할이고, 마지막으로 악학별좌 박연은 아악에 관해 그동안 진행되었던 경과를 발표하며 예악 논쟁에 참여하는 역할로 등장한다.

여기에서는 조선 전기 세종대왕이 회례연에 참석할 때 입을 의례복으로 어떤 유형의 왕복을 입을 것인가를 파악하는 일이 중요하다. 회례연에 입는 왕의 복식에 관한 기록으로는 명종 14년(1559)에 상복을 착용했다는 기록7이 있다.

그러므로 왕의 회례연 복식은 제복(祭服), 조복(朝服), 상복(常服) 등의 왕복 중에서 익선관(翼善冠)에 곤룡포(袞龍袍)를 입은 상복인 것을 알 수 있다. 또한 복식의 형태는 조선시대 전기의 출토 유물과 이태조 어진(御眞), 세종대왕 어진을 바탕으로 유추하여 곤룡포와 이의인 직령, 답호, 철릭을 제작하였다.

왕이 상복을 입음에 따라 신하들 역시 단령에 사모를 쓰는 상복 차림을 하도록 했다.8

(2) 가례(고종과 명성황후) 및 종묘제례 재현 행사

국혼(國婚)인 가례의식의 경우 동뢰연(同牢宴)으로서 왕의 의례복(儀禮服)은 면복(冕服)이며 왕비의 의례복은 대홍적의(大紅翟衣)이다. 운현궁에서 해마다 거행되는 고종과 명성황후 가례 재현 장면에서 왕은 면복을 명성황후(明成皇后)는 대홍적의를 입는다. 해마다 재현되는 종묘제례 행사에서는 왕은 제복으로 방심곡령(方心曲領) 있는 면복을, 신하들은 제복을 입고 연희자(演戱者)는 단령(團領)을 입고 일무를 춘다.

3. 궁중의례 복식의 미적 특성

요즈음은 궁중의례의 재현과 더불어 복식과 음악, 무용 등 전통공연예술의 전승을 위해 많은 노력을 기울이고 있다. 이성천(李成千)은 한국 전통

음악의 정신은 화이부동(和而不同)이라 하고 한국 전통음악의 성격을 같지 않는 것들의 모임으로 조화를 이룬다고 하였다.[9] 예를 들어 같지 않은 모든 악기가 동원되어 아름다운 화(和)를 이루듯이, 같지 않으며 독자적인 영역을 확보하고 있는 음악과 무용 그리고 복식이 서로 어우러져 화를 이루는 것이 궁중의례에서 행해지는 궁중정재(宮中呈才)이다. 특히 정재 복식의 경우, 형태뿐만 아니라 상징과 감각까지도 함께 파악해야만 올바른 전승이 이루어질 수 있다. 그러므로 궁중의례 복식의 미적 특성을 막연하게 주장하기보다는, 논리적이고 총체적인 입장에서 정리해 볼 필요성이 있다.

1) 일반 복식의 미적 특성

일반 복식의 미적 특성은 조형성, 표현성, 사회성, 창조성으로 나누어 볼 수 있다. 첫째, 조형성은 인체와 주위환경, 의복 구성의 통일적 결합관계로서의 조형 형식인데 인간 보편의 미적 기준에 의한 일반적인 법칙으로 규정되고 있다. 이러한 형식미의 원리로는 통일(unity in variety), 균형(balance), 비례(proportion), 강조(emphasis), 율동(rhythm) 등의 법칙이 있다. 둘째, 표현성은 인간의 내면을 외적으로 표현하는 복식의 중요한 기능을 말한다. 이러한 복식의 표현성을 담당하는 주요한 요소로는 전체적 형태, 색채, 문양이 있다. 전체적 형태는 동적인 미를 나타내 주는 드레이프(drape), 권위를 표현해 주는 면, 그리고 형태의 대비, 장식으로 분류되며, 색채는 감각 이상의 정신의 문제인 색채의 상징 효과와 아울러 착용자의 신분계급을 나타내 주며, 문양은 생기를 부여하고, 문양의 발생 배경인 민족정신을 파악하는 데 중요한 의미를 갖는다. 셋째, 사회성의 문제는 모든 문화적 사상을 결정하는 정신적 기반의 원천으로서 인종, 환경, 시대의 세 가지 요인을 들 수 있다. 인종의 요인은 고유 민족성과 신체의 특성을 나타내 주고, 환경의 요인은 자연적 사회적 정신적 환경을 나타내 주고, 시대의 요인은 종족과 환경 사이에서 소산되고 형성되는 것을 말한다. 넷째, 창조성은 기술과 창조를 본질로 하여 인간과 의복이 어울리도록 미적 가치를 창조 실현하는 것이다. 이는 앞 세대의 전통을 승화하여 그 시대의 고유한 미적 가치를 살려내기 위한 몸짓으로 드러나는 것을 말한다.[10]

2) 궁중의례복과 정재복(呈才服)의 미적 특성

앞에서 일반 복식의 미적 특성을 네 종류로 분류하여 보았다. 이들 특성은 나름대로 복식을 전체적이고도 또한 포괄적으로 조명해 주지만 여기에서 모두 다루기에는 너무나 광대한 내용이다. 그러므로 가장 심미적이고 상징적인 요소인 표현성과 조형성을 위주로 궁중의례 복식의 미적 특성을 살펴보고자 한다.

(1) 상징성

표현성은 인간의 내면을 외적으로 표현하여 상징하는 복식의 중요한 기능을 말한다. 이들 표현성 및 상징성을 나타내는 요소 중에는 색채, 문양과 형태가 있는데 이들을 중점적으로 복식에 적용하여 살펴보기로 한다.

① 색채의 상징미

의례복의 상징과 의미를 드러내는 가장 중요한 요소는 색채이다. 따라서 의례복의 대표적인 상징 요소를 색채소라고 해석하고 궁중의례 복식에 사용된 색채를 전통적인 색채의식과 관련지어 고찰해 보기로 한다.

색채의 상징 효과는 감각의 문제와 더불어 정신의 문제가 강조된다. 더욱이 복식에서는 색채가 언제나 큰 역할을 한다. 우리 민족의 의식구조의 골격은 음양오행적인 우주관이며, 오채를 우주에 존재하는 모든 관념이나 존재와 연결시켜 의미를 부여해 왔다. 이런 색채의 상징 결합 시스템은 철학과 이론을 바탕으로 이루어져, 색채 자체가 철학사상과 깊은 관련을 가지고 있다.[11]

㉠ 음양오행사상(陰陽五行思想): 대우주와 삼라만상은 모두 음양의 화합, 조화로 인하여 발생, 발전, 번영하는 것이며 만물의 생성 소멸을 오행의 변전으로 설명하며, 오행(五行)의 성질과 음양(陰陽)이 화합을 해야 모든 일이 순조롭다고 믿었다. 이와 같이 음양오행사상은 생활 철학으로서 우주와 인간 생활의 모든 현상을 지배하는 현 이치라고 생각했던 만큼 인생이나 제반 생활양식에까지도 영향을 미쳤다. 음악에서는 궁(宮), 상(商), 각(角), 치(緻), 우(羽) 5음이 음양오행의 법칙에 입각하여 행해진 것을 얘기하고 있거니와 이러한 것은 복색(服色)에 있어서도 마찬가지임을 알 수 있다. 따라서 궁중의례 복색에서도 이를 역력히 확인할 수 있다.

㉡ 사신사상(四神思想): 고구려 고분에 나타난 사신사상 역시 오행설(五行說)에서 비롯되었다. 사신(四神)이란 사방(四方)의 수호신을 상징적으로 동(東)은 청룡(靑龍), 서(西)는 백호(白虎), 남(南)은 주작(朱雀), 북(北)은 현무(玄武)의 사령신(四靈神)에 대응시킨 것이다. 사신사상의 근원은 천(天)의 사상으로 우리나라에서는 고구려 고분벽화에 형상화된 청룡, 백호, 주작, 현무의 사신이 그려져 있다.

ⓒ 오방색: 궁중의례복에는 우주 생성의 기본색인 오방색(오채)[12]을 사용하고 있다. 오방색은 오행설에 호응하여 오방위의 별자리를 본뜬 적, 청, 황, 백, 흑의 오방색을 뜻하며, 오행인 목, 화, 토, 금, 수에 호응하고 오음에 맞먹는 것이다. 이와 같이 음행오행사상과 사신사상을 바탕으로 한 오방색은 우주의 모든 관념, 존재와 연결시켜 의미를 부여하는 상징 결합 시스템을 갖고 있다.

오방색은 정색이라고도 하며, 화려함, 장엄함, 권위의 상징으로 계급과 신분을 표시하는 사회적 기능의 목적을 갖고 있어 궁중의식 이외의 일반 서민에게는 사용이 금지되었다.

정재 중『악학궤범』에 나타난 무고(舞鼓)의 배열을 보면 동쪽은 청, 서쪽은 백, 남쪽은 적, 북쪽은 흑임을 알 수 있다. 복식에 있어서도 무고를 추는 여령은 청, 백, 적, 흑색의 괘자를 입고 춤을 춘다.

『악학궤범』「처용무」의 오방작대도(五方作隊圖)를 보면「처용무」는 오방(五方)의 처용이 각기 방향에 따라서 중앙은 황처용, 북쪽은 흑처용, 서쪽은 백처용, 남쪽은 적처용, 동쪽은 청처용이 위치하도록 하고 있으며, 처용관복도설(處容冠服圖說)에도 오방의 색에 따라 청색, 황색, 홍색, 백색, 흑색의 비단으로 옷을 입도록 함으로써 오색의 처용복(處容服)이 나타났다고 말할 수 있다.

적색, 청색

의례에 가장 많이 나타나는 복색은 적색과 청색이다. 특히 궁중가례에 자주 사용된 색이며 주술적으로 악귀를 쫓거나 예방하는 데 가장 많이 사용하였다. 오행에 의하면 적색은 따뜻하고 만물이 무성하는 남쪽의 색이기에 양(陽)의 색이다. 청색 역시 해가 뜨는 동쪽의 색이므로 양의 색이며 생명의 색, 생기의 색으로 인식되었다. 따라서 음과 양을 합하여 악귀를 쫓는 데 가장 많이 사용되었다. 즉 귀신은 음(陰)이고 색은 양(陽)이기 때문이다. 붉은색의 부적을 사용하거나 붉은색 팥죽을 벽에 뿌리는 의미도 귀신과 병마(病魔)를 쫓는 음양의 조화인 것이다. 따라서 흉귀를 쫓는 의식에서도 붉은 의상을 입었는데 붉은색으로 악귀를 쫓는다는 것은 원시적이고 비과학적일지 모르나 우리 민족의 의식으로는 당연한 것이며, 이러한 의식 속에서 우리의 색채문화가 형성되었다고 할 수 있다.[13]

왕비의 심청적의(深靑翟衣), 왕비의 청홍 스란, 대란치마와 왕비의 대홍적의(大紅翟衣), 왕의 대홍곤룡포(大紅袞龍袍), 여령의 홍상(紅裳), 청상(靑裳) 등에서 사용되었다.

백색, 흑색

일반적으로 백색과 흑색은 상색(喪色)으로 종묘사직에 제사 지낼 때와 상을 당했을 때 등 흉례에 사용되었고 북현서백(北玄西白)의 음(陰)이 주가 된다. 특히 백색은 서민의 색인데, 엄격히 말하자면 우리 민족의 백색관(白色觀)은 색이 없는 상태의 색채의식이라고 할 수 있다.[14] 의례복에는 오방위색을 표현하기 위하여 이 색들을 사용했으며 왕의 제복(면복), 무고(오방색 쾌자), 오방 처용 등에 적용되었다.(도판 3)

황색

황색은 중앙의 색이자 황제의 색으로 황제의 황룡포, 황후의 황원삼 등에 적용되었다. 또한 땅(地)의 관념적 색채이다. 이와 같이 천(天)의 사상인

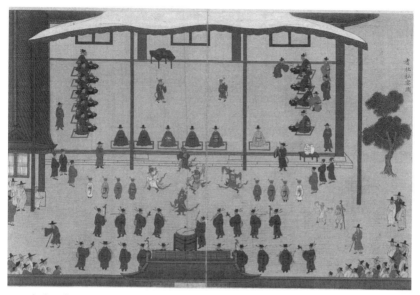

3. 오방 처용.『기해기사계첩(己亥耆社契帖)』. 국립중앙박물관.

사신사상이나 음양오행의 원리에 따라 궁중의례 복색을 실행한 것은 우
주와 만물의 생성원리를 따르고 자연 질서에 순응함으로써 조정 백성과
더불어 태평성대를 누리고자 하는 의미로 해석된다. 이들 의례용의 호화
로운 오방색의 사용은 서민(민중)들의 백색 색채의식과 많은 대조를 이룬
다.

② 문양의 상징미

면복의 곤복(袞服)에는 장문(章紋)이 가장 중요한 요건으로, 산(山)·용
(龍)·화충(華蟲)·화(火)·종이(宗彝)·조(藻)·분미(粉米)·보(黼)·불(黻)
의 구장(九章)에 황제를 표시하는 일(日)·월(月)·성신(星辰)을 더하여 십
이장(十二章)이 된다. 일, 월, 성신은 천체(天體)를 나타내며, 사심 없이 밝

게 비친다는 데서 황제 12장복에만 이를 가식(加飾)하였다. '산'은 불변한 모습에서 생(生)과 위엄을 표시하며, 또 구름과 비를 뿌려 상서로운 군왕의 은택이 백성들에게 내림을 말했다. '용'은 신출귀몰한 변화를 주도해 성왕(聖王)이 기운(機運)에 응해 정치를 펼치며 동물의 태종(太宗)을 이루므로 최고의 위치인 왕을 표시한다. '화충(華蟲)'은 문채(紋彩)의 화려함과 절의(節義)를 뜻하고, '화(火)'는 밝게 비치고 번쩍 빛난다는 조요(照耀), 광휘 등의 뜻을 구현하는 것으로 자연 연소상의 화문 형태이다. '종이(宗彛)'는 종묘의 제기로서 호(虎)와 유(㹠)의 문양이 새겨져 있어 맹무(猛武)와 지혜있는 동물을 뜻한다. '조(藻)'는 수초로서 당초식 곡선문인데, 문채의 화미함을 채택한 것으로 정결(淨潔)을 의미한다. 또 '분미(粉米)'는 원형으로 쌀을 모아 놓은 형상으로 양민(養民)을 상징하고, '보(黼)'는 부의 실태로서 단할하는 도구인 결단을 상징하고, '불(黻)'은 기(己) 자의 상배한 회형문으로서 신민(臣民)의 악을 배척하고 선을 행하는 분별을 표시하려 하였고, 군신(君臣)이 오직 덕(德)으로써만 친할 수 있다는 것을 상징하였다. 십이장문은 제왕의 존엄성을 상징하기 위해 장문 하나하나 뜻하는 바가 가장 적절한 선택이라 할 수 있다.

곤복(袞服)을 곤복답게 상징해 주는 것은 의(衣)·상(裳)·중단(中單)·폐슬(蔽膝) 등에 회수(繪繡) 또는 직성(織成)한 이들 장문(章紋)이다. 미적인 발상과 더불어 토템적이면서 신화적인 내면적 사상이 농축되어 표현된 문양으로 그 문양을 착장한 왕은 이들의 상징을, 그 시대를 통치하는 이념으로 생각했다.

③ 형태의 상징미

면복의 면류관(冕旒冠)을 특징지어 주는 것은 면판(冕版) 앞뒤에 늘어뜨린 면류(冕旒)와 관신(冠身) 양옆에 드리운 광(纊)과 전(瑱)이었다.(도판 4) 앞에 늘어뜨린 류(旒)는 밝음을 가리기 위함이라 하였으며, 광(纊, 귀막이 솜)과 전(瑱, 귀막이 옥)은 양쪽 귀 있는 곳에 드리워 충신(充身)함으로써 귀 밝음을 막기 위함이라 하였다. 제왕으로서 한 나라에 군림함에 있어 모든 것을 밝게 보고 다 알아야 하나 어느 것은 못 본 체해야 할 일이 있으며, 또한 모든 것을 밝게 듣고 다 알아야 하나 때로는 듣지 않아야 할 일이 있음을 말하는 것으로서, 왕도(王道)의 정수(精髓)가 이러한 데 있음을 상징하는 것이다.

폐슬(蔽膝)

원시사회 때 무릎 앞에 드리웠던 것으로 중국에 있었던 불망조덕(不忘祖

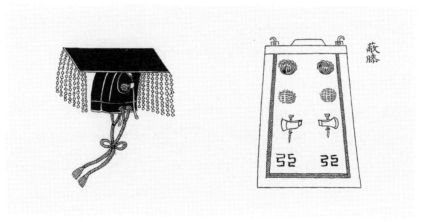

4. 면류관. 『세종실록』 『국조오례의』.(왼쪽)
5. 폐슬. 『세종실록』 『국조오례의』.(오른쪽)

德)의 습속에 기인하여, 인간이 최초로 발명한 것이었음을 잊지 않고자한 데서 이후 상(裳)이 생겨났음에도 여전히 그 위에 덧입어 이를 기념하였던 것이라고 생각된다. 그러므로 폐슬을 일컬어 사리를 지킴으로써 예(禮)의 공(恭)을 상징함이라 하였다.(도판 5)

이와 같이 면복(冕服)은 면류관에서 곤복에 이르기까지 그 수식면(修飾面)에서 지존(至尊)으로서의 존재를 부각시킬 수 있는 온갖 상징적인 것을 첨가하여 위의(威儀)를 갖춤으로써 명실공히 제왕의 복(服)이 될 수 있었던 것이다.

(2) 조형성

인체와 의복 구성의 통일적 결합관계로서의 조형 형식으로, 인간 보편의 미적 기준에 일반적인 형식미가 더해져 규정된다. 여기에서는 실루엣 율동, 볼륨으로 규정하여 살펴보기로 한다.

① 실루엣의 미

『악학궤범』에 실린 여기(女妓)의 복식을 보면 각종 예연(禮宴)이나 연향에서 여기들은 표의(表衣)로서 흑장삼(黑長衫)이나 단의(丹衣)를 입고 대(帶)를 두른다. 그런데 이들 정재 복식들은 그 당시 여성들이 입는 평상복 위에 입기 때문에 평상복의 구조를 살필 필요가 있다. 조선왕조 초기의 저고리는 허리를 약간 덮는 길이로 치마를 허리선에서 입기 마련이다. 그러므로 허리를 덮는 긴 저고리와 더불어 인체의 허리선에서 치마를 입는 조선왕조 전기의 복식 실루엣은 통형이다.(도판 6)

따라서 이 시기의 정재무복(呈才舞服)의 실루엣은 흑장삼을 입고 허리

6. 〈호조낭관계회도(戶曹郎官契會圖)〉부분. 1550년경. 국립중앙박물관.

선에 대(帶)를 두르는 형태로서와 같은 실루엣임을 알 수 있다. 이렇게 허리에 띠를 매는 통형의 정재무복 실루엣은 고구려 무용총 벽화에 나타나는 무용하는 포(袍) 입은 여성과 비슷할 것이다. 조선왕조의 여기들의 흑장삼 입는 실루엣이 고구려와 별 차이가 없다면 고구려복은 북방계 호복의 범주에 들기 때문에 비록 연향에 사용하는 특수 복식이라 할지라도 근본적으로 후기의 정재무복에 비하여 활동적이고 기능적인 조형미를 발견할 수 있다.

조선왕조 후기인 영정조 시대에는 한국 전통복식에 에로티시즘이 나타

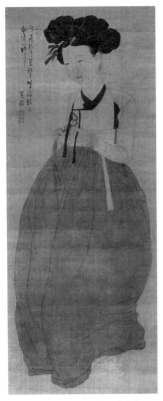

7. 신윤복, 〈미인도〉. 간송미술관.

나던 무렵이다. 기본적인 평상복은 가슴을 가리기 어려운 짧은 저고리를 입어 상체를 지극히 작게 표현한 반면, 하체는 속치마로서 아무리 입어도 부족한 무지기〔無足裙〕를 겹겹이 입은 후 땅에 삼십 센티미터 끌리는 길이의 겉치마를 살짝 두른다. 이 무지기는 허리에서 무릎 사이를 부풀려 주기 때문에 하체의 실루엣이 상감청자를 연상케 한다.(도판 7) 따라서 이러한 기본적인 조형 위에 여기들은 앞치마 형태의 홍초상(紅綃裳)을 입어 볼륨을 더 강조하고 그 위에 황초삼(黃綃衫)을 입고 대(帶)를 두르게 되므로 매우 에로틱한 조형미를 드러내게 된다. 이는 상감청자 형태로 여성미를 표현하기 위해 드러난 것과 맥락을 같이한다고 말할 수 있다.

② 율동의 미

음악·무용과 복식의 율동성

궁중 정재 복식은 전통음악의 가락과 억양에 맞추고 무용의 동작에 어울리게 발전하였으므로 남다른 율동성을 갖고 있다. 그러므로 궁중 정재 복식의 율동성을 찾기 위한 기초 단계로 음악과 무용의 율동성을 정리해 보기로 한다.

한국음악을 비롯한 궁중음악의 리듬은 삼등분한 박자로 구성된 음표꼴의 리듬형을 즐겨, 담담하고 유유한 장단의 흐름을 갖고 있으며 독주보다 합주를 하는 것이 중요하다. 선비의 모습 그대로 감정을 억제함과 동시에 선비의 체통과 품위를 유지하려 한다.

궁중 정재 역시 여기에 맞추어 감정을 제약하며 형식미를 갖추고 독무(獨舞)보다는 군무(群舞)로서 함께 호흡하며 조화시키는 데 비중을 둔다. 이러한 것은 동중정(動中靜), 정중동(靜中動)의 높은 경지로서 움직이는 율동 속에 숙연한 정지가 있고 정지 속에 또 발발한 율동의 묘미가 있어 현실을 초월한 듯한 신비로운 멋을 준다.[15]

색채의 율동성

역대(歷代) 정재 복식에 사용된 색은 오방색을 기준으로 하여 청, 황, 홍, 백, 흑, 녹, 옥, 진홍, 아청, 자적, 유록, 초록, 금색 등 매우 다양하다. 이들 다양한 색채 중에서도 홍, 청, 녹, 황, 백, 흑, 남색 등이 주조를 이룬다. 이 색은 서로 배색될 때 색상 대비에서 보색의 대비 효과를 나타내고, 일차색과 이차색으로서 원색의 조화를 준다. 이들은 정지한 속에서도 시각적으로 강렬하고 다채로운 색조의 대비를 이루어 매우 화려하다. 이렇게 저마다 아름다움을 내뿜는 색채들은 정재의 춤사위인, 허벅지부터 뒤꿈치까지의 움직임과 호흡, 배와 가슴, 등에서부터 엮어지고 풀고 하는 조임의 굴곡들, 어깨에서부터 손가락 마디마디 끝까지 뻗어야 하는 율동이 가미되어 더욱더 현란한 색의 율동을 연출하게 된다.

이렇게 인체의 움직임을 더욱더 자유롭고 아름답게 연출해 주고 정재무복(呈才舞服)이 갖고 있는 색채의 율동성을 십분 발휘해 주는 정재 복식의 특성을 들어 그 심미적 느낌을 알아보기로 한다.

· 색채 날림의 미

의복의 트임(slash): 일상복이 아닌 정재무복에는 특히 트임이 많다. 정재무복은 일상복과는 달리 동작의 움직임이 활발하여 안에 입은 옷의 노출이 눈에 띄며 시각적인 색의 다양성도 더욱 커진다. 일반 여령들의 표의(表衣)인 황초삼(黃綃衫)은 허리선 아래 앞, 뒤, 양옆이 모두 터져 있다. 이는 트임의 미를 나타내 주는 역할을 한다. 검기무, 무산향 등 정재 복식의 쾌자는 앞, 뒤, 좌, 우 모두 네 자락으로 길게 트여 있다. 이와 같이 옷자락이 두루 막히지 않고 트인 것은 밑에 입은 의복과의 배색미를 더해 줄 뿐만 아니라 일상이 아닌 춤동작이 이루어질 때 쾌자자락, 치맛자락 등이 어우러져 여러 가지 색이 선회하면서 날리는 데서 오는 아름다움을 느끼게 해 준다.

혜원의 풍속화(검무)는 그 대표적인 예가 될 것이다. 아울러 표의(表衣)에서부터 말군(襪裙)에 이르기까지 겹겹이 열리고 닫히는 과정이 무용을 통해 나타나기 때문에 날림의 율동에서 여성의 신비로움이 비(非) 은폐되는 조화미로 이어지고 있다.

장식띠와 댕기(pane): 동기(童妓)의 홍상(紅裳)은 독특하다. 홍색의 얇은 비단인 라(羅) 위에는 금화문을 박은 갖가지 색의 끈[纓] 여덟 가닥을 드리우기 때문에 조금만 움직여도 여러 가지 색상이 날리는 아름다움을 잘 나타내 줄 수 있다. 모든 정재 복식의 허리에 두른 장식대(裝飾帶)나 머리에 늘어뜨려 장식하는 댕기[首沙只]도 얇은 비단인 라(羅), 사(沙), 생초

(生綃) 등을 사용하여 색채 날림의 미를 더욱더 발휘하는 요소이다.

· 색채 뿌림의 미

정재여령(呈才女伶)들이 항상 착용하는 오색의 한삼은 공중에 뿌림으로써 정지된 오색이 아닌 움직이는 오색의 율동미를 보여 준다. 또한 춘앵무(春鶯舞)와 같이 넓은 소매의 경우는 오색 한삼과 더불어 소맷자락까지 함께 뿌려짐으로써 더욱더 화려한 율동을 가져온다.

· 색채 떨림의 미

정재여령들의 수식(首飾)은 매우 화려하다. 『악학궤범』에 의하면 수화(首花)의 꽃과 잎은 고운 모시를 쓰며 벌, 나비는 채색 실을 사용하고, 갖가지 자수 또는 가주(假珠)를 활용함으로써 매우 화사하게 치장한 것임을 알 수 있다. 조선왕조 후기의 각종 화관이나 합립(蛤笠) 등도 마찬가지이다. 그런데 이러한 꽃이나 나비나 구슬 등을 달 때에는 움직이면 흔들리도록 달아 주기 때문에 춤을 출 때에는 움직임에 따라 다양한 색채의 꽃과 구슬과 나비가 떨리는 아름다움을 갖게 된다. 신라의 금관에서도 찾을 수 있는 공통적인 전통미 요소이다.[16]

③ 볼륨의 상징미(표의 중첩의 미)

조선시대 복식은 겹쳐 입는 의복이 적을수록 일상적이며 하층민의 옷이고, 겹쳐 입을수록 의례복의 의미가 커짐과 동시에 상류층의 옷을 의미한다. 또한 공연 의상에서도 많이 입을수록 볼륨의 미가 살아나는 효과를 줄수 있다.[17] 신분 상승의 의미를 나타내면서 볼륨의 미를 나타내는 예로서 세종대왕 회례연 거행시 입은 세종의 받침옷을 들 수 있다.

조선 초기 왕의 상복 일습(一襲)은 곤룡포, 답호, 철릭이나 후기 단령은 직령이 받침옷으로 쓰이다가 안감 형태로 고정되기 때문에 직령도 포함했다. 그러므로 곤룡포 안에 입는 받침옷은 직령, 답호, 철릭, 바지, 저고리의 순으로 입었다.

왕비의 적의나 원삼 착용도 볼륨미를 나타내 준다. 속곳으로는 다리속곳, 속속곳, 속바지, 단속곳 혹은 너른바지, 의례용 대슘치마를 입는다. 그 위에는 청, 홍스란치마, 대란치마를 입고 상의로는 삼작저고리(속적삼, 속저고리, 저고리)를 갖춰 입고, 당의 위에 중단과 적의를 입는다. 이렇게 속곳과 표의를 겹겹이 겹쳐 입는 것은 최상류층 특히 왕비만이 입을 수 있는 것으로 양감이 풍부한 볼륨의 미를 나타내 준다.

4. 맺는 말

궁중의례에는 수많은 의식 참여자가 있고 그들이 입은 의례 복식이 큰 역할을 한다. 이들 의식 참여자의 신분과 복식 형태, 제도 등은 매우 광범위하고 다양하다. 그러므로 가장 핵심적인 인물로서 최고의 신분인 왕(황제)은 면복을, 왕비(황후)는 적의를 선별하였고, 의식의 꽃인 정재는 일반 여령의 복식을 선별하여 그 복식미를 살펴보았다.

표현성(상징성)은 인간의 내면을 외적으로 표현하는 복식의 중요한 기능으로 표현성을 나타내 주는 복식 요소는 색채, 문양, 형태이다. 첫째, 의례복의 대표적인 상징 요소는 색채로서 천(天)의 사상인 사신사상이나 음양오행의 원리에 따른 오방색을 궁중의례 복색에 실행하였다. 이 오방색은 오행설에 호응하여 오방위의 별자리를 본뜬 적·청·황·백·흑을 말하며 정색으로서 화려함, 장엄함 등 권위의 상징으로서 계급과 신분을 표시하는 사회적 기능을 갖고 있다. 이들 의례용의 호화로운 오방색의 사용은 서민들의 백색 색채의식과 많은 대조를 이루었다. 궁중에서 특히 오방색을 많이 사용한 이유는 우주만물의 생성원리를 따르고 자연 질서에 순응함으로써 태평성대를 누리고자 하는 의미가 있다. 둘째, 면복의 십이장문 일, 월, 성진, 산, 용, 화충, 화, 종이, 조, 분미, 보, 불의 상징성은 제왕의 존엄성을 상징하기에 장문 하나하나 뜻하는 바가 토템적이면서 신화적인 내면의 사상이 농축되어 표현된 문양들을 가장 적절하게 선택하여 사용하였음을 볼 수 있다. 셋째, 면류관은 밝음을 가리기 위한 면류와 양쪽 귀 있는 곳에 드리워 귀밝음을 경계하는 귀막이 솜인 광(纊)과 귀막이 옥[瑱] 등이 있어 왕도의 정수를 나타내는 상징미를 갖고 있다.

조형성은 인체와 의복 구성의 통일적 결합관계로서의 조형 형식으로, 여기에서는 실루엣, 율동, 볼륨의 형식으로 규정하여 살펴보았다. 첫째, 조선왕조 전기의 복식 실루엣은 통형이고, 후기의 복식 실루엣은 상감청자형인 것을 알 수 있다. 둘째, 정재 복식에 사용된 오방색은 보색의 색상 대비 효과를 내고, 여기에 춤사위의 율동이 가미되어 현란한 색채의 율동을 연출한다. 색채 날림의 미는 활발한 동작의 움직임에 따른 미로서 의복의 트임에 따른 날림의 미, 장식대와 댕기 자락의 움직임에 따른 날림의 미가 있고 그밖에 한삼을 공중에 뿌리는 뿌림의 미, 장식이 인체의 움직임에 따라 떨리는 떨림의 미 등이 있다. 셋째, 조선시대에는 표의를 겹쳐 입어 볼륨이 커질수록, 하층민에서 상류층에의 신분 상승의 의미가 부여되며, 평상복에서 의례복으로 상승하는 의례의 의미가 부여되었다.

빈례를 통해 본 조선시대 궁중 술문화

사신 접대 연향의 주례(酒禮)를 중심으로

김종애(金鍾愛)

1. 들어가는 말

우리 민족은 예부터 음주가무를 즐겼다. 동서고금을 막론하고 술이 의례에서 사용되고 구체적인 예식으로 정립된 데에는 사회문화적 환경과 함께 관념의 형성이 주요한 요인으로 작용한다. 『한서(漢書)』「식화지(食貨志)」에 "술이란 하늘이 내려 준 아름다운 녹(祿)이라 할 수 있으며, 제왕은 이것으로 천하를 두루 보살피고 제사를 지내어 복을 빌기도 하며, 쇠약한 사람들을 도와주고 질병을 요양하기도 한다. 또한 예를 갖추어야 하는 모든 때에도 술이 없으면 행할 수 없다"[1] 하였다. 고대 중국의 유교적 정치이념을 통해 술이 어떻게 사용되어 왔는지 알 수 있는 대목이다. 이처럼 유교문화에서 술은 정치 및 종교, 물질과 관념을 서로 연결하는 제식의 매개체로 모든 제사에서 빼놓을 수 없는 요소가 되었다.

이같은 술에 관한 사항은 『고려사(高麗史)』「주점 명칭」에도 잘 나타나 있다. 주점 명칭을 보면 성례점(成禮店), 낙빈점(樂賓店), 연령점(延齡店), 영액점(靈液店), 옥장점(玉漿店), 희빈점(喜賓店) 등으로 명명되어 있다.[2] 즉 '성례'란 술로 매개하여 예를 이루어낸다는 뜻이고, '낙빈'은 가무와 함께 빠질 수 없는 요소가 술임을 나타낸다. '연령'은 약주(藥酒)로서의 술의 기능성을 나타내는 것, '영액'은 신령스러운 물로, 이는 곧 하늘의 조상과 여러 신「귀(鬼)」와 접신에 사용되는 매개체이다. '옥장'은 도교의 관념이 내포되어 있는 의미로 신선들이 마시는 약, 곧 불로장생의 선약(仙藥)을 의미한다. 그리고 '희빈'은 빈객을 맞이함에 예를 확립하는 데에는 술이 필요함을 의미한다. 이처럼 술의 행용(行用)은 곧 정치·종교적 매개체의 도구적 성격으로서의 의식화이다.

조선시대에도 술은 단순한 음식이 아닌 종묘나 사직에서 국가의 대사를 기원하는 것을 비롯하여, 왕세자의 책봉 및 연향(宴享) 등 왕실의 중요의식에 사용되었다. 조선 왕실 잔치인 연향에서는 음식을 같이 먹고 춤과음악을 함께 즐기며 술을 마시며 기쁨을 나누었다. 특히 유교적 이념을 국시로 한 조선은, 각종 의례에서 술은 받듦〔奉事〕과 존중의 상징물로서 사용되어 자연히 술에 관한 주례(酒禮)가 시행되었다.

『국조오례의』「빈례」는 사신에 관한 예식을 기록한 항목으로서, 손님을 접대하는 의식인 만큼 술이 필연적으로 활용되었다. 『국조오례의』의중국 및 일본, 유구(오키나와), 여진 등 외국 사신을 접대하는「빈례」는 크게 중국의 사신〔조정사신(朝庭使臣)〕[3]을 맞아 접대를 서술한 연조정사의(宴朝庭使儀), 왕세자가 중국 사신에게 연희를 베푸는 왕세자연조정사의(王世子宴朝庭使儀), 종친이 중국 사신에게 여는 종친연조정사의(宗親宴朝庭使儀), 의정부·육조에서 여는 의정부·육조 연회 등 네 가지 연향이 있다.

그리고 교린국(일본과 유구, 여진 등)을 맞이하는 절차를 서술한 수인국서폐의(受隣國書幣儀)와 이들을 맞아 여는 연인국사의(宴隣國使儀), 예조연인국사의(禮曹宴隣國使儀) 등 연향이 있다.

다음은 『국조오례의』「빈례」에 나타나는 중국과 교린국의 연회 참석대상이다.

명나라 사신에 관한 연회 빈례	교린국 사신에 관한 연회 빈례
연조정사의(왕과 사신)	수인국서폐의
왕세자연조정사의(왕세자와 사신)	연인국사의(왕과 사신)
종친연조정사의(종친과 사신)	예조연인국사의(관료와 사신)
의정부·육조 연회(관료와 사신)	

조정사(朝庭使)는 중국에서 온 사신을 이르고, 인국사(隣國使)는 일본을 위시한 이웃나라의 사신을 말한다. 명나라 사신의 경우 왕과 왕세자를 비롯하여 종친들의 연회도 규정되어 있지만, 교린국의 경우 이와 달리 비교적 상세하게 서술되어 있지 않다.

이는 당시 중국 중심의 외교질서를 반영한 것으로, 조선은 외교의례에 있어 중국 사신에게는 제후국의 예로서, 교린국에는 한 걸음 우위의 예법을 확립하려 했다. 이러한 사항은 조선의 사신 연향의 예법 속 여러 사항들, 위치·음식·복식·음악·관료의 품계 등의 다양한 장치를 통해 확인할 수 있다.

중국의 사신이 한양에 도착할 때, 국왕은 태평관이나 모화루에 직접 행차하여 이들을 맞이하였다. 반면 일본이나 유구, 여진 등과 같은 경우에는 관료가 맞이하고 교린국들 간 세력 균형을 생각하여 이들 간에도 예제의 차이를 두었다. 사신의 영접에서도 명의 사신과는 달리 이들 사신의 숙배(肅拜)를 요구함으로써 조선은 교린국들과의 외교관계에서 우위를 두고자 하였다.

따라서 이 글에서는 첫째, 『국조오례의』 「빈례」 중 국왕이 중국 사신을 맞아 베푸는 연향 의식, 둘째, 교린국 일본과 유구, 여진 등의 사신을 맞이하는 연향의 절차, 셋째, 중국에서 파견한 사신이 통과하는 지역에서 이들을 맞아 여는 연향 의식과 주례에 대해 알아보고자 한다.

특히 외국 사신을 맞는 국왕과 사신 간의 술잔을 주고받는 진작례(進爵禮)4를 통해서 조선시대 궁중의 술 문화의 단편을 살펴보고,5 나아가 중국 사신과 일본 및 교린국 사신들에게 베푼 연향 중 술을 올리는 주례의 절차와 차이를 살펴봄으로써, 조선이 마련한 예법에서 외교 사절과 그 사절의 출신 국가의 위상을 나타내는 데 술이 어떠한 의미로 작용하였고, 그 당시 사회에서 술이 어떻게 받아들여졌는지 가늠해 보고자 한다.

2. 외국 사신을 접대하는 연향과 주례

1) 중국 사신 접대 연향과 주례

중국 사신은 황제가 보낸 외교문서를 가지고 온다. 조선 국왕이 중국 황제의 외교문서를 받는 의례는 크게 황제가 조선 국왕에게 보내는 것 중 등급이 가장 높은 단계의 조서(詔書), 이보다 등급이 낮은 칙서(勅書)가 있다. 또 왕이 죽어 국상을 치를 때 황제가 내리는 시호, 제문, 조부(弔賻)를 맞는 의례가 있고, 황제의 조의품을 받는 부물(賻物) 의례, 황제의 조선 국왕의 책봉 의례가 있다.

명나라에서 조선으로 파견하는 사신은 2원(員)이고, 이들을 수행하는 상수관(常隨官)이 있었다. 하지만 청대의 사신은 시기에 따라 변화가 있었는데, 청 태종 때에는 상사(上使, 정사)가 세네 명의 수행원을 대동하면서 대통관을 1등, 차통관을 2등을 두고, 이들을 수행하는 근역(跟役)을 3등으로 삼았다. 청 사신을 따라오는 팔분인(八分人)은 백 명까지 이르러, 이들을 접대하는 조선으로서도 상당한 부담을 주었다.[6]

명의 사신이 한양에 도착할 때, 국왕은 태평관이나 모화루에 직접 행차하여 이들을 맞이하였다. 중국에서 사신을 파견하면 조정에서는 이들을 접대하기 위해 영접도감을 설치하여 손님맞이에 만전을 기하였다. 사신이 한양에 도착하면 돌아갈 때까지 아래와 같이 무려 일곱 차례의 연향을 베풀었다.[7]

1회: 사신이 한양에 도착한 다음 날 베푸는 하마연(下馬宴).

2회: 하마연을 베푼 다음 날 개최하는 익일연(翌日宴).

3회: 익일연을 베푼 다음 날 치르는 인정전 초청연.

4회: 초청연 다음 날 여는 회례연(會禮宴).

5회: 회례연을 베푼 다음 날 행하는 별연(別宴).

6회: 사신이 돌아갈 때쯤 여는 상마연(上馬宴).〔재신이 대신 거행〕

7회: 사신이 돌아가는 날 베푸는 송별식 전연(餞宴).

중국 사신에 벌이는 연향은 모두 일곱 차례로, 회정(回程)할 때쯤 벌이는 상마연은 왕이 아닌 재신(宰臣)이 대신 거행한다. 마지막 연향은 사신이 한양을 떠나 돌아가는 날 개최하는 전연으로 도성이 아닌 교외에서 왕이 직접 참석해 거행한다. 국왕의 몸이 불편한 경우에는 왕세자가 참석해 연희를 베풀었다. 중국 사신을 위해 벌이는 연향의 순서는 먼저 다례를 행하고 이어 주례를 행한다. 주례는 진작례와 순배례, 완배례 순으로 진행한다.

다음은 『국조오례의』 「빈례」조에 보이는, 국왕이 중국 사신을 위해 베푼 연향의 절차이다.[8]

① 사신의 숙소 태평관 정청에 연향 준비

분예빈시(分禮賓寺)에서 연향 당일 사신의 숙소 태평관 정청의 동벽에 사신이 앉을 검은 칠을 한 의자를 설치한다. 액정서(掖庭署)에서 붉은 칠을 한 전하의 어좌를 태평관 정청 서벽에 설치한다. 사옹원(司饔院)에서 주정을 정청 안 남쪽 가까이 북쪽을 향해 설치한다.(도판 1)

② 국왕과 사신의 상견례

국왕이 태평관에 도착하여 편전으로 들어간다. 또 연향 하루 전에 전설사에서 왕세자의 자리 막차를 편전 문 밖 서쪽에 동쪽을 향해 설치한다. 연희장의 청 밖에는 산선(繖扇, 일산과 부채)과 대의장(大儀仗)을 벌여 놓고, 승지를 비롯해 호의 관원 및 군사가 도열한다. 연향시간에 맞춰 왕은 여(輿)를 타고 나와 중문 밖에서 내린다. 사신이 문을 나서면 왕은 읍양하고 사신도 읍양을 한다. 사신은 문 오른쪽으로 들어가고, 왕은 문 왼쪽으로 들어간다. 정청에 이르면 사신은 동쪽에, 왕은 서쪽에서 사신에게 읍을 하

1. 경복궁 〈동궐도(東闕圖)〉의 사옹원(司饔院). 고려대학교박물관.

면, 사신은 답례로 읍을 하고 자리에 앉으면 왕도 어좌에 앉는다.

③ 다례

사옹원 제조 한 사람은 다병(茶甁)을, 다른 한 사람은 다종반(茶鐘盤)을 들고 주정의 동쪽과 서쪽에 선다. 사옹원 제거(提擧) 두 사람이 과반을 받들고, 한 사람은 정사의 오른쪽 북쪽 가까이에서 북쪽을 향해 서고, 다른 한 사람은 부사의 왼쪽 남쪽 가까이에서 북쪽을 향해 선다. 제조는 과반을 받들고 전하의 오른쪽 남쪽 가까이에서 북쪽을 향하여 선다. 제조가 종지에 따른 차를 꿇어앉아 올리면 전하가 어좌에서 일어나 다종을 받아 정사와 부사에게 차례로 준다. 제조는 또 종지에 다를 받아 정사에게 올린다. 정사는 종지를 들고 전하 앞으로 나아가 다를 올린다. 전하는 종지를 받아든다. 통사가 임시로 받았던 다종지를 정사에게 올리면, 정사와 부사는 좌석에 앉아, 전하는 어좌에 앉아 차를 마신다. 차를 다 마시고 나면 제거는 사신의 다종을 받아, 제조는 전하의 다종을 받아 다반에 갖다 놓는다. 제거는 서서 정사와 부사에게 과일을 올리고, 제조는 꿇어앉아 전하에게 과일을 올리고는 반을 들고 나간다.

  이상은 사신의 숙소 태평관에 국왕이 행차하여 사신과 차를 들고 과일을 먹는 절차이다. 다례를 마치면 술을 주고받는 주례가 시작된다. 주례에는 춤과 풍악이 연주된다.

④ 주례

제거 두 사람은 주정(酒亭)의 동서쪽으로 나누어 서고, 제조는 이하는 주정의 뒤에 벌려 선다. 전악(典樂)은 노래하는 사람〔가자(歌子)〕 및 거문고〔금슬(琴瑟)〕를 거느리고 계단 아래에 들어와 도열한 다음 풍악을 울린다.

전하가 사신에게 술을 올리는 제1진작례

사옹원 관원 네 명이 각각 올린 술그릇을 받들고 계단 아래로 나아가 북쪽을 향해 서고, 제조 네 명은 계단 위로 올라가 차례로 술그릇을 받들고 소정(小亭)에 놓는다. 노래하는 사람은 계단 위로 올라와 섰다가 풍악이 끝나면 모두 앉는다. 제거 두 사람은 과반을 들고 사신 앞으로 가고, 제조는

과반을 받들고 전하 앞으로 간다. 풍악을 울린다.(곡과 춤은 그때 정한다)

전하는 제조에게 술잔을 받아 정사에게 읍을 하고 제1술잔을 준다. 정사는 읍하여 답례를 하고 잔을 잡고 부사에게 읍하고, 부사는 읍하여 답례한다. 또 부사는 전하를 향해 읍하면, 전하는 읍하여 답례를 하고 정사의 잔대를 잡는다. 정사가 술을 마신다. 술을 다 마시면 제조가 무릎을 꿇고 빈 술잔을 받고, 전하에게 읍을 하면, 전하는 읍하여 답례한다. 제거가 과반을 정사에게 드린다.(사신이 술을 마실 때마다 과일을 올린다)

제조가 또 술잔을 받아 전하에게 올리면 전하는 읍을 하고 정사에게 준다. 정사는 읍하여 답례하고 받은 술잔을 전하에게 올린다. 전하는 술잔을 잡고 부사에게 읍하면 부사가 답례로 읍하고, 정사에게 읍한다. 정사는 답례로 읍하고 전하의 잔대를 받으면, 전하가 술을 마신다. 술을 다 마시면 제조가 빈 잔을 받는다. 전하가 정사에게 읍을 하고, 정사가 이에 답례로 읍한다. 제조가 과반을 전하에게 드린다.(전하가 술을 마실 때마다 과일을 드린다)

전하가 제조로부터 또 술잔을 받아 정사에게 준다. 정사는 답례로 읍을 하고 술을 마신다. 술을 다 들면 제조가 무릎을 꿇고 빈 술잔을 받는다. 정사가 읍하면 전하도 답례로 읍한다.

제조가 다시 술잔을 전하에게 올린다. 전하가 이를 받아 부사에게 준다. 부사는 답례로 읍을 하고 술을 마신다. 술을 다 들면 제조가 무릎을 꿇고 빈 술잔을 받는다. 부사 읍하면 전하가 답례로 읍한다.

제조가 잔에 술을 받아 전하에게 올리면 전하는 이를 받아 정사에게 올린다. 정사는 답례로 읍을 하고 술잔을 받아 마신다. 정사가 술을 다 마시면, 제조가 무릎을 꿇고 빈 술잔을 받는다. 정사가 읍하면 전하가 읍하여 답례를 한다. 사신은 좌석에 앉고, 전하는 어좌에 앉는다. 풍악을 그친다.

제조 2인이 찬안을 맞들고 올리려 할 때 풍악을 연주한다.

찬안과 꽃을 올리는 예

전하가 정사, 부사에게 찬안을 올린다. 제조가 무릎을 꿇고 전하는 돕는다. 정사, 부사가 전하에게 읍을 한다. 전하가 답례로 읍하고, 어좌 앞에 가 선다.

정사가 전하 앞에 가서 찬안을 드린다.(부사가 뒤따라간다) 제조가 무릎을 꿇고 정사를 돕는다. 전하가 읍하면, 정사, 부사가 답례로 읍하고 자리로 돌아가 앉고, 전하도 어좌에 앉는다. 풍악을 그친다. 집사자 3인이 화반을 받들고 정청 밖으로 나가면 풍악을 울린다.

사옹원 관리 2인이 화반을 받아서 사신 앞으로 나아가면 통사가 꽃을 받아 올린다. 근시는 화반을 받아서 전하 앞으로 나아가 꿇어앉아 내시에게 주면 전하에게 꽃을 올린다.(꽃은 통사와 내시가 동시에 올린다) 풍악을 그친다.

이상으로 국왕이 사신의 숙소를 방문하여 상견례와 함께 다례에 이어, 사신과 술잔을 주고받는 주례를 행하고, 찬안과 꽃을 바치기까지의 의식이다. 국왕의 다례와 주례가 끝나면 이어 왕세자가 정사와 부사에게 두번째 잔을 올리는 제2진작례를 행한다.

왕세자가 사신에게 술을 올리는 제2진작례

왕세자는 들어와 주정의 동쪽에 서고, 부제조는 잔에 술을 받는다. 풍악을 울린다. 부제조는 꿇어앉아 잔을 왕세자에게 준다. 왕세자는 정사 앞으로 가 (사신도 일어서고 전하도 일어선다) 읍하고, 서서 제2술잔을 올린다. 정사는 답하여 읍하고 잔을 잡고, 왕세자는 그대로 잔대를 든다. 정사가 마신다. 왕세자는 정사의 빈 잔을 받아들고 약간 물러선다. 정사가 읍하면, 왕세자는 답하여 읍하고 주정의 동쪽으로 돌아와 북쪽을 향해 서서 부제조에게 빈 잔을 준다.

부제조는 또 잔에 술을 받아 꿇어앉아 왕세자에게 준다. 왕세자는 잔을 받아들고 읍하고 서서 정사에게 술을 올린다. 정사는 답하여 읍하고 잔을 잡아 도로 주고, 왕세자는 잔대를 그대로 잡는다. 왕세자는 술잔을 받아 마신다. 정사에게 읍한다. 정사는 답하여 읍한다. 왕세자는 주정의 동쪽으로 돌아와 서서는 부제조에게 준다.

부제조는 잔에 술을 받아 꿇어앉아 왕세자에게 준다. 왕세자는 정사에게 술을 올린다. 정사는 답하여 읍을 하고, 술잔을 받아 마신다. 왕세자가 빈 잔을 받아 들고 약간 물러서면 정사가 읍한다. 왕세자는 답하여 읍하고 주정의 동쪽으로 돌아와 서서 부제조에게 준다.

부제조는 잔에 술을 받아 왕세자에게 준다. 왕세자는 잔을 잡고 부사에게 술을 올리고, 주정 동쪽으로 물러나 선다.

부제조는 잔에 술을 받아 왕세자에게 주고, 왕세자는 꿇어앉아 전하에게 술을 올린다. 전하는 잔을 잡고, 왕세자는 잔대를 그대로 받든다. 전하는 술을 들어 마신다.

부제조는 또 잔에 술을 받고는 꿇어앉아 왕세자에게 준다. 왕세자는 꿇어앉아 전하에게 술을 올리면 전하는 술을 들어 마신다. 사신은 좌에 앉고, 전하도 어좌에 앉는다. 풍악을 그친다.

(청내 두목[9] 및 시종관에게 주과를 준다. 그 나머지 두목은 별청에서 접대한다)

소선과 고기를 올리는 예

제거는 공안(空案)을 정사의 찬안 오른쪽에 설치하고, 부사의 찬안도 왼쪽에 설치한다. 제조는 공안을 전하의 찬안 오른쪽에 설치한다. 제조 세 사람이 각각 소선(小膳)[10]을 받들고(각 위마다 반이 셋임) 올리려 할 때 풍악을 울린다.

전하는 정사에게 선(膳)을 올린다. 정사는 읍하고, 전하는 답하여 읍한다. 전하는 부사 앞으로 나아가 선을 올리고 어좌 앞으로 돌아와 선다. 제조 세 사람은 각각 소선을 받들어 올리고, 정사는 전하 앞으로 나아가 선을 올린다.(부사가 따른다) 전하가 읍하면, 사신은 답하여 읍하고, 좌석에 앉으며, 전하도 어좌에 앉는다.

제거는 사신 앞으로 나누어 나아가 서서 고기를 썰고, 제조는 전하 앞으로 나아가 꿇어앉아 고기를 썬다. 젓가락을 들면, 풍악을 그친다.

종친이 사신에게 술을 올리는 제3진작례

종친은 주정 동쪽에 서고, 제거는 잔에 술을 받는다. 풍악이 울린다.

종친은 제거에게 술잔을 받아 정사에게 나아가(사신도 일어서고, 전하도 일어선다) 읍하고 제3술잔을 올린다. 정사는 답하여 읍하고 잔을 잡으며 종친은 잔대를 그대로 잡는다. 정사가 술을 마신다. 종친은 빈 잔을 받아 들고 약간 물러선다. 정사가 읍하면, 종친은 답하여 읍하고는 주정의 동쪽으로 돌아와 북쪽을 향해 서서 제거에게 준다. 제거는 또 잔에 술을 받아 종친에게 주고, 종친은 정사에 가 읍하고 서서 술을 올린다. 정사는 답하여 읍하고 마시지 않고 술잔을 종친에게 도로 준다. 종친은 술잔을 받아 마시고 약간 물러나 읍하면, 정사가 답하여 읍한다. 종친은 주정으로 돌아와 제거에게 준다.

제거는 또 잔에 술을 받아 종친에게 주고, 종친은 정사에게 읍하고 술을 올린다. 정사는 답하여 읍하고 술을 마신다. 종친은 빈 잔을 받아 들고 약간 물러선다. 정사가 읍하면 종친은 답하여 읍하고 주정으로 돌아와 빈 잔을 제거에게 준다.

제거는 또 술잔을 받아 종친에게 준다. 종친은 부사에게 나아가 술잔을 준다. 부사는 술을 마신다.(예는 위에서 올린 의식과 같이한다) 사신이 좌석에 앉으면 전하는 어좌에 앉는다.

제거는 잔에 술을 받아 종친에게 준다. 종친은 꿇어앉아 전하에게 술을 올린다. 전하가 술을 마신다. 종친은 빈 잔을 받아 들고 제거에게 주고 주정 뒤로 해서 그 동쪽에 선다.

제거는 또 잔에 술을 받아 종친에게 주고, 종친은 꿇어앉아 전하에게 올린다. 전하는 술을 마신다. 종친은 빈 잔을 받아 들고 주정 서쪽으로 물러나 제거에게 주고 나간다. 풍악을 그친다. 제거 두 사람이 각각 탕을 올린다. 풍악을 울린다.

제거는 탕을 사신에게 올리고, 제조는 탕을 전하에게 올린다. 짓가락을 들면 풍악을 그친다.

행주(行酒, 순배례)
술을 일곱 번 돌린다.(술을 돌릴 때마다 탕을 올린다) 의식은 모두 앞 의식과 같이하고, 대선을 올리되 소선을 올리는 의식과 같이한다. 다만 썰지 않는다. 제거 두 사람이 각각 과반을 사자에게 올리고, 제조는 과반을 전하에게 올린다. 풍악을 울린다.

마지막 잔을 올리는 완배례

전하가 술을 돌린다. 의식은 제1술잔을 돌릴 때와 같다.(다만 술은 청하지 않는다) 술 돌림이 끝나면 풍악은 그친다.

전하는 사자와 읍하고 나간다. 사자는 중문 밖까지 나와 전송한다. 환궁의식은 올 때와 같다.

이상은 국왕이 중국 사신의 숙소를 찾아 음악의 연주와 함께 다례를 행하고 술잔을 교환하는 주례를 마칠 때까지의 의식이다. 연회는 크게 다례에 이어 주례를 행하였다. 주례는 진작례 → 행주(行酒)〔순배례(巡杯禮)〕 → 완배례(完盃禮) 순으로 이어졌음을 알 수 있다.

주례의 첫 술잔은 국왕이 올리는 제1작례를 행하며 과일을 올렸으며, 그다음 찬안과 꽃을 올린다. 이어 왕세자가 사신에게 두번째 술잔을 올리는 제2작례와 소선을 내고, 마지막으로 종친이 세번째 술잔을 올리고 제3작례와 탕을 올렸다. 그다음 일곱 순배의 술을 돌리고 탕을 올린 뒤에는 대선과 과일을 올리고, 마지막으로 국왕이 한 잔의 술을 돌리는 완배례로 연향을 마쳤다.

연향은 음악의 연주와 함께 진행된다. 숙소 편전에 대기하고 있다가 국왕이 시간에 맞춰 연희가 이루어지는 대청에 나아가 사신과 읍으로 상견례를 함으로써 시작된다. 국왕이 먼저 사신에게 읍하면, 사신이 답례로 읍을 하고, 사신이 먼저 자리에 앉은 뒤 국왕이 어좌에 앉았다. 국왕이 주재하는 연향이지만, 중국 사신이 국왕보다 우위에 있음을 보여 준다.

국왕과 사신이 상견례를 마치면 바로 차와 과일을 먹는 다례를 행하였다. 국왕이 먼저 정사와 부사 두 사신에게 다종을 올리고, 정사가 국왕에게 올린 후에 함께 차를 마신다. 차를 다 마시고 나면 정사와 부사, 국왕은 과일을 먹었다.

다례를 마치면 국왕과 사신 간의 술을 주고받는 주례가 시작된다. 주례 때에는 다례 때 행하지 않았던 춤과 풍악을 울린다. 주례는 다례보다 절차가 복잡하고 시간도 많이 소요되었다. 주례 절차는 크게 국왕이 사신에게 첫번째 술을 올리는 제1진작례, 왕세자가 사신에게 두번째 술을 올리는 제2진작례, 종친이 세번째 술을 올리는 제3진작례, 술 일곱 잔을 돌리는 순배례, 마지막으로 국왕이 돌리는 완배례로 연향을 마친다.

국왕이 사신에게 올리는 제1진작례는, 전하가 사신에게 첫번째 술을 올리면 정사와 부사는 전하에게 읍을 하고 마셨다. 술을 들 때마다 과반을 안주로 올린다. 이어 정사가 올린 술을 전하가 마신다. 다시 정사와 부사는 전하가 권한 두번째 술을 마신다. 이어 정사는 전하가 주는 세번째 술을 받아 마신다. 그리고 전하가 정사와 부사에게 찬안을 올리고, 이번에는 정사가 전하에게 찬안을 올린다. 끝으로 꽃을 사신과 전하에게 올린다. 제1진작례에서 전하와 사신이 주고받은 술잔은 전하가 한 잔, 사신은 석 잔을 마셨다.

다음으로 왕세자가 사신에게 두번째 술잔을 올리는 제2진작례에서는 술과 소선을 올렸다. 왕세자가 들어와 정사에게 읍하고 올린 술을 정사가 마셨다. 이어 답례로 왕세자는 정사가 올린 술을 마셨다. 다시 정사는 왕세자로부터 두번째 받은 술을 마셨다. 이어 왕세자는 전하에게 두 번에 걸쳐 술을 올렸다. 이어 소선과 고기를 올렸다. 제2진작례에서 마신 술은 정사 두 잔, 왕세자 한 잔, 국왕이 두 잔을 마셨다.

왕세자에 이어 종친이 세번째 술잔을 올리는 제3진작례에서는 술과 탕을 올렸다. 종친이 정사에게 읍하고 술잔을 올리면, 정사는 이를 마시고, 이어 종친은 답례로 정사로부터 받은 술을 마셨다. 다시 정사와 부사는 종친으로부터 받은 술을 마셨다. 이어 전하는 종친으로부터 두 잔을 받아 마셨다.

여기서 마신 술은 정사가 두 잔, 종친이 한 잔, 전하가 두 잔이었다.

이상으로 국왕, 왕세자, 종친이 사신에게 올린 술잔은 총 일곱 잔이었고, 반대로 왕은 다섯 잔, 왕세자는 한 잔, 종친은 한 잔을 마셨다. 이렇게 사신과의 진작례가 끝나고 나면 순배례가 행해졌다.

연회에서 순배례는 곧 행례(行禮)로 비교적 편안한 분위기에서 술 일곱 잔을 돌렸다. 순배례는 앞의 진작례처럼 엄격한 형식과 절차를 적용하지는 않았다. 일곱 순배의 술을 돌리고 탕을 올린 뒤에는 대선과 과일을 올리고, 마지막으로 국왕이 한 잔의 술을 돌리는 완배례로 연향을 마쳤다.

2) 일본 및 교린국 사신 접대 연향과 주례

『국조오례의』「빈례」에 의하면 일본 및 유구국, 여진 등 인국 사신을 위한 연향은 왕과 예조에서 베푸는 두 번의 연회만 행하였다.[11] 왕과 왕세자, 종친 등이 중국 사신을 접대하는 것과 차등을 두었다. 조선과 교린국의 빈례는 서폐(書幣)를 받는 의식, 왕과의 연회, 예조에서 연회하는 세 가지로 분류된다. 일본 사신이 한양에 와서 국왕에게 국서를 바치는 의식이 끝나

면, 국왕이 베푸는 연회가 시행되었다. 국왕이 일본 사신을 접대하는 의례는 다음과 같다.[12]

① 연향 자리 설치 및 전하 입장

전악: 노래하는 사람과 악기를 연주하는 사람을 거느리고 들어가 헌현(軒懸)의 남쪽에 선다.

전의: 사신의 자리를 어좌 서남쪽에서 동쪽을 향하게 하되 북쪽을 상위로 하며, 사신 중 전(殿)에 오르지 못한 사람의 자리를 전정의 길 서쪽에 남쪽 가까이에 겹줄로 북쪽을 향해 설치한다.

사옹원: 주정을 전 안 남쪽 가까이에 북쪽을 향해 설치, 사신의 주탁을 전 밖 서쪽 가까이에 설치하며, 집사자는 전에 오르지 못하는 사람의 주탁은 그 앞에 설치한다.

통사: 사신 일행을 인도하여 문밖의 자리에 나가고, 호위하는 모든 관원은 사정전 합문 밖에서 대기한다.

좌통례: 합문 밖에 나아가 시간이 다 되었음을 알린다.

전의, 찬의, 인의: 먼저 들어가 자리로 간다.

좌통례: 꿇어앉아 외판(外辦)을 아뢴다.

전하: 익선관에 곤룡포를 갖추고 여를 타고 나온다. 의장대와 풍악을 울리며 따른다.

전하: 어좌에 앉으면 향로의 연기가 피어오른다.

공인: 어(敔)로 신호를 보내 풍악을 그치게 한다.

승지, 사관: 승지는 전에 들어가 어좌 좌우에 부복(俯伏)하고, 사관은 그 뒤에 자리한다.

인의: 사신 일행을 인도하여 서쪽 편문으로 들어가 자리에 나간다.

전의: 사신에게 "사배"라고 말한다.

사신: 사신이 몸을 굽히면 풍악을 울리고 사배를 한다. 사배를 마치면 풍악은 그친다.

전교관: 전하의 전교를 받고 동쪽 문으로 나가 계단에서 서쪽을 향해 서서 "객사를 맞이하여 전에 오르라" 하고 외친다.

통사: 꿇어앉아 전교를 받고 일어나 사신을 인도하여 서쪽 계단으로 올라가 자리에 앉힌다.

사옹원 제조: 전하에게 찬안을 올린다. 풍악을 울린다.

제거: 사신의 찬탁을 설치한다. 설치를 마치면 풍악을 그친다.

근시: 전하에게 꽃을 올린다. 풍악을 울린다.

집사자: 사신에게 꽃을 나누어 준다. 풍악을 멈춘다.

전악: 노래하는 사람과 악사를 동쪽과 서쪽 계단으로 나누어 자리로 간다.

② 주례

사옹원 제조: 주정으로 가서 전하에게 제1술잔을 올린다. 풍악을 울린다.

제거: 사신에게 술을 돌린다. 풍악을 그친다.(잔을 올릴 때 풍악은 울리고, 다 들면 풍악을 그친다)

사옹원 제조: 국왕에게 탕을 올린다. 풍악을 울린다.

제거: 사신에게 탕을 돌린다. 풍악을 그친다.(탕을 올릴 때 풍악은 울리고, 다 들면 풍악을 그친다)

행주(行酒, 순배례)

술 다섯 잔을 돌아가면서 돌린다.(술을 돌릴 때마다 탕을 함께 올린다.)

사옹원 제조: 국왕에게 대선(大膳)을 올린다. 풍악을 울린다.

제거: 사신에게 선(膳)을 올린다. 풍악을 그친다.

제조, 제거: 찬안과 찬탁을 치운다.

통사: 사신 이하를 인도하여 절하는 자리로 돌아간다.

사신: 찬의의 "국궁, 사배, 흥, 평신"이란 외침에 맞춰 사배한다. 사신 이하 몸을 굽히면 풍악을 그치고, 인의의 도를 받아 나간다.

좌통례: 어좌 앞으로 가 예가 끝났음을 아뢴다. 풍악이 울린다.

전하: 국왕이 어좌에서 내려와 여를 타고 시위대의 호위를 받으며 사정전으로 환어한다.

좌통례: 연희가 끝났음을 아뢰고 병조는 교명을 받아 의장을 푼다.

이상은 국왕이 일본, 유구국의 사신을 근정전에서 접대하는 의식이다. 연회 시에 사신의 자리를 국왕의 북쪽에 있도록 하여 사신에게 조선 우위의 위치를 인식시켰다. 연향의 순서는 크게 찬안과 탄착을 올리고 → 꽃을 나누어 주고 → 국왕이 사신에게 술 한 잔을 내리고 → 탕을 올리고 → 행주(술 다섯 잔을 돌리는 순배례) → 대선과 선을 올리고 → 사신 이하 사배 → 국왕 퇴장 순으로 진행되었다.

　사신은 국왕과 마주하지 못하였고, 궁 안으로 들어가지 못하는 사신의 수행원들은 마당에서 전하에게 사배하고 술을 받았다. 술을 받는 주례도 국왕에게 찬안을 올린 후 사신에게 찬탁을 올렸고, 국왕에게 꽃을 올린 후 사신에게 꽃을 올렸다. 술은 국왕에게 한 잔을 올리면 사신에게 한 잔을 올렸으며, 이어 다섯 잔을 돌리는 행주가 이어졌다. 술 다섯 순배를 돌리고 연회가 끝나면 사배하고 인의가 인도하여 나가도록 하였다.

술 또한 올리는 사람도 국왕에게는 사용원 제조가 맡고, 사신에게는 사용원 제거로 구분하여 등급을 낮추었다. 술도 국왕이 일본 사신에게 직접 주는 경우도 없었다. 또한 명(明) 사신이 왔을 때 서로 읍양하는 것과 달리, 교린국의 사신은 국왕에게 사배를 하였다.

3. 사신 통과지역에서 접대 연향과 주례

중국에서 사신을 파견하면 조선에서는 이를 맞이하는 빈사(賓使)를 파견하였다. 빈사는 중국 사신의 지위에 따라 정경(正卿)이면 원접사, 차관(差官)이면 접반사라 칭하였다. 중국 사신이 돌아갈 때는 원접사의 명칭을 반송사(伴送使)라 하였다. 중국 사신은 압록강을 건너 의주, 정주, 안주, 평양, 황주, 개성 등 여섯 곳을 거쳐 한양으로 왔다.

조선 조정에서는 중국의 사신이 통과하는 이들 지역에 영위사(迎慰使)를 파견하여 사신을 맞아 접대하였다. 특히 황제의 칙서를 가진 사신이 의주에 도착하면 성대한 연향을 베풀었다. 연향은 현관례(見官禮), 다례(茶禮), 주례(酒禮) 순으로 진행했다. 주례는 사신을 영접하여 위로하는 술잔을 건네는 영위배(迎慰盃)에 이어 완배례(完盃禮)로 진행됐다.

다음은 압록강을 건너 의주에 도착한 중국 사신을 맞아 접대하는 절차이다.[13]

① 사신과 서로 인사를 나누는 현관례[14] 거행

중국 사신의 영접은 대청에서 행한다. 사신의 자리는 대청 북벽에, 사신을 맞는 원접사, 영위사 자리는 서벽에 설치하고, 원접사, 영위사가 중대청으로 나가 차비관을 통해 영위연(迎慰宴)을 거행할 것을 요청한다. 양국 사신이 공복을 갖추고 나와 좌석에 앉는다.

차비관: 서쪽 기둥을 경유해 들어가 먼저 절을 한 번 하고 두 사신의 곁에 나누어 선다.

원접사: 서쪽 기둥을 경유해 두 사신 앞에 나가 각각 읍을 한 번하고 자기 자리로 가서 선다.

두 사신: 중국 사신 둘이 자리에서 일어나 답례로 읍을 한다.

영위사: 원접사와 같은 예를 거행하고 조금 물러나 중앙에 선다.

차비관: 중국의 두 사신에게 음식의 종류를 적은 물선단자(物膳單子)를 올린다.

사신, 원접사, 영위사: 자리에 올라가 앉는다.

② 차를 마시는 다례 거행

집사: 차를 마시실 수 있는 다정(茶亭) 기둥 밖 남쪽 가까이에 북쪽을 향해 설치하고, 다병(茶瓶), 다종(茶鐘), 과반(果盤)을 들고 자리에 앉은 두 사신과 원접사, 영위사 옆에 선다.

사신, 원접사, 영위사: 자리에서 내려와 서서 다종을 잡고 자기 자리에 올라 차를 마시면서 과반에 있는 것을 젓가락으로 먹는다.

음악을 연주한다.

③ 사신과 술잔을 나누는 주례

주구(酒具)를 주정(酒亭)에 설치한다.

집사: 두 사신과 원접사, 영위사 네 사람에게 손을 씻는 휘건(揮巾)과 화반(花盤)을 바치고 나서 찬안(饌案)을 마주 들고 기둥 밖에 선다.

영위사: 자리에서 내려와 서쪽 기둥을 나간다.

사신, 원접사: 자리에서 내려와 선다.

영위사: 중앙을 거쳐 찬안을 두 사신에게 드리는 것을 도와주고 읍을 하고 자기 자리로 돌아간다.

사신: 두 사신은 자리에 앉는다.

집사: 서벽에 앉은 사람에게 찬안을 바친다.

영위사: 중앙을 거쳐 소선(素膳)을 사신에게 드리는 것을 도와주고 읍을 한다.

집사: 미수(米數)를 자리에 앉은 사람에게 바친다.

영위사, 사신: 젓가락을 들고 먹는다.

음악 연주를 그친다.

사신을 영접하여 위로하는 영위배

집사: 두 사신과 원접사, 영위사 네 사람에게 다시 과반을 바치고 선다.

영위사: 차비관을 통해 "사신을 영접하고 위로하는 술잔을 바치려 한다〔行迎慰盃〕"라고 요청한 다음 준소(樽所)로 가서 술을 따른 후 정사 앞으로 가서 올린다.

음악을 연주하고 무동이 춤을 춘다.

정사: 답례로 읍을 하고 술잔을 잡고 부사와 읍을 한다.

부사: 답읍하고 원접사와 읍을 한다.

원접사: 조금 앞으로 나아가 답읍하고 돌아와 영위사와 읍을 한다.

영위사: 이에 답읍한다.

정사: 술을 마시려 할 때 영위사가 나아가 정사의 잔대를 잡는다. 술을 마시고 읍을 한다.

영위사: 답읍을 하고 과반을 정사에게 드리는 것을 도와준다.

정사: 젓가락을 들고 안주를 먹은 다음 공수(拱手)를 한다.

영위사: 같이 공수를 한다.

연이어 두번째 잔〔二盃〕을 드린다.

정사: 참수관(參隨官·通官)에게 술을 따라 오게 한 후 읍을 하고 영위사에게 준다.

영위사: 답읍을 하고 술잔을 받은 다음 부사 앞으로 가서 읍을 한다.

부사: 영위사에게 답읍을 하고 다시 원접사에게 읍을 한다.

원접사: 부사에게 답읍을 하고 정사 앞에 가서 읍을 한다.

정사: 답읍을 하고 영위사의 잔대를 잡는다.

영위사: 술을 마시고 읍을 한다.

음악을 멈춘다.

정사: 답읍하고 과반을 영위사에게 드리는 것을 돕는다.

영위사: 젓가락으로 안주를 먹은 후 준소로 가서 술을 따라 부사 앞으로 가서 올린다. 부사에게 술잔을 올리기를 위와 같이하고, 두 사신 앞으로 가서 한 번 읍을 하고 자리로 돌아간다. 정사와 부사, 원접사, 영위사 네 사

람이 각자 자리에 올라가 앉는다.

집사: 미수를 자리에 앉은 네 사람에게 바친다.

원접사가 사신에게 돌리는 행주

원접사: 자리에서 내려와 차비관을 통해 "술잔을 돌리려고 한다〔行酒〕"고 요청한 다음 준소로 가서 술을 따른 후 두 사신과 각 위에 있는 사람에게 두루 읍을 한다. 영위배 의례와 같이하고 물러난다.

음악을 연주하고 무동이 춤을 춘다.

집사: 술을 잔에 부어 원접사 앞에 드린다.

원접사: 술잔을 잡고 영위사에게 준다.

영위사: 답읍을 하고 잔을 받고, 정사와 부사 앞으로 가서 차례로 읍을 하고 돌아와 원접사에게 대읍(對揖)을 한다. 영위사가 술을 마시려 할 때 원접사가 잔대를 잡는다.

영위사: 술을 마시고 읍을 한다.

원접사: 답읍하고 영위사에게 과반 드리는 것을 돕는다.

영위사: 젓가락을 들고 먹은 후 공수한다.

원접사: 영위사처럼 공수한다.

집사: 술을 따라 영위사 앞에 드린다.

영위사: 원접사에게 술을 권하기를 위와 같이한다.

원접사가 사신에게 술잔을 올리는 완배례

원접사: 정사와 부사 앞에 나아가 읍을 한다.

가운데에서 차비관을 통해 "완배례를 거행하려 한다"고 요청한다.

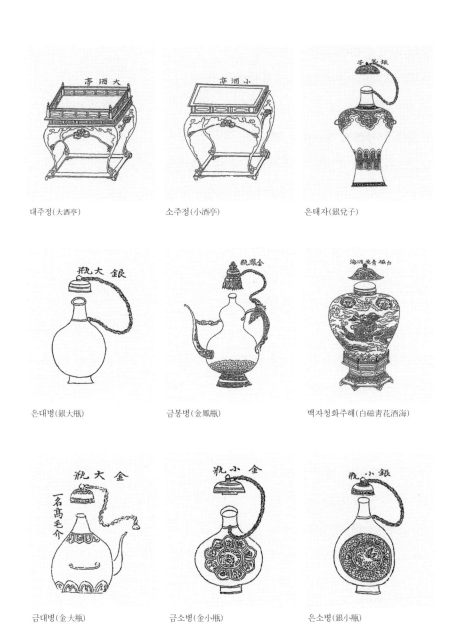

대주정(大酒亭)　　　　　　소주정(小酒亭)　　　　　　은태자(銀兌子)

은대병(銀大瓶)　　　　　　금봉병(金鳳瓶)　　　　　　백자청화주해(白磁靑花酒海)

금대병(金大瓶)　　　　　　금소병(金小瓶)　　　　　　은소병(銀小瓶)

2. 사신 접대 연향에서 사용되었던 주정(酒亭)과 백자.『세종실록(世宗實錄)』.

금우(金盂)와 잔대(盞臺)

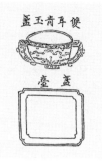

쌍이청옥잔(雙耳靑玉盞)과 잔대

쌍이갈호청옥잔(雙耳蝎虎靑玉盞)과
잔대

쌍이운록청옥잔(雙耳雲鹿靑玉盞)과
잔대

쌍이초엽금잔(雙耳草葉金盞)과
잔대

쌍비청옥잔(雙羆靑玉盞)과 잔대

금작(金爵)

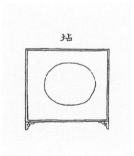

점(坫)

3. 사신 연향의 잔과 잔대. 『세종실록』.

위와 같은 의례를 하지만 읍을 하지는 않는다.

두 사신과 원접사, 영위사 네 사람이 각자의 자리에 앉는다.

영위사: 대선(大膳) 올리는 것 돕기를 소선 올릴 때와 같이한다.

집사: 미수를 자리에 앉은 사람에 바친다.

영위사가 술잔을 돌리는 행주

영위사: 다시 "술잔을 돌리려고 한다"고 요청한다.

주례가 끝난다.

영위사: 다시 완배례를 요청하기를 원접사가 했을 때처럼 하고, 물러나 자리로 돌아간다.

집사: 미수를 자리에 앉은 사람에게 바친다.

원접사: 다시 "술잔을 돌리려고 한다"고 요청한다.

다시 위와 같은 의례를 행한다.

원접사: 두 사신 앞으로 나아가 각각 읍을 하고 나온다.

영위사: 두 사신 앞으로 가서 각각 재배하고 읍을 한 번 하고 나온다.

중국 사신이 압록강을 건너 한양에 도착하기 전에 가장 먼저 도착하여 접대를 받았던 곳이 의주였다. 의주에서의 연향은 조정에서 파견한 원접사와 영접사가 중국의 사신 정사와 부사를 맞아 인사를 나누는 것으로 시작된다. 연향 순서는 사신을 영접하는 현관례, 차를 마시는 다례, 주례순으로 진행되었다.

먼저 현관례는 중국 사신을 원접사와 영접사가 맞이하는 절차이다. 차비관이 먼저 절을 하고 두 사신 옆에 서면, 두 사신과 읍으로 서로 인사를 하고 영위사가 사신에게 물선단자를 올렸다. 이어 다례는 두 사신과 원접사, 영위사가 자리에 앉아 함께 차를 마시고 젓가락으로 과일을 들었다.

주례는 술을 올리고 마시는 격식으로 영위배, 행주, 완배례, 행주순으로 구분되어 진행하였다. 먼저 꽃을 올리고 나면 간단한 음식을 들고, 먼 길을 온 사신을 맞아 위로하는 영위배를 행하였다. 영위배는 영위사가 두 사신 정사와 부사에게 술을 올리는 절차로, 영위사가 연거푸 건넨 두 잔의 술을 정사가 받아 마신다. 정사는 답례로 영위사에게 술 한 잔을 주었다. 같은 방식으로 영위사는 다시 부사에게 연속으로 두 잔의 술을 주었다.

이어 행주는 원접사가 두 사신에게 술을 올리는 의식이다. 원접사가 차비관을 통해 "술잔을 돌리려고 한다〔行酒〕"고 요청한 다음 두 사신에게 술을 올린 후 영위사에게 한 잔의 술을 주었다. 원접사의 술잔 돌리기를 마치면 완배례가 이어진다. 완배례는 다시 원접사가 두 사신에게 술잔을 올리는 의식으로, 차비관을 통해 "완배례를 거행하려 한다"고 요청한 다음 거행되었다. 완배례 때에는 소선 대신 대선을 내놓았다. 원접사의 완배례에 이어지는 행주는 주례의 마지막 순서로, 영위사가 두 사신에게 술잔을 올리는 절차이다.(도판 2-3)

4. 사신 연향의 주례 특징과 의의

조선시대의 지배층은 법전으로서 『경국대전(經國大典)』, 전례서로서 『국조오례의(國朝五禮儀)』를 기본 틀로 참고하여 국가의 모든 대소사를 운영했다. 이는 예치를 중시하는 유교문화권의 특징으로, 법과 예를 조화로 하여 나라를 운영한다는 원칙이었다. 따라서 이러한 예 또한 그 형식성과 엄격성이 대단히 중요시되었을 뿐만 아니라 중국을 능가하는 형식성을 가졌던 것이다.

유교국가에서의 술은 곧 현실과 천(天)을 연결하는 매개체로서 기능했음을 알 수 있다. 이러한 매개체로서 술의 행용(行用)의 중요성은 또한 현실의 정치와 연결되어 이념이 발현되는 장(場)의 도구가 되었으며, 이에 관한 준비 및 절차의 세부성, 형식성의 엄격함이야말로 조선 지배층이 술을 어떻게 인식했는가를 확인할 수 있는 대목이다. 외국과의 관계에서 이러한 형식의 엄격성을 연향에 참석한 사신에게 인식시켜 따르게 하는 것은 곧 나라의 격을 나타내는 것이었다.

연향의 순서는 먼저 다례가 행해지고, 이어 술잔을 주고받는 주례가 이어졌다. 주례는 크게 예식을 갖춘 진작례, 상대적으로 격식을 낮춘 일곱 순배의 행주(순배례), 완배례순으로 이어졌다. 주례의 첫 술잔은 국왕이 올리는 제1작례를 행하며 과일을 올리고, 그다음 찬안과 꽃을 올린다. 이어 왕세자가 사신에게 두번째 술잔을 올리는 제2작례와 소선을 내고, 마지막으로 종친이 세번째 술잔을 올리는 제3작례와 탕을 올렸다. 그다음 일곱 순배의 술을 돌리고 탕을 올린 뒤에는 대선과 과일을 올리고, 마지막으로 국왕이 한 잔의 술을 돌리는 완배례로 연향을 마쳤다.

제1진작례에서는 먼저 왕이 정사에게 세 차례 술을 올리는 것을 알 수 있다. 석 잔 중 첫번째 잔은 정사가 마시고 두번째 잔은 정사가 받아 도로 왕에게 올리는 것을 알 수 있다. 왕이 술을 마실 때에는 제조 이하가 모두 꿇어앉는데, 사신이 술을 마실 때에는 꿇어앉지 않는다. 세번째 잔은 왕이 정사에게 다시 한 번 술을 올리는 것으로, 이로써 왕과 정사 간에 작례를 끝마친다. 정사와 왕이 술잔을 주고받은 다음에는 왕과 부사 간에 진작례가 이루어졌다. 진작례에서 전하와 사신이 주고받은 술은, 전하가 한 잔을 마시고, 사신은 석 잔을 받아 마셨다.

다음으로 왕세자가 사신에게 두번째 술잔을 올리는 제2진작례에서는, 왕세자가 들어와 정사에게 읍하고 올린 술을 정사가 마셨다. 이어 답례로 왕세자는 정사가 올린 술을 마셨다. 다시 정사는 왕세자로부터 두번째 받은 술을 마셨다. 이어 왕세자는 전하에게 두 번에 걸쳐 술을 올렸다. 마신 술은 모두 정사 두 잔, 왕세자 한 잔, 국왕 두 잔이었다.

종친이 세번째 술잔을 올리는 제3진작례에서는 술과 탕을 올렸다. 종친이 정사에게 술잔을 올리면, 정사는 이를 마시고, 이어 종친은 답례로 정사로부터 받은 술을 마셨다. 다시 정사와 부사는 종친으로부터 받은 술을 마셨다. 이어 전하는 종친으로부터 두 잔을 받아 마셨다. 여기서 마신 술은 모두 정사 두 잔, 종친 한 잔, 전하 두 잔이었다. 이상 진작례에서 국왕, 왕세자, 종친이 사신에게 올린 술잔은 총 일곱 잔이었고, 반대로 왕은 다섯 잔, 왕세자 한 잔, 종친 한 잔을 마셨음을 알 수 있다.

여기서 확인할 수 있는 점은 조선은 중국과의 사대 외교 전략을 채택하고 있지만, 연회에서의 진작례의 절차를 통해 한 나라의 국왕과 외국 관료인 사신 간의 엄격한 격을 인식시키는 것이다. 이는 사신의 잔을 전달받은 차비관원이 국왕에게는 무릎을 꿇으며 잔을 올리지만, 사신에게는 서서 올리는 면을 통해 확인할 수 있다.

또한 왕과 사신 간에 술을 주고받을 때 양쪽 모두 서 있음을 알 수 있다. 이는 교린국과의 작례에서 교린국의 사신이 왕에게 술을 올릴 때 먼저 배례를 행하고 술을 올리는 모습에서 확연한 차이점이 드러나는 것을 알 수 있다. 진작례가 끝나고 나면 순배례가 행해졌다. 연회에서 순배례는 곧 행례로 비교적 편안한 분위기에서 술 일곱 잔을 돌렸다. 순배례는 앞의 진작례처럼 엄격한 형식과 절차를 적용하지는 않았고, 상황에 따른 다양한 사건이 연출되기도 한다. 중국 사신의 경우는 술 일곱 잔, 일본, 유구국 등 교린국 사신의 경우 술 다섯 잔을 돌린다고 규정해 놓았지만, 이대로 적용되지 않는 사례가 많았다. 또한 일본과 달리 비교적 외교적 지위가 낮은 교린국의 경우는 순배례를 행하지 않는 경우도 있었다.

하지만 국왕이나 왕세자 등이 참석한 연회에서 술의 순배 횟수는 여러 원인으로 인해 가변적이었다. 세조가 태평관에서 중국 사신을 맞아 연향을 베풀 때 무려 아홉 잔을 돌리고 파한 적도 있었다.[15] 성종 22년 8월, 성종이 일본 국왕 사신 스물다섯을 맞아 창덕궁 인정전에서 연향을 베풀 때도 일곱 순배를 넘게 들었다.[16] 위의 사례에서 보듯이 순배례는 원칙 그대로 지켜지지 않았다.

조선 궁중의례에서는 모든 오례에서의 술의 순배를 3, 5, 7 순배를 이상적으로 생각하였는데, 이러한 원칙과는 다르게 위 예처럼 국왕의 개인적인 사정이라든지 사신 측의 상황으로 인해 순배의 횟수는 여러 가지였음을 알 수 있다. 연회에서 교린국의 경우 접대를 후하게 하는 경우에는 순배 수를 더욱 늘려 연회의 물리적 시간을 늘려 갔다.

국왕과 사신일행 간의 공간적으로도 가까워지는 순간이 순배례인데, 여기서 국왕이 사신일행을 가까이 오게 하여 선온(宣醞)을 직접 내린다거나, 차비관원을 통하지 않고 직접 진작하게 하는 경우도 있었다. 이는 순배례가 외교적 공간으로서의 공적 기능과 함께 예적(禮的) 형식을 넘어 국왕과 사신으로서의 정치적 입장이 아닌 사적인 만남이 되는 기능도 되었다.

연향의 일반적인 성격의 순배례가 행해지고 나면 마지막 절차는 완배

레인데, 일본, 유구국 등 사신 접대 의례에서는 완배례의 항목이 확인되지 않는다. 중국 사신 접대 연희에서는 완배례를 마치고 국왕과 중국 사신이 서로 읍양하고 퇴장하며 연회가 끝나는 것과 달리, 연인국사의(宴隣國使儀)에서는 국왕이 퇴장하기 전에 교린국 사신이 사배를 하고 나서 국왕이 먼저 퇴장하고 연회가 끝난다. 또한 중국 사신을 맞이할 때 처음에 다례를 행하고 주례가 이어졌지만, 일본과 유구국 사신의 연향에서는 아예 다례가 생략되었다.

중국의 조정사신과 일본, 유구국 인국사신의 확연한 접대 차이는 명에게는 제후의 예로, 교린국에게는 사실상 사대의 예를 요구하였기에 교린국 사신이 왕에게 직접 술을 올리는 것은 국체로서의 왕의 존엄을 손상하는 면을 의미하는 것이다

또한 연인국사의에서는 조선의 외교적 중심이 중국에 있었던 만큼 상대적으로 그 내용의 상세함이 덜하다는 것이다. 국왕과 교린국과의 진작례는 1작에 한정되며, '연조정사의(宴朝庭使儀)'와 같이 뒤이어 왕세자나 왕족이 함께하는 면은 확인되지 않는다. 중국 사신의 경우 작례에서 국왕과 서로 읍양하며 마시지만, 교린국의 경우는 먼저 사신이 국왕에게 배례를 행한다. 술의 순배 수 또한 교린국은 오 배수로 한정되어 있고, 일본보다 한 단계 급이 낮은 국가의 경우 순배하지 않는 경우도 있다고 규정되어 있다. 결국 사신을 위한 연회를 마련하며 조선은 중국에는 사대의 예와 함께 국왕의 주체성을 강화하는 동시에, 교린국에 대해서는 우위에 서서 사대의 예를 받으려는 전략을 택했음을 국왕과 사신 간의 연향을 통해 알 수 있다. 특히 연향에서의 주례는 『국조오례의』의 어떤 의례에서 보다 비중이 크며 실질적인 의미를 나타내고 있음을 알 수 있다.

『화성봉수당진찬연(華城奉壽堂進饌宴)』에 드러난 음주의례의 특징

김상보(金尙寶)

1. 들어가는 말

자궁(慈宮, 혜경궁 홍씨)의 환갑연을 축하드리기 위해 올린 일곱 번의 헌수주(獻壽酒)와 일곱 번의 행주(行酒)가 풍악이 울리는 가운데 있었던 화성(華城, 수원) 봉수당(奉壽堂)에서의 진찬연(進饌宴) 의례행위는 예악관(禮樂觀)에서 나온 것이다. 예(禮)는 음에서 생겼다. 예란 가정과 국가의 기본 질서와 바른 정치를 유지시켜 주는 덕목이었다. 악(樂)이란 양에서 생겼다. 악은 성인〔자궁〕의 성정(性情)을 기르면서, 신과 인간을 화합하게 하는 데 없어서는 안 되는 것이었다. 따라서 예와 악은 천명(天命)에 순종하며, 음양을 조화시키는 길로 인식하였다.

연향(宴享)은 연향(燕享)이기도 하여서 연(宴)은 합음(合飮)을 뜻하고 향(享)은 헌(獻) 즉 봉상(奉上)한다는 의미이다. 연을 통하여 신하들과 합음하여 자궁의 자혜(慈惠)를 드러내 보이고, 향으로 신하들이 자궁께 헌

수주함으로서 공검(恭儉)의 뜻을 일리 준다는 뜻이다.[1]

술과 음식을 준비하여 풍악을 울리면서 군신(君臣)과 빈객(賓客)을 접대하여 검소한 가운데 자궁의 은혜를 드러내 보였던 것이, 정조(正祖, 재위 1776-1800) 19년(1795)에 베푼 내진연(內進宴)이며 봉수당진찬연(奉壽堂進饌宴)이다.

조선왕조는 외진연(外進宴)이든 내진연(內進宴)이든 가례(嘉禮)에 속하는 행사로 규정하고 엄격한 의례절차[儀註]를 밟도록 하였다. 이들 의례절차를 기록한 책이 『국조오례의(國朝五禮儀)』와 『국조속오례의(國朝續五禮儀)』이다. 연향을 받는 주인공이 전하이든 대왕대비이든 휘건(揮巾)·찬안(饌案)·화(花)·염수(鹽水)·소선(小膳)·별행과(別行果)·만두(饅頭)·대선(大膳)·탕(湯, 味數) 그리고 수주(壽酒)를 올리고, 수주 이후에 행주가 이루어지게 되는 것이 공식적인 의례행위였다. 수주 부분이 향이 되고 행주 부분이 연이 된다.

연향에서의 과소비를 염려하여 음식상을 줄인 임금은 영조(英祖, 재위 1724-1776)였다. 이를 실천한 행사가 갑자년(甲子年)에 행한 외진연이다. 갑자년은 영조 20년(1744)이다. 이해 7월 종신(宗臣) 여은군(礪恩君) 매(梅)가, 숙종(肅宗, 재위 1674-1720)이 보령(寶齡) 오십구 세에 신하들의 소청에 의하여 기사(耆社)에 입소한 전례에 따라, 영조의 보령이 오십일 세가 되어 숙종과 마찬가지로 육순을 바라보는 나이가 됨에, 기로에 입소할 것을 청하였다.[2]

이에 영의정 김재로(金在魯)는 8월 11일 인군(人君, 임금)이 기사에 들어가는 것은 몸을 낮추고 굽히는 일로 영광스러운 일은 아니라는 것과, 신하들이 임금께 송축(頌祝)하는 정성은 천만 년을 기약하고자 함이며, 조정의 열성(列聖) 중에서 태조(太祖, 재위 1392-1398)와 숙종만이 기사에 입소하였고, 게다가 태종(太宗, 재위 1400-1418), 세종(世宗, 재위 1418-1450), 세조(世祖, 재위 1455-1468), 중종(中宗, 재위 1506-1544), 선조(宣祖, 재위 1567-1608)도 오십 세를 넘겼으나 모두 기사에 입소치 않았음을 들면서, 육칠 년을 기다렸다가 기로 입소에 대한 의논을 해도 늦지 않음을 청하였다.

김재로의 말을 이어 우의정 조현명(趙顯命)도 임금이 비록 신하에게 궤장(几杖)[3]을 하사하고 봉조청(奉朝請)[4]을 삼는다 할지라도 감히 받들 수 없다 하였다.[5] 이로부터 닷새가 지나 김재로와 좌의정 송인명(宋寅明) 그리고 조현명이 『시경(詩經)』과 『서경(書經)』을 들어 다시 한번 기사 입소를 미루도록 임금께 요청하였다.[6] 그러나 이러한 여러 대신들의 청은 받아들여지지 않았다.

9월 9일 임금은 세자(사도세자)를 거느리고 창덕궁(昌德宮)에 나아가서 선원전(璿源殿)을 배알하였다. 그런 다음 어첩을 봉안하기 위하여 기로소(耆老所)에 거동하였다. 영수각[靈壽閣, 기로소 안에 있는 어첩(御帖)을 보관하던 누각] 뜰의 동쪽에 나아가서 사배례(四拜禮)를 하고는 영수각 안으로 올라간 다음 영내(楹內, 기둥 안)에 들어와 동쪽에서 서쪽으로 향하여 앉았다. 왕세자는 영외(楹外, 기둥 밖)에 앉았다. 시임대신(時任大臣, 현재의 대신), 원임대신(原任大臣, 전관), 기로제신(耆老諸臣), 예관(禮官), 승지, 사관은 계단 밑에 앉았다.

기사 당상관 신사철(申思喆)이 영수각 안의 감실을 열고, 예조판서 이종성(李宗城)과 예방승지 조명리(趙明履)가 어첩[御帖, 기로소에서 보관하던 임금의 입사첩(入社帖). 생년월일, 입사년월일, 어명(御名), 아호(雅號)]

를 기록함]을 받들어 꿇어앉아 임금께 올리니, 임금이 친히 어첩에 '지행순덕영모의열왕(至行純德英謨毅烈王)'이라고 썼다. 예관이 궤장을 받아 승지에게 주자, 승지가 이를 받아서 올렸다.[7]

다음 날인 9월 10일 임금이 숭정전(崇政殿)에 나아가서, 백관을 거느린 왕세자의 하례를 받았다. 그러고는 교문(敎文)을 반포하였다.[8]

왕은 말하노라. 수역(壽域, 딴 곳에 비하여 장수하는 사람이 많이 사는 곳)에서 교화를 뻗치니 하늘에서 기쁜 경사를 내려 주고, 영수각에서 아름다운 일을 행하였다. 백성들과 경사를 함께한다. (…) 경편(瓊編, 옥책, 붉은 옥으로 만든 책)과 보묵(寶墨)에서 천일(天日)의 남아 있는 빛을 생각하고, 영장(靈杖)과 채의(菜依)에서는 진신(搢紳, 벼슬아치의 총칭)들의 옛 음영(吟咏)을 느낀다. 그러므로 진전(眞殿)에 가서 배알하고 수첩(壽牒)에 쓴다. (…) 옛날의 천명(天命)이 지금부터 새롭게 되었다. 축수하는 술잔을 올려 즐거움을 받들어 진실로 시간을 아끼는 마음을 펴게 되었다. 옻칠한 궤장을 어루만지고 비창(悲愴)한 생각이 들었다. (…) 은(殷)나라의 삼종(三宗, 태종·중종·고종. 태종은 30년, 중종은 75년, 고종은 59년 동안 왕업을 부흥시켰음)이 왕위에 있었던 햇수가 가장 장구하였던 것은 대개 삼가고 두려워하며 근엄하고 공손한 데에서 연유되었다. 기주(箕疇, 기자(箕子)의 홍범구주(洪範九疇)]에 있는 오복(五福)을 모아 주었으니, 왕도(王道)가 탕평(蕩平)하고 정직(正直)함에 힘쓸 것이다.

10월 4일에 영조는 대왕대비전을 위하여 내진연을 올렸다. 기사(耆社)를 따르고자 하는 예(禮)로 올린 것이다.[9] 그러고는 10월 7일에 임금이 숭

정전에서 신하들의 외진연을 받았다.[10]

외진연 상차림은 내진연 상차림에 비하여 훨씬 간략하게 차렸다. 이는 영조 임금의 아래와 같은 진연청(進宴廳)에 하교한 바에 의함이다.[11]

삼가고 두려워하면서 덕을 닦고 반성함에 있어서 절약하는 것이 마땅하다. 외연에서는 대탁, 대선, 소선을 특별히 감하여 줄이도록 하라. 또 내연에서는 대왕대비께 바치는 것 이외에는 대전과 중전에게도 대탁과 대선을 감한다. 세자 이하에게는 대탁, 대선, 소선을 감하라. 그리하여 내가 비용을 줄이고자 하는 뜻을 보이도록 하여라.

원래 진연에서는 대탁(大卓), 대선(大膳), 소선(小膳)을 써야 하지만 줄이라는 내용이다. 실제로 외진연에서 영조 임금께 대탁, 대선, 소선은 올리지 않았다. 그러나 이는 영조의 검약정신에 따라 취해진 조치일 뿐이고, 정식 진연에서는 대탁, 대선, 소선을 올려야 하는 것이 정도였다. 연회 상은 성격상 두 종류로 분류된다. 하나는 대탁, 찬안상, 대선, 소선, 염수이다. 연회 도중 먹을 수 없고, 연회가 끝나야 음복(飮福)할 수 있는, 신(神)을 위한 상이다. 나머지 하나는 미수(味數, 탕)로 연회 때 빈(賓)이 먹을 수 있는 상이다.[12]

그런데 이러한 영조의 검약정신을 계승한 연향이 약 오십 년 후에 열린 「봉수당진찬연」이다. 따라서 이 검박정신이 「봉수당진찬연」에서 어떻게 반영되었으며, 검소한 상차림이 식의례에서는 어떻게 나타나고 있는가를 밝히고자 한다.

2. 검약정신을 따른 「봉수당진찬연」

성종(成宗, 재위 1469-1494) 5년(1474)에 강희맹(姜希孟)에 의하여 찬정된 『국조오례의』는 길례(吉禮), 가례(嘉禮), 군례(軍禮), 빈례(賓禮), 흉례(凶禮)의 다섯 가지 예를 기술하였다. 길, 가, 군, 빈, 흉을 갖추어 행함으로써 사람의 도리가 구체화된다고 하였다. 이는 인간생활의 규범으로서 제시한 것이다.

이로부터 약 이백칠십 년이 지난 영조 20년에 나온 『국조속오례의』에는 『국조오례의』에 없는 「진연하는 의식」과 「대왕대비께 진연하는 의식」이 있는데, 이들 의주와 정조 19년(1795)에 나온 『원행을묘정리의궤(園幸乙卯整理儀軌)』「화성봉수당진찬우자궁의(華成奉壽當進饌于慈宮儀, 화성 봉수당에서의 자궁께 올리는 진찬의식)」의 의주 속에 나타난 것 중 술의 헌수(獻壽)와 음식 상차림을 정리하면 다음과 같다.

문헌	국조속오례의 (1744)		원행을묘정리의궤 (1795)
	진연하는 의식	대왕대비께 진연하는 의식	자궁께 진연하는 의식
연회종류	외연	내연	내연
대상	전하	대왕대비	자궁
휘건	○	○	○
찬안	○	○	○
꽃	○	○	○
염수	○	○	×
소선	○	○	×

별행과	○	○	×
소별미	×	×	○
만두	○	○	×
헌수주의 숫자	2	5	
행주의 숫자	7	4	7
대선	○	○	×
탕수	8	8	7

술의 헌수와 음식 상차림. 탕수는 미수의 숫자이다.

염수, 소선, 별행과, 만두, 대선이 「봉수당 진찬의례」에서 보이지 않는
것은 영조의 검약정신을 이어받은 자궁(혜경궁 홍씨)의 뜻을 따른 것이라
고 해석해도 무리는 없어 보인다. 왕세자(사도세자)가 왕위에 오르기 전
에 죽고 왕세손(정조 임금)이 즉위하였을 때, 그 죽은 왕세자의 빈(嬪)을
가리켰던 자궁(慈宮)이라는 특수 지위 때문에 염수, 소선, 대선 등과 같은
상차림을 받을 수 없었을 것이라고 생각할 수도 있지만, 왕세자나 왕세자
빈도 연향에서 염수, 소선, 대선 등을 받았기 때문에 고려의 대상은 되지
않는다. 어쨌든 영조의 검약정신이 드러난 것이 「봉수당진찬연」이다.

그런데 「진연하는 의식」 「대왕대비께 진연하는 의식」에서 보여 주는
행주 전의 헌수주가 「봉수당 진찬의례」에서는 보이지 않는다. 이를 논하
기 전에 행주와 헌수주의 개념을 분명히 할 필요가 있다.

행주란 헌작(獻爵), 초작(酢爵), 수작(醻爵)이 이루어지는 술의례로 연
(宴)이다. 헌하고 초하고 수하는 것이 동시에 행해진다. 「대왕대비께 진연
하는 의식」에서의 행주를 보자.

제1잔을 올린다. 상궁이 왕대비를 인도하여 수주정(壽酒亭)의 동쪽으로 나아가 북쪽을 향하여 선다. 상식이 잔에 술을 따라 왕대비에게 올리고 왕대비는 잔을 받아 대왕대비좌 앞으로 가서 대왕대비께 올린다. 대왕대비는 잔의 술을 마신다.(헌작 부분)

상식이 또 잔에 술을 따라 왕대비에게 올린다. 왕대비는 잔을 받아 대왕대비좌 앞으로 가서 대왕대비께 올린다. 대왕대비는 잔을 받아 들고 술을 마시지 않고 도로 왕대비에게 준다. 왕대비는 잔을 받아 마신다.(초작 부분)

상식이 전하와 왕비에게 술을 올리고, 전찬이 왕세자와 왕세자빈 이하에게 술을 돌린다.(수작 부분)

상식이 대왕대비·전하·왕비에게 탕(湯, 미수, 술안주)을 올리고 전찬이 왕세자 및 왕세자빈 이하에게 탕을 돌린다.

다섯 번의 헌수주 후에 제1잔에서 제4잔까지 네 번의 행주가 행해지는데 제1의 잔, 제2의 잔, 제3의 잔, 제4의 잔에서 각각 헌작, 초작, 수작이 행해지는 것이다.

네 번의 행주 전에 있었던 다섯 번의 헌수주인 향(享)을 보자.

상궁이 왕대비를 인도하여 수주정의 동쪽으로 가서 북쪽으로 향하여 선다. 상식이 수주(壽酒) 제1작(爵)에 술을 따라 왕대비에게 올리고 왕대비는 작을 받아 대왕대비좌 앞으로 가서 대왕대비께 올린다. 대왕대비는 작의 술을 마신다.

상식이 할육(割肉, 음복용 고기)을 올린다. 또 만두를 올린다.

헌수주에서의 술이란 수주이다. 주빈의 수명 장수를 기원하면서 올리는 술이 헌수주이다. 행주와 엄격히 구분하여 술잔을 작(爵)으로 사용한다. 이는 잔(盞)을 사용하는 행주와는 분명히 다르다. 헌수주 제1작에서의 주된 술안주는 할육이다. 할육이란 신에게 올렸던 소선의 고기를 음복하기 위해서 잘게 썬 것을 말한다. 첫번째 헌수주 술안주로 신이 드시고 남기신 고기를 먹는 것은 복을 받기 위함이다. 『국조속오례의』에서 보여주는 헌수주와 행주의 엄격한 구분은 『국조속오례의』 「진연하는 의식」에서도 마찬가지이다.

그런데 이상에서 드러난 헌수주와 행주의 엄격한 구분이 「봉수당진찬연」에서는 보이지 않는다. 이를 알아보기 위하여 『원행을묘정리의궤』 「화성봉수당진찬우자궁의」에 나타난 구체적 기록을 보자.

전하 입전(入殿)하다.

殿下具戎服出樂作與民樂令女執事(通贊)前導詣拜位北向立樂止

전하께서 융복을 갖추어 입고 나오시면 「여민락령(與民樂令)」을 연주한다.

통찬인 여집사가 앞에서 전하를 인도하여 절하는 자리를 나아간다.

임금이 북쪽을 향하여 서면 악(樂)이 멈춘다.

전하 자궁께 국궁, 재배, 홍, 평신하다.

女執事(贊唱)唱鞠躬再拜興平身樂作洛陽春曲殿下鞠躬再拜興平身儀賓戚臣陪從百官同樂止

찬창인 여집사가 "국궁, 재배, 홍, 평신"이라고 창한다.

낙양춘곡이 연주되면서 전하가 몸을 굽히고〔鞠躬〕, 두 번 절하며〔再拜〕, 몸을 일으켜〔興〕, 몸을 바로〔平身〕한다. 의빈(왕족 신분이 아니면서 왕족과 통혼한 사람), 척신(임금과 척분이 있는 신하), 배종하는 백관 모두 국궁, 재배, 흥, 평신한다. 음악이 멈춘다.

전하 자궁께 휘건을 올리다.

女執事(贊唱)唱跪殿下跪儀賓戚臣陪從百官同　女官(典贊)唱進揮巾整理使詣帳外奉進揮巾樂作與民樂令內侍傳捧受女官(尙食)女官傳捧跪　進于慈宮邸下座前樂止

찬창인 여집사가 "궤"라고 창한다. 전하가 무릎을 꿇는다. 의빈, 척신, 배종하는 백관 모두 무릎을 꿇는다. 전찬인 여관이 "진휘건(進揮巾)"이라고 창한다. 정리사가 막장 밖으로 나아가 휘건을 받들어 올리는데 이때 「여민락령」이 연주된다. 내시가 받들어 상식인 여관에게 전해 주면, 여관은 꿇어앉아 받들어 자궁저하 좌석 앞에 전해 올린다. 음악이 멈춘다.

전하 자궁께 찬안을 올리다.

進饌案樂作與民樂慢進訖樂止

찬안을 올리면 「여민락만」이 연주되고 끝나면 음악이 멈춘다.

전하 자궁께 꽃을 올리다.

進花樂作與民樂令進訖樂止

꽃을 올리면 「여민락령」이 연주되고 끝나면 음악이 멈춘다.

전하 자궁께 장악장을 올리다.

女執事(贊唱)唱俯伏興平身殿下俯伏興平身儀賓戚臣陪從百官同女伶二
人進至簾外當中分東西北向立唱長樂章云云唱訖降復位

찬창인 여집사가 "부복, 흥, 평신"이라고 창한다. 전하가 엎드렸다
가 몸을 일으켜 몸을 바로 한다. 의빈, 척신, 배종하는 백관 모두 엎드
렸다가 몸을 일으켜 몸을 바로 한다. 여령 둘이 나아가 발(주렴) 밖의
중앙에 이르러 동쪽과 서쪽으로 나뉘어 북쪽을 향해 서서 장악장을
창한다. 창이 끝나면 내려와 자기 자리로 돌아간다.

전하 자궁께 수주 제1작을 올리다.(헌수주)

女執事(通贊)導殿下至簾外女官(尙宮)承引至壽酒亭南北向立樂作與民
樂令女官(尙食)酌壽 酒跪進于殿下殿下受爵詣慈宮邸下座前女官(典贊)
唱跪殿下跪儀賓戚臣陪從百官同殿下以爵 授女官(尙食)女官傳捧置于座
前(有案)女官(典贊)唱俯伏興平身殿下俯伏興平身儀賓戚臣陪 從百官同
樂止

통찬인 여집사가 전하를 인도하여 발(주렴) 밖에 이르면 상궁인 여관
이 이어받아 전하를 인도하여 수주정 남쪽에 이르고 전하는 북쪽을
향해 선다. 「여민락령」이 연주된다. 상식인 여관이 수주를 따라 무릎
을 꿇고 전하에게 올린다. 전하는 작을 받아 자궁저하 좌석 앞에 나
아간다, 전찬인 여관이 "궤"라고 창하면 전하가 무릎을 꿇는다. 의빈,
척신, 배종하는 백관 모두 무릎을 꿇는다. 전하가 작(爵)을 상식인 여
관에게 준다. 여관이 받들어 안(案, 네모난 상)이 있는 자궁저하 좌석
앞에 전해 놓는다. 전찬인 여관이 "부복, 흥, 평신"이라고 창한다. 전

하가 엎드렸다가 몸을 일으켜 몸을 바로 한다. 의빈, 척신, 배종하는 백관 모두 엎드렸다가 몸을 일으켜 몸을 바로 한다. 음악이 멈춘다.

전하 자궁께 치사를 올리다.

女官(尙宮)導殿下出至廉外女執事(通贊)前導詣拜位北向立女執事(贊唱)唱跪殿下跪儀賓戚 臣陪從百官同女執事進當殿下拜位前北向跪代致詞云云致詞訖俯伏興降復位女執事(贊唱)唱 俯伏興平身殿下俯伏興平身儀賓戚臣陪從百官同

상궁인 여관이 전하를 인도하여 나와 발 밖에 이른다. 통찬인 여집사가 앞을 인도하여 전하가 절하는 자리를 나아가서 북쪽을 향하여 선다. 찬창인 여집사가 "궤"라고 창하면, 전하가 무릎을 꿇는다. 의빈, 척신, 배종하는 백관 모두 무릎을 꿇는다. 여집사가 전하의 절하는 자리 앞에 가서 북쪽으로 향하여 무릎을 꿇고 임금을 대신하여 치사를 운운한다. 마치면 엎드렸다가 몸을 바로 하고 내려와 자기 자리로 돌아온다. 찬창인 여집사가 "부복, 흥, 평신"이라고 창한다. 전하가 엎드렸다가 몸을 일으켜 몸을 바로 한다. 의빈, 척신, 배종하는 백관 모두 엎드렸다가 몸을 일으켜 몸을 바로 한다.

자궁께서 선지하시다.

女執事(通贊)道殿下至簾外女官(尙宮)承引就殿內褥位女官(典贊)唱跪殿下跪儀賓戚臣陪從 百官同女官(尙儀)進當慈宮邸下座前跪白宣旨俯伏興西向跪宣旨曰與殿下同慶宣旨訖還復位 慈宮邸下擧爵樂作與民樂千歲萬歲曲女官(尙食)進受虛爵復於壽酒停樂止女官(典贊)唱俯伏 興平身殿

下俯伏興平身儀賓戚臣陪從百官同

통찬인 여집사가 전하를 인도하여 발 밖에 이르면 상궁인 여관이 이어받아 전 안의 쉬는 자리〔褥位〕로 모신다. 전찬인 여관이 "궤"라고 창하자 전하가 무릎을 꿇는다. 의빈, 척신, 배종하는 백관 모두 무릎을 꿇는다. 상의인 여관이 자궁저하 좌석 앞으로 가서 무릎을 꿇고 선지(명령을 널리 선포하는 일)할 것을 아뢰고는, 엎드렸다가 몸을 일으켜 서쪽으로 향하여 선지를 말하기를 "전하와 더불어 경사를 함께합니다"라고 한다. 선지를 끝내고 자기 자리로 돌아온다. 자궁저하가 작을 들자 여민악 「천세만세곡(千歲萬歲曲)」이 연주된다. 상식인 여관이 나아가 빈 잔을 받아서 수주정의 작 놓는 곳에 놓는다. 음악이 멈춘다. 전찬인 여관이 "부복, 흥, 평신"이라고 창한다. 전하가 엎드렸다가 몸을 일으켜 몸을 바로 한다. 의빈, 척신, 배종하는 백관 모두 엎드렸다가 몸을 일으켜 몸을 바로 한다.

전하 자궁께 산호를 올리다.

女官(尙宮)導殿下出至簾外女執事(通贊)前導至拜位女執事(贊唱)唱跪殿下跪儀賓戚臣陪從百官 同唱三叩頭殿下三叩頭儀賓戚臣陪從百官同唱山呼殿下拱手加額曰千歲唱山呼曰千歲唱再山呼 曰千千歲儀賓戚臣陪從百官同(凡呼千歲命婦及女官以下皆於立位齊聲應之)女執事(贊唱)唱俯伏 興再拜興平身樂作洛陽春曲殿下俯伏興再拜興平身儀賓戚臣陪從百官同樂止

상궁인 여관이 전하를 인도하여 나와 발 밖에 이른다. 통찬인 여집사가 앞을 인도하여 절하는 자리로 간다. 찬창인 여집사가 "궤"라고 창한다. 전하가 무릎을 꿇는다. 의빈, 척신, 배종하는 백관 모두 무릎을 꿇는다. "삼고두"라고 창하자, 전하가 세 번 머리를 조아리고〔三叩頭〕, 의빈, 척신, 배종하는 백관 모두 세 번 머리를 조아린다. "산호"라고 창하자, 전하가 손을 모아 이마에 대며 "천세"라고 말한다. "산호"라고 창하자 "천세"라고 말한다. 다시 "산호"라고 창하자 "천천세"라고 말한다. 의빈, 척신, 배종하는 백관 모두 이와 같이 한다.(천세를 부를 때 명부 및 여관 이하는 모두 자기 자리에 서서 같은 소리로 호응한다.) 찬창인 여집사가 "부복, 흥, 재배, 흥, 평신"이라고 창한다. 「낙양춘곡(洛陽春曲)」이 연주되고 전하가 엎드렸다가 몸을 일으키고 두 번 절한다. 그러고는 몸을 일으켜 몸을 바로 한다. 의빈, 척신, 배종하는 백관 모두 엎드렸다가 몸을 일으키고 두 번 절한 다음 몸을 일으켜 몸을 바로 한다. 음악이 멈춘다.

전하께 휘건, 찬안, 꽃을 올리다.

女執事(通贊)導殿下至簾外女官(尙宮)升引就殿內褥位西向立女執事分引儀賓戚臣各就侍位女官 (典贊)唱跪殿下跪內外命婦儀賓戚臣陪從百官同整理使進殿下揮巾(傳捧如上儀)樂作與民樂令進 訖樂止次進饌案樂作與民樂慢進訖樂止次進花樂作與民樂令進訖樂止

통찬인 여집사가 전하를 인도하여 발 밖에 이르면, 상궁인 여관이 이어서 전 안의 쉬는 자리까지 인도한다. 전하는 서쪽으로 향하여 선다. 여집사가 나누어 의빈, 척신을 나누어 각자의 시위하는 곳까지 인도한다. 전찬인 여관이 "궤"라고 창한다. 전하가 무릎을 꿇는다. 내외명부, 의빈, 척신, 배종하는 백관 모두 무릎을 꿇는다. 정리사가 전하에게 휘건을 올린다.(전달하여 받들어 올리는 의식은 앞의 의식과 같다) 「여민락령」이 연주되고, 올리는 일이 끝나면 음악이 멈춘다. 다음 찬안을 올린다. 「여민락만」이 연주되고, 올리는 일이 끝나면 음악이 멈춘다. 다음 꽃을 올린다. 「여민락령」이 연주되고, 올리는 일이 끝나면 음악이 멈춘다.

내외명부·의빈·척신에게 찬탁을 차리고 꽃과 주찬을 베풀다.

女官(典賓)設內外命婦饌卓女執事設儀賓戚臣饌卓女官女執事散花執事者宣酒饌於百官散花(百官離位飮訖四拜典儀贊笏引儀傳唱)引儀引陪從百官出

전빈인 여관이 내외명부의 찬탁을 차린다. 여집사는 의빈과 척신의 찬탁을 차린다. 여관과 여집사가 꽃을 나누어 준다. 집사자가 술과 음식을 백관에게 베풀고, 꽃을 나누어 준다.(백관들은 자리에서 떨어져 마시고 마시는 것이 끝나면 네 번 절한다. 전의, 찬홀, 인의가 창을 전한다) 인의가 배종하는 백관을 인도하여 나온다.

자궁께서 탕을 안주 삼아 수주 제1작을 마시다.

進湯于慈宮邸下(傳捧如進饌案儀)樂作與民樂慢訖樂止第一爵奏獻仙桃呈才

자궁저하께 탕을 올린다.(전하여 받드는 것은 찬안 올리는 의식과 같다) 「여민락만」을 연주한다. 탕 올리는 일이 끝나면 연주를 멈춘다. 자궁께서 수주 제1작을 드시면 헌선도 정재를 올린다.

행주의 초작이 행해지다.

樂作與民樂桓桓曲女官(尙宮)導殿下詣壽酒亭(內外命婦及儀賓戚臣各於
本席前鞠躬殿下還就座 後各還本位慈宮邸下入小次時同)女官(尙食)酌
壽酒跪進于殿下殿下受爵詣慈宮邸下座前女官(典贊)唱跪殿下跪以爵授
女官(尙食)女官受爵進于慈宮邸下座前慈宮邸下舉爵進訖以爵授女官(尙
食)女官跪受爵詣殿下酒亭以盞酌酒進于慈宮邸下座前慈宮邸下受盞以
授女官女官跪受盞進于殿 下前殿下受盞舉飮訖女官(典贊)唱俯伏興平身
殿下執盞俯伏興平身至酒亭女官跪受盞

「여민악환환곡」이 연주되면 상궁인 여관이 전하를 인도하여 자궁의
수주정에 이른다.(내외명부 및 의빈과 척신은 각각 본석 앞에서 몸을
굽히고 있다가 전하께서 자리로 돌아온 후 각각 자리로 돌아온다. 자
궁저하께서 소차에 들어가실 때에도 같다) 상식인 여관이 수주를 따
라 무릎을 꿇고 전하에게 올린다. 전하는 작을 받아 자궁저하 좌석
앞으로 나아간다. 전찬인 여관이 "궤"라고 창한다. 전하께서 무릎을
꿇고 작을 여관에게 준다. 상식인 여관은 작을 받아 자궁저하 좌석
앞에 올린다. 자궁저하께서 작을 들어 올린다. 마치면 작을 상식인
여관에게 준다. 여관은 무릎을 꿇고 작(爵)을 받아 전하의 주정으로
나아간다. 이번에는 잔에 술을 따라 자궁저하 좌석 앞으로 올린다.
자궁저하께서 잔을 받아 이를 여관에게 준다. 여관은 무릎을 꿇고 잔
을 받아 전하 앞에 올린다. 전하는 잔을 받아 마신다. 마치면 전찬인
여관이 "부복, 흥, 평신"이라고 창한다. 전하께서 잔을 들고 엎드렸다
가 몸을 일으켜 몸을 바로 한다. 전하의 주정(酒亭)에 이르면 여관이
무릎을 꿇고 잔을 받는다.

행주의 수작이 행해지다.

殿下還就座行酒女官(典賓)行內外命婦酒女執事行儀賓戚臣酒(離位跪受飮訖復位)進湯于殿下 (傳捧如上儀)女官女執事分供湯于內外命婦及儀賓戚臣呈才訖樂止

전하께서 자리로 돌아와 행주한다. 전빈인 여관이 내외명부에게 술을 돌리고 여집사는 의빈과 척신에게 술을 돌린다.(자리에서 벗어나 무릎을 꿇고 받아 마시고 끝나면 자리로 돌아온다) 전하께 탕을 올린다.(전하여 받드는 것은 앞의 의식과 같다) 여관과 여집사는 분담하여 내외명부 및 의빈과 척신에게 탕을 제공한다. 정재가 끝나면 악이 멈춘다.

명부가 자궁께 수주 제2작을 올리고, 행주의 초작·수작이 행해지다.

第二爵奏金尺呈才受明命荷皇恩呈才樂作與民樂淸平樂女官典賓引進爵命婦詣壽酒亭南北向立 女官(尙食)以爵酌壽酒授命婦命婦受爵詣慈宮低下座前跪以爵授女官(尙食)女官進于慈宮邸下座 前命婦俯伏慈宮邸下舉爵進訖以爵授女官女官受虛爵以授命婦命婦受爵復於壽酒亭女官引命婦還復位(第三爵至七爵命婦及儀賓戚臣中稟承慈旨進爵如上儀儀賓戚臣則進爵于慈宮邸下次詣酒 亭酌酒進于殿下殿下舉爵飮訖授之還捧復於酒亭而退)進湯行酒如第一爵儀(每爵倣此)呈才訖樂止

제2작에서는 금척정재와 수명명하황은 정재를 연주한다.

「여민악청평악」이 연주되면 전빈인 여관이 작을 올릴 명부를 인도하여 수주정 남쪽으로 가서 북쪽에 향하도록 서게 한다. 상식인 여관이 작에 수주를 따라 명부에게 준다. 명부는 작을 받아 자궁저하 좌석 앞으로 가서 무릎을 꿇고 작을 상식인 여관에게 준다. 여관은 작을 자궁저하 좌석 앞에 올린다. 명부는 엎드린다. 자궁저하께서 작을 들어 올려 마신다. 끝나면 작을 여관에게 준다. 여관은 빈 작(爵)을 받아 명부에게 준다. 명부는 작을 받아 수주정으로 돌아온다. 여관이 명부를 인도하여 자기 자리로 돌아오게 한다.〔제3작에서 제7작까지는 명부 및 의빈과 척신 중 자궁의 뜻을 받은 자들이 이와 같은 의식으로 작을 올린다. 나머지 의빈과 척신들은 자궁의 차소(次所, 쉬는 곳)에서 작을 올린다. 전하의 주정으로 가서 술을 따라 전하에게 올린다. 전하께서 작을 들어 올려 마시고 끝나면 작을 돌려준다. 전하의 주정으로 작이 돌아오면 신하들은 자리를 물러난다.〕탕을 올리고 술을 돌리는 의식은 제1작 의식과 같다.(매 작마다 이와 같이 한다) 정재가 끝나면 악이 멈춘다.

명부와 의빈·척신이 자궁께 수주 제3작에서 수주 제7작을 올리고 행주의 초작·수작이 행해지다.

第三爵奏抛毬樂呈才舞鼓呈才樂作與民樂五雲開瑞朝曲呈才訖樂止

第四爵奏牙拍呈才響鈸呈才樂作鄕唐交奏千歲萬歲曲呈才訖樂止

第五爵奏鶴舞呈才樂作與民樂惟皇曲呈才訖樂止

第六爵奏蓮花臺呈才樂作與民樂恒恒曲呈才訖樂止

第七爵奏壽延長呈才樂作與民樂夏雲峰曲呈才訖樂止

處容舞進樂作鄕唐交奏井邑樂與民樂尖袖舞進奏洛陽春曲呈才訖樂止

女伶二人進至簾外當中分東西北向立唱觀華章云云(見樂章)唱訖降復位

제3작은 포구락정재와 무고정재를 연행한다.「여민악오운개서조곡」
이 시작되고 정재가 끝나면 악이 멈춘다.

제4작은 아박정재와 향발정재를 연행한다. 향악과 당악이 교차되어
시작되고 천세만세곡 정재를 연행한다. 끝나면 악이 멈춘다.

제5작은 학무정재를 연행한다.「여민악유황곡」이 시작되고 정재가
끝나면 악이 멈춘다.

제6작은 연화대정재를 연행한다.「여민악항항곡」이 시작되고 정재
가 끝나면 악이 멈춘다.

제7작은 수연장정재를 연행한다.「여민악하운봉곡」이 시작되고 정
재가 끝나면 악이 멈춘다.

처용무가 연행할 때에는 향악과 당악이 교차되어 시작되는데「정읍
악여민악」이 연주되며, 첨 수무가 연행할 때에는「낙양춘곡」이 연주
된다. 정재가 끝나면 악이 멈춘다.

여령 둘이 발 밖의 중앙으로 나아가 동과 서로 나뉘어 북쪽으로 향하
여 서서 관화장을 창한다.(악장을 본다) 창이 끝나면 내려와 자기 자
리로 돌아간다.

상식이 자궁저하와 전하의 찬안을 치우다.

女官(尙食)進慈宮邸下前殿下前撤案樂作與民樂慢

女官(典賓)及女執事撤命婦及儀賓戚臣卓樂止

여관 상식이 자궁저하와 전하 앞에 나아가 찬안을 치우면「여민락만」
이 시작된다.

여관 전빈과 여집사가 명부와 의빈, 척신의 탁을 치우면 악이 멈춘다.

자궁께 휘건·찬안·꽃을 올린 다음 총 수주(壽酒) 7작을 올리는데, 이들 수주는 행주의 헌작·초작·수작에 포함되는 즉 행주에서의 헌작이다. 그러나 헌수주 부분에서 사용하는 술잔은 작을, 행주 부분에서 사용하는 술잔은 잔(盞)으로 분명히 하고 있다. 이렇게 『국조속오례의』에서 보여주는 헌수주와 행주를 별도로 구분하여 행하는 것에서 벗어나, 헌수주와 행주를 동시에 하는 의례는 조선왕조에서 그간에 행했던 가례 의주를 벗어난 것이다. 게다가 동시에 행하기 때문에 헌수주는 무려 일곱 번이나 이루어졌다. 염수·소선이 올라가지 않아 제1작의 헌수주부터 술안주는 미수가 되어, 총미수는 일곱 번이 된다.

이렇듯 파격적으로 조선왕조의 규범에서 벗어난 의례는 음식 상차림도 예외가 아니다. 앞서 영조 20년 갑자년 외진연이 검약정신에 따라 행해져 이를 따른 것이 정조 20년의 「봉수당내진연」임을 밝혔다.

갑자년 외진연에서 대탁·대선·소선을 올려야 하지만 영조의 영에 의하여 올리지 않았는데, 원래는 다음과 같이 차리는 것이었다.

25기를 차린 대탁은 과상(果床) 또는 연상(宴床)이라고도 한다. 두 개의 상을 홍사(紅絲)로 연결하여 하나의 상으로 만든 대탁에 제1행은 1자(尺) 높이로 고여 담아 한약과 다섯 그릇, 제2행은 8치(寸) 높이로 고여 담아 백은정과, 만두과, 행인과, 연행인과, 난산과로 구성된 다섯 그릇, 제3행은 6치 높이로 고여 담아 양면과, 백미자, 홍미자, 소소매엽과, 적백과로 구성된 다섯 그릇, 제4행은 5치 높이로 고여 담아 소소과, 운빙과, 전다식, 백다식으로 구성된 네 그릇, 제5행은 4치 높이로 고여 담아 건시, 실진자, 백자, 대조, 황율, 실연자로 구성된 여섯 그릇이다. 제1행에는 수파련

(水波蓮) 한 개와 대지화(大紙花) 네 개를, 제2행에는 대지화 한 개와 중지화(中紙花) 네 개를, 제3행에는 중지화 두 개와 간화(看花) 세 개를, 제4행에는 간화 네 개를, 제5행에는 간화 여섯 개를 상화(床花)로 꽂는다.

대탁 맞은편에 차리는 상을 찬안상이라고 한다. 19기를 차린다. 제1행은 길경채, 서여, 연근정과, 생강정과, 천문동정과로 구성된 다섯 그릇, 제2행은 압자전유어, 대전복절, 건대하, 대문어절, 생선전유어로 구성된 다섯 그릇, 제3행은 홍미자, 약과, 분송화다식, 홍다식, 백은정과로 구성된 다섯 그릇, 제4행은 수정과와 삼색병 세 그릇을 합하여 네 그릇이다. 제1행에는 대지화 다섯 개를, 제2행에는 절화(節花) 세 개와 중지화 두 개를, 제3행에는 절화 두 개와 간화 두 개를, 제4행에는 간화 세 개를 상화로 꽂는다.

대탁 오른편에 차리는 상을 대선이라고 한다. 소 뒷다리 한 개, 돼지 한 마리, 기러기 한 마리를 통째로 삶아 익혀 세 개의 반(盤)에 담아 차린다.

대선 맞은편에 차리는 상을 소선이라고 한다. 쇠갈비 한 짝, 양 한 마리, 기러기 한 마리를 완전히 삶아 익혀 세 개의 반에 담아 차린다.

소선이 연향에 오를 때에 반드시 올라가는 것이 염수이다.[13] 염수로 오른 찬품은 염수당안이다. 수파련 한 개를 상화로 꽂는다.

13기가 차려진 별행과 제1행은 백은정과, 홍세한과, 소약과, 백세한과, 분송화다식으로 구성된 다섯 그릇, 제2행은 호두, 유자, 생이(生梨)로 구성된 세 그릇, 제3행은 건치절, 문어절, 전복절로 구성된 세 그릇, 제4행은 수침시자·연근정과로 구성된 두 그릇이다. 제1행에는 수파련 두 개와 중지화 세 개를, 제2행에는 중지화 세 개를, 제3행에는 중지화 세 개를 상화로 꽂는다.

만두는 한 그릇이다. 수파련을 상화로 꽂는다.

술안주로 차린 미수는 총 칠미(七未)이다. 초미(初味)는 세면, 추복탕, 천엽어음적, 석류, 병시, 양숙편, 소약과이다. 이미(二味)는 골만두, 과제탕, 생복어음적, 생이, 생치전체소, 부어증, 백미자이다. 삼미(三味)는 완자탕, 계란어음적, 족편, 홍시자, 생복회, 전복숙, 어만두, 전행인과이다. 사미(四味)는 포도, 동아만두, 생선전유어, 생복초, 양어음적, 잡탕, 당저장포, 홍미자이다. 오미(五味)는 금중탕, 생선숙편, 저간, 유자, 피자정과, 낙제어음적, 전은정과이다. 육미(六味)는 열구자탕, 증돈, 전복절, 족적, 황율, 수정과, 만두과이다. 칠미(七味)는 완자탕, 숙저육, 생강정과, 문어절, 대조, 황육어음적, 소소과이다. 이들 칠미 각각에는 수파련과 중지화 중 한 개를 상화로 꽂는다.[14]

이상 기술한 외진연 때에 올라야 했던 상차림 중에서 대탁, 대선, 소선, 염수를 제외하고 실제로 차린 상은 19기를 차린 찬안상과, 13기를 차린 별행과, 1기로 오른 만두, 그리고 일곱 번의 헌수에서 술안주로 오른 7미수에 불과한 것이었다.

갑자년 외진연을 계승한 「봉수당진찬연」에서도 혜경궁 홍씨께 대탁, 대선, 소선, 염수를 제외하고 찬안상과 소별미(별행과에 해당)만을 올렸다. 그러나 찬안상에는 다음에 기술하는 바와 같이 70기를 차렸다. 이는 갑자년 외진연에서의 찬안상 19기에 비하면 엄청난 것이고 이 숫자는 대탁, 찬안상의 찬품 전부를 합한 숫자 44기보다도 많다.

70기를 차린 찬안(饌案, 찬안상)에 오른 찬품은 각색병 1기, 약반 1기,

면(麵, 국수) 1기, 대약과 1기, 만두과 1기, 다식과 1기, 흑임자다식 1기, 송화다식 1기, 율다식 1기, 산약다식 1기, 홍갈분다식 1기, 홍매화강정 1기, 백매화강정 1기, 황매화강정 1기, 홍연사과 1기, 백연사과 1기, 황연사과 1기, 홍감사과 1기, 백감사과 1기, 홍요화 1기, 백요화 1기, 황요화 1기, 각색팔보당 1기, 인삼당 1기, 오화당 1기, 조란 1기, 율란 1기, 강란 1기, 용안과 여지를 합하여 1기, 밀조와 건포도를 합하여 1기, 민강 1기, 귤병 1기, 유자 1기, 석류 1기, 배 1기, 준시 1기, 밤 1기, 황률 1기, 대추 1기, 증대추 1기, 호두 1기, 산약 1기, 잣 1기, 각색정과 1기, 수정과 1기, 배숙 1기, 금중탕 1기, 완자탕 1기, 저포탕 1기, 계탕 1기, 홍합탕 1기, 편육 1기, 절육 1기, 어전유아 1기, 생치전유아 1기, 전치수 1기, 화양적 1기, 생치숙 1기, 수어증 1기, 해삼증 1기, 연저증 1기, 각색만두 1기, 어만두 1기, 어채 1기, 어회 1기, 숙합회 1기, 수란 1기, 꿀 1기, 초장 1기, 개자 1기이다.

별행과 대신에 오른 것이 소별미(小別味) 한 상이다. 12기를 차렸다. 미음 1기, 각색병 1기, 침채만두 1기, 다식과와 만두과를 합하여 1기, 홍백연사과 1기, 배와 석류를 합하여 1기, 대추와 밤을 합하여 1기, 각색정과 1기, 별잡탕 1기, 열구자탕 1기, 어만두 1기, 저포 1기, 꿀 1기, 초장 1기이다.

찬안과 소별미에는 대수파련 한 개, 중수파련 한 개, 소수파련 두 개, 삼색목단화 세 개, 월계화 한 개, 사계화 한 개, 홍도별삼지화 여섯 개, 홍도별건화 다섯 개, 홍도건화 열다섯 개, 홍도간화 일곱 개로 구성된 총 마흔두 개의 상화를 꽂았다.[15]

갑자년 외진연에서의 별행과 13기에 비하면 소별미는 12기이니까 1기가 적다.

『원행을묘정리의궤』「화성봉수당진찬우자궁의」에는 일곱 번의 행주에 따라 술안주로 일곱 번의 미수(탕)를 올린다 하였으나, 이 7미수에 대한 기록은 나와 있지 않기 때문에 일곱 번 미수가 오를 때 구체적으로 어떠한 찬품이 올랐는지는 알 수 없다.

3. 맺는 말

1795년은 정조의 즉위 19년이 되고, 정조의 아버지인 사도세자(思悼世子, 1735-1762)와 자궁(혜경궁 홍씨, 1735-1815)이 회갑년이 되며, 자전(慈殿, 영조의 계비)이 오십일 세가 되는 등 경사가 겹치는 해였다.

이에 정조는 자궁과 자전께 존호(尊號)를 올린 다음, 자궁과 군주〔君主, 왕세자의 적녀(嫡女)〕를 동반하고, 사도세자릉인 현륭원(顯隆園)이 있는 화성(華城, 수원)으로 원행(園幸)하여, 자궁께 진찬연을 열어 올렸다.

조선왕조는 음력 2월 9일 왕궁을 출발하여 2월 16일 환궁하기까지 벌어진 진찬연 등을 포함한 행사에 대하여 배경, 경위, 절차를 『원행을묘정리의궤』에 남겼다. 화성 봉수당에서 열린 진찬연은 음력 2월 13일에 거행되었다. 『원행을묘정리의궤』「화성봉수당진찬우자궁의」가 이때 행한 진찬연 의주이다. 이에 의하면 자궁께 휘건과 찬안 그리고 꽃과 소별미를 올리고 일곱 번의 행주가 있었다.

가례의 의주를 기록한 『국조속오례의』에 의하면 휘건, 찬안, 꽃, 소선, 염수, 별행과, 만두를 올리고, 대개는 2회 또는 5회의 헌수주를 올린 다음 7회 또는 4회의 행주가 있게 되고, 대선을 올린 후 연회가 끝나는 것으로 되어 있는 바, 헌수주 없이 행주 일곱 번으로 행사를 치른 「봉수당진찬연」은 규범에서 벗어난 것이었다.

「봉수당진찬연」에서 소선, 염수, 대선 등을 생략하고, 다만 찬안과 소별미만으로 연향상을 삼은 것은, 영조 20년 갑자년에 행한 외진연을 따른 것이다. 갑자년 외진연은 영조의 검약정신을 계승하여 간소하게 치른 것인데, 정조 임금은 검소하게 치르고자 하는 자궁의 뜻을 받들어 갑자년 외진연을 모범으로 삼았다.

그럼에도 불구하고 갑자년 외진연에서의 찬안에는 19기의 찬품이 차려졌으나 「봉수당진찬연」에서는 찬안에 무려 70기가 올랐고, 이때에 오른 찬안 70기는 순조 이후 고종까지의 연향에 막대한 영향을 미쳐서 연향 상차림이 극도의 사치로 흐르게 되는 계기가 된다.

조선시대의 궁중상화

봉수당진찬례에 사용된 재현 궁중상화를 중심으로

김태연(金泰燕)

1. 들어가는 말

조선시대 궁중에서 행해진 여러 가지 의례에 차려진 음식상 위에는 각양
각색의 화려한 꽃을 꽂아 장식하였다. 이와 같은 꽃을 상화(床花, 綵花)라
고 한다. 말하자면 조화다. 이에 대한 이야기는 궁중기록인 『의궤(儀軌)』
속에 글과 그림으로 전해 오고 있다. 1999년 8월 15일 조대비정일진찬과
더불어 궁중상화를 재현한 바 있는 필자는 같은 해 10월 9일 수원 화성 봉
수당에서 행해진 혜경궁 홍씨의 회갑연에 사용된 궁중상화를 궁중의궤
등 문헌조사 및 작품제작을 중심으로 궁중상화의 제작기법 및 색채구성
을 고구한 바 있다. 이를 바탕으로 다시 2002년 재현한 궁중상화의 분석
을 위해 글로 옮기는 과정에 부득이 사진촬영을 하게 되었는데, 그 과정에
서 입체물에 의한 음영에 따라 색의 분석이 현물과 달리 표현된다는 점을
알 수 있었다. 이러한 의미에서 지정된 색채가 주변 색채의 영향을 조금

이나마 받게 되고, 추후 궁중상화의 재료나 염료에 따라 표현이 달라질 수 있으며 또는 작가의 의도에 따라서도 색채의 변화가 가능하다는 점을 감안하지 않을 수 없었다. 이 글은 이러한 결과를 감안하여 궁중의례와 상화를 간단히 살피고, 봉수당진찬례에 사용된 상화의 종류와 의미 그리고 제작기법과 색채까지 살피고자 한다.

2. 궁중의례와 상화

궁중의식에서 꽃 장식은 필수 덕목이다. 고려시대에는 궁중의 대소 연회에서 꽃을 받아 머리에 꽂고 술을 마시는 풍속이 일반화되었는데 이는 조선조에까지 이어졌다. 연로한 대신들을 모아 잔치를 베푸는 기로연(耆老宴)에서 꽃을 머리에 꽂고 음주하는 대화의식(戴花儀式)은 다른 연회와 마찬가지였지만, 잔치가 끝난 뒤에는 특별히 연폐(宴幣)라 하여 각종 음식과 물품 및 꽃을 하사하는 경우도 있었다. 희종(熙宗) 4년 이후 제도화된 기로연에서 연폐로 하사된 물품에는 비단, 솜, 옷감, 금은(金銀), 요대(腰帶), 인삼, 초(燭) 등과 함께 꽃도 포함되었다. 이들 물품은 관직과 품계의 고하에 따라 차등을 두어 하사되었는데, 꽃을 하사하는 양은 재추에겐 꽃 여덟 송이, 3품 관원에겐 꽃 여섯 송이, 재추 및 3품 관원의 모와 처에겐 꽃 여섯 송이었다.[1, 2] 『국조오례의』 중에서 특히 가례(嘉禮)와 빈례(賓禮)에는 특정한 헌화의식(獻花儀式)이 포함되어 있고, 기타 여러 의식에도 헌화(獻花), 산화(散花), 대화(戴花), 삽화(揷花) 등의 규범과 절차가 있어서 호화스럽고 장엄한 연회를 장식하였다.[3] 요즘에는 어느 계절이건 각종 생화(生花)를 구할 수 있지만 예전에는 제철이 아닌 경우 어느 때고 여러 종류의 꽃을 쉽게 구할 수가 없었다. 그러므로 궁궐이나 여염집 할 것 없이 길흉사 때에 쓰이는 꽃은 조화(造花), 즉 가화(假花)를 쓰기 마련이었다. 근래에는 이렇게 만들어진 꽃을 조화라 하지만 『진연의궤(進宴儀軌)』권 12 「찬품조(饌品條)」에 보면 '채화(綵花)'라 하였다. 궁중에서는 가객(嘉客)들의 옷깃에 꽂는 산화(散花) 따위를 만들던 화장(花匠)과 식탁을 장식하던 꽃만을 만들던 상화농장(狀花籠匠)의 구별이 있었던 것으로 보인다. 따라서 궁중에서는 진연(進宴)이 베풀어질 때마다 시정(市井)의 화장에게 갖가지 꽃을 만들도록 하여 썼다.

화장 안정환이 "이조말 나라에 잔치가 있을 때는 밤을 새워 가며 꽃을 만들어 상납(上納)했다"는 얘기는 곧 당시 궁에서 진연 때마다 시정에서 갖가지 꽃을 만들게 하여 사들였음을 알 수 있다.

『대전회통(大典會通)』「공전 공장조」에 의하면, 화장은 조선시대에는 제향과 시호에 관한 일을 맡아보던 관아인 봉상시(奉常寺)에 소속시켰다는 것을 알 수 있다. 나라의 일로 경사가 있을 때 대궐 안에서 베푸는 잔치인 진연과 왕족 간에 경사가 있을 때 베푸는 진찬(進饌)에는 기명과 음식을 배설하는 가운데 상화와 준화(樽花)[4]가 빠질 수 없다.

조선왕조 고종 때에 제작된 『진연의궤(進宴儀軌)』의 채화도(綵花圖)에는 어잠사권화(御簪絲圈花), 사권화(絲圈花), 준화(樽花), 삼층대수파련(三層大水波蓮), 이층중수파련(二層中水波蓮), 일층소수파련(一層小水波蓮), 목단화(牧丹花), 월계화(月桂花), 사계화(四季花), 홍도별간화(紅桃別間花), 홍도삼지화(紅桃三枝花), 홍도별건화(紅桃別建花), 홍도이지화(紅桃二枝花), 홍도건화(紅桃建花), 홍도간화(紅桃間花), 복분자화(福盆子花), 과자화(瓜子花), 국화(菊花), 유자화(柚子花), 가자화(茄子花), 시자화(柿子

花), 포도화(葡萄花) 등 스물두 종류⁵의 다양한 채화의 이름이 보인다.

이와 같은 채화 중 어잠사권화, 사권화, 준화를 제외하고, 상화는 모두 열아홉 종류이다. 어상(御床, 임금님이 나라에 경사가 있는 날 받는 음식 상)에 음식을 높이 괴어서 고배(高排)하고, 음식마다 상화를 꽂아 호화롭 게 꾸며 진찬하고 축하연이 끝나면, 그 음식들은 한 가지씩 한지(韓紙)로 잘 싸서 종친(宗親)과 당상관(堂上官) 집에 하사한다. 이때 어상차림을 망 상(望床) 또는 몸상이라 하며, 이는 의례로 받고 본인에게는 장, 국상 형식 의 상을 따로 차려 놓고 입매상이라고 한다.⁶ 조선시대 함녕전(咸寧殿)의 외진연(外進宴)과 내진연(內進宴)의 잔칫상과 회갑상 등을 장식한 대수파 련은 밀화(蜜花)로 되어 있다. 밀초로 연꽃잎을 만들고, 그 사이사이에 월 계화, 홍벽도(紅碧桃), 그 아래 당가화(唐假花) 등을 곁들였던 것이다.⁷

한편 이 상화에 대한 연구는 용어 정리조차 잘 되어 있지 않아 혼란을 주고 있다.⁸ 따라서 먼저 의궤에 표현된 여러 가지 꽃에 대한 용어를 아래 와 같이 정리하고자 한다.

·가화(假花): 만든 꽃.

·보옥화(寶玉花): 금이나 옥으로 만든 꽃.

·나화(羅花): 가벼운 비단을 채색하여 만든 꽃.

·어잠사권화(御簪絲圈花): 오색 비단실을 채색하고 꼬아서 만든 꽃.

·세저포화(細苧布花): 삼베, 모시를 물들여 만든 꽃.

·납화(蠟花): 밀랍을 달여 채색하고 비벼서 만든 꽃.

·지화(紙花): 한지를 물들여 만든 꽃.

·밀화(蜜花): 한지에 들기름을 먹여 만든 꽃.

· 피화(皮花): 가죽으로 만든 꽃.

· 빙화(氷花): 무더운 여름에 얼음을 조각하여 실내를 장식하던 꽃.

· 사권화(絲圈花): 실과 철사로 만들어 관에 꽂는 꽃.

· 선화(宣花): 임금이 내리는 꽃.

· 채화(綵花): 조화(造花).[9]

· 삽화(揷花): 꽃을 꽂음.

· 상화(床花): 음식 위를 장식하는 꽃.

· 헌화(獻花): 임금에게 꽃을 바침.

· 산화(散花): 옷깃에 꽂는 꽃.

· 공화(供花): 신에게 꽃을 바침.

· 준화(樽花): 화준(花樽)[10]에 꽂는 꽃.

· 대화(戴花): 머리에 꽃을 꽂음.[11]

· 홍황장미화(紅黃薔微花): 홍황색의 잔잔한 물여귀꽃.[12]

· 어잠사권화(御簪絲圈花): 길이는 일 척 이 촌으로 홍녹색의 가는 베로 꽃과 잎을 만들어 은실과 동실로 연결하며 은으로 껍질을 만듦.[13]

· 수공화(首拱花): 머리에 꽂는 꽃.[14]

· 지별건화(紙別建花): 종이로 만든 꽃.[15]

· 사화(賜花): 임금이 신하의 사모(紗帽)에 꽂는 꽃을 하사(下賜)한 꽃.

3. 봉수당진찬례

18세기 조선 후기의 문예부흥을 이끌었던 정조(正祖, 재위 1777-1800)는 효성이 무척 지극했던 것으로 유명하다. 정조는 비명에 간 아버지 사도세자의 명복을 빌기 위해 화성(華城)에 있는 사도세자의 묘소인 현륭원(顯隆園)을 여러 차례 찾아가 성묘하였다. 그중 사도세자와 동갑이었던 어머니 혜경궁 홍씨가 회갑을 맞게 된 정조 19년(1795) 2월에 거행된 행차가 볼만하다. 이때의 화성 행차 모습은 윤2월 9일 경복궁을 나와, 15일 환궁하기까지 팔 일 간의 일정으로『원행을묘정리의궤(園幸乙卯整理儀軌)』에 그 전모가 기록되어 있다.

1.『원행을묘정리의궤』〈봉수당진찬도(奉壽堂進饌圖)〉부분. 19세기경. 국립중앙박물관.

이때 정조는 어머니 혜경궁 홍씨와 동행하였으며, 화성행궁(華城行宮)의 봉수당(奉壽堂)에서 혜경궁께 올리는 성대한 진찬례(進饌禮)를 베풀었다.(도판 1) 2월 9일 시흥(始興) 행궁(行宮)에서 경숙(經宿)하였고, 10일에 화성에 도착하였다. 11일에는 화성 성묘(聖廟)를 배알하고, 낙남헌에 나아가서 문무정시(文武庭試)와 별시(別試)를 보았다. 13일에는 혜경궁을 위한 송수진찬연(頌壽進饌宴)을 봉수당에서 거행하였으며, 14일에는 신풍루(新豊樓)에서 사미(賜米)를 하고, 낙남헌에서 양로연(養老宴)을 베풀었다.

봉수당진찬례는 봉수당 내전에 혜경궁의 상차림이 마련되고, 정조의 자리와 함께 앞뜰엔 의빈과 척신들의 자리와 중양문(中陽門) 밖에 문무백관의 자리가 마련되었다. 이날은 회갑 잔치인 만큼 음식이 평상시보다 많아 자궁에게는 일흔 종의 음식을 차린 고배상(高排床)과 열두 종의 음식을 올린 소별미상이 차려졌다. 정조의 상은 훨씬 가짓수가 적고 높이도 낮으며 내빈, 신하들에게도 지위에 따라 가짓수가 줄어들며 각각 상을 차려냈다. 또한 음식마다 가화를 만들어 꽂으므로 잔치의 호화로운 분위기를 자아냈다. 다음은 당시의 기록을 참조하여 열거한 것이다.

1) 혜경궁 홍씨 상차림

자기 칠십 개, 검은 칠을 한 다리가 있는 반(盤)을 사용했다.

(1) 찬안(饌案)

명색떡 1, 약밥 1, 국수 1, 큰 약과 1, 만두과 1, 다식과 1, 흑임자다식 1, 송화다식 1, 밤다식 1, 산약다식 1, 홍갈분다식 1, 홍매화강정 1, 황매화강정

1, 홍연사과 1, 각색팔보당 1, 인삼당 1, 오화당 1, 란 1, 율란 1, 강란 1, 용안려기 1, 밀조건포도 1, 민강(閩薑) 1, 귤떡 1, 유자 1, 석류 1, 배 1, 준시(蹲柹) 1, 생밤 1, 황밤 1, 큰 대추 1, 삶은 큰 대추 1, 호두 1, 산약 1, 잣 1, 각색 정과 1, 수정과 1, 배숙 1, 금중탕 1, 완자탕 1, 저포탕 1, 계탕 1, 홍합탕 1, 편육 1, 절육 1, 어전유화 1, 생치전유화 1, 전치수 1, 화양적 1, 생치숙 1, 물고기증 1, 해삼증 1, 연지증 1, 각색만두 1, 물고기만두 1, 어채 1, 어회 1, 삶은 홍합회 1, 삶은 달걀 1, 청 1, 초장 1, 겨자 1.

(2) 별상

미음 1, 각색떡 1, 심채만두 1, 다식과 1, 만두과 1, 홍백연사과 1, 배와 석류 1, 대추와 밤 1, 각색정화 1, 별잡탕 1, 열구자탕 1, 물고기만두 1, 저포 1, 청 1, 초장 1.

(3) 상화 42개

대수파련 1, 중수파련 1, 소수파련 2, 삼색모란화 3, 월계 1, 사계 1, 홍도별삼지화 6, 홍도별건화 5, 홍도건화 15, 홍도간화 7.

이를 다시 표로 보면 다음과 같다.

순번	품목	수량	가격
1	어잠사권화	2개	20냥
2	준화	2개	60냥
3	수공화	10,000개	455냥

4	악공 수공화	72개	144냥
5	여령 수공화	36개	36냥
6	연화대동기 홍황장미화	2개	10냥
7	대수파련	2개	14냥
8	중수파련	4개	12냥
9	소수파련	23개	14냥 5전
10	삼색목단화	5개	4냥
11	월계	4개	2냥 4전
12	사계	4개	2냥 4전
13	홍도별삼지화	63개	17냥 4전 3푼
14	홍도별건화	23개	4냥 3전 7푼
15	홍도건화	82개	7냥
16	홍도별간화	56개	5냥 6전
17	홍도간화	82개	4냥 1전
18	지간화	57개	5전 7푼
19	제신상화	1,400개	177냥 5전
	합계	11,919개	990냥 8전 7푼

진찬례에 사용된 상화의 품목과 수량 및 가격.[16]

2) 궁중상화의 종류와 색 그리고 의미

조선왕조 진찬의궤에 관한 기록은 숙종 45년(1719)부터 광무 6년(1902)까지의 의궤(儀軌) 중 고종 24년(1887)의 『진찬의궤』가 연회의 규모도 크고 기록도 완전히 남아 있다.[17] 그리고 『진찬의궤』에는 궁중에서 행하는 여러 가지 의례행사에 정성스럽게 음식을 차렸으며, 음식 위에는 각양각색의 화려한 꽃〔床花, 綵花〕이 장식되었다고 전한다. 이처럼 음식상 위에 꽂힌 꽃을 앞에서 말한 바와 같이 상화라고 한다. 의궤에 글과 그림으로 전해 오고 있긴 하나, 현재 문화재적 사료가 남아 있지 않으며, 문헌상의 기록도 상화의 종류와 전통적인 제작기법에 대해서만 약간 언급될 뿐 구체적인 제작기법이 기술되어 있지 않다.

이렇듯 부실한 고증이나마 고종 24년의 기록을 토대로 하여 필자는 지난 1999년 8월 15일 국립극장 야외에서 행해진 만경전 정일진찬재연 행사에 궁중상화를 재현 전시한 바 있다. 당시 필자는 전통적인 궁중상화의 재료 및 색상은 부족하나마 문헌을 바탕으로 재현하는 것을 원칙으로 하되, 실제 꽃은 그 꽃의 형태와 색채를 가능한 한 구체적으로 표현하려 했으며, 상상의 꽃일 경우에는 궁중기록(그림)에 충실하려고 애썼다. 이로써 우리 조상들이 생활 속에 꽃을 어떻게, 어떤 의미로 왜 사용하였는가를 알고, 나아가 한국 전통 꽃문화의 연원을 유추해 보았다.

아래의 궁중상화의 상징적 의미는 「김태연 궁중상화 재현전(再現展)」 자료에 의한 것이다. 이 자료는 1999년 창작하여 그해 공포하였으며, 대한민국 저작권심의조정위원회에 의해 미술저작물로 2004년 4월에 '궁중상화 19점의 저작자 김태연'으로 등록되었다.

먼저 상화인 대수파련은 대찬탁에 꽂는다. 또 중수파련과 소수파련은 좌우의 탁에 꽂으며, 홍도·모란·사계·월계·여러 건화와 간화는 대소 찬품 및 제신의 찬탁에 나누어서 꽂는다. 그 하나하나를 살펴보면 다음과 같다.(도판 2)

- 삼층대수파련(三層大水波蓮): 국태민안과 태평성대를 기원하는 꽃을 일컫는다.
- 이층중수파련(二層中水波蓮): 부귀와 자손번창을 축원하기 위한 꽃을 일컫는다.
- 목단화(牧丹花): 부귀영화를 상징하며 홍(紅), 자(紫), 백(白)색이 있다.
- 일층소수파련(一層小水波蓮): 부귀와 자손번창을 축원하기 위한 꽃을 일컫는다.
- 과자화(瓜子花): 오이꽃은 자손을 많이 두기를 소망하는 꽃으로 다산을 상징한다.
- 복분자화(福盆子花): 산딸기꽃의 줄기는 장수를 상징하고 씨앗은 자손번창을 의미한다.
- 포도화(葡萄花): 포도꽃의 줄기는 장수를 상징하며 씨앗은 자손번창을 의미한다.
- 시자화(柿子花): 좋은 배필을 만나 가세번창과 자손번창의 기원을 의미한다.
- 가자화(茄子花): 가지의 열매 속에 있는 수많은 씨앗은 자손번창을 상징한다.
- 유자화(柚子花): 유자화의 유자는 독음을 따라 '아들을 얻는다(有子)'로 해석되므로 자식을 많이 갖는 것을 의미한다.
- 월계화(月桂花): 아름다운 청춘을 오래 누림을 의미한다.
- 국화(菊花): 국화꽃은 안락(安樂)과 장수(長壽)를 상징한다.
- 사계화(四季花): 사계절에 걸쳐 모두 곱게 피는 붉은색의 꽃을 일컫는

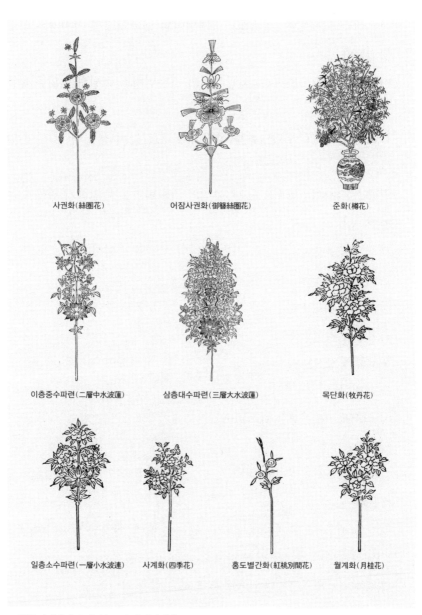

사권화(絲圈花)　　　　　어잠사권화(御簪絲圈花)　　　　　준화(樽花)

이층중수파련(二層中水波蓮)　　삼층대수파련(三層大水波蓮)　　목단화(牧丹花)

일층소수파련(一層小水波連)　　사계화(四季花)　　홍도별간화(紅桃別間花)　　월계화(月桂花)

2. 궁중연례에서의 상화(床花).『진연의궤(進宴儀軌)』.

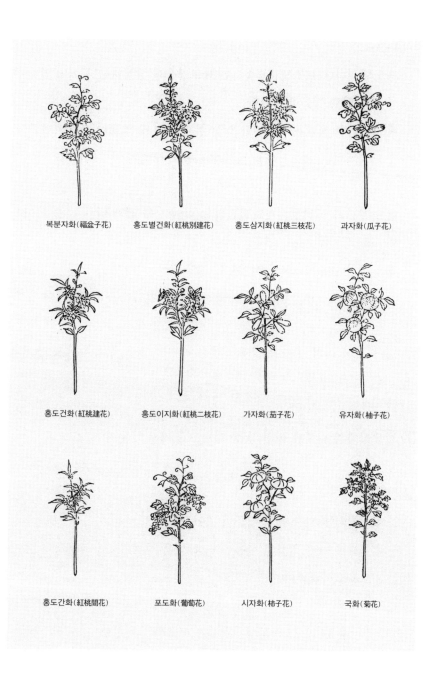

복분자화(福盆子花) 홍도별건화(紅桃別建花) 홍도삼지화(紅桃三枝花) 과자화(瓜子花)

홍도건화(紅桃建花) 홍도이지화(紅桃二枝花) 가자화(茄子花) 유자화(柚子花)

홍도간화(紅桃間花) 포도화(葡萄花) 시자화(柿子花) 국화(菊花)

다.

· 홍도별건화(紅桃別建花): 홍도는 불로장수를 상징하는 꽃이며 잎이 아주 많이 달린 것을 의미한다.

· 홍도건화(紅桃建花): 건화(建花)는 꽃과 잎이 많이 달린 것을 의미한다.

· 홍도삼지화(紅桃三枝花): 삼지화란 홍도 줄기가 세 가지임을 의미한다.

· 홍도별간화(紅桃別間花): 별간화는 잎이 아주 적게 달린 것을 의미한다.

· 홍도간화(紅桃間花): 간화(間花)는 꽃과 잎이 적게 달린 것을 의미한다.

· 홍도이지화(紅桃二枝花): 홍도 줄기가 두 가지임을 의미한다.

다음으로 이러한 꽃들을 실제로 만들 때 어떤 공을 들이는가를 살펴본다.

(1) 궁중상화의 염색과 풀칠, 꽃술 그리고 꽃가루 만들기

염색법

① 염색할 천의 풀기를 빼고 깨끗이 씻어 말린다.

② 천의 종류에 따라 염료를 사용한다. 목면은 직접염료를 사용하고, 견은 산성염료를 사용한다.

③ 천의 종류와 염료에 따라 촉염제를 적합하게 사용한다. 목면과 직접염료에는 소금을 넣고, 견과 산성염료에는 식초를 사용한다.

④ 천이 젖어 있을 때는 천이 마른 후보다 조금 진하게 염색하는 것이 적

당한 색상을 얻을 수 있다.

⑤ 염색한 후에는 깨끗이 씻어 그늘에 말려야 한다.

풀

① 밀가루와 전분을 7:3의 비율로 섞어서 물을 붓고 되직하게 끓인다.

② 편편한 바닥에 천을 펴서 솔로 천의 뒷면에 풀칠을 한다.

③ 마른 뒤 천의 두께에 따라 한두 번 더 풀칠을 해서 바싹 말린다.

꽃술

꽃술은 노루털이나 모시를 사용한다. 한 꽃에 50여 개의 털을 깎아 흩어
지지 않게 하고, 그 끝을 밀에 담가 고정시킨다. 가운데 한두 개는 수염
처럼 길게 한다. 마련된 꽃술을 납장에 담가 자황(雌黃)가루나 부들꽃가
루, 메주가루 등을 섞어서 꽃술 끝에 바르고, 털로 된 것은 끝을 살짝 태운
다.[18]

① 홍도화, 사계화, 월계화는 풀을 세게 한 모시의 올을 빼서 길이 약 삼 센
티미터 정도로 잘라서 밑부분을 실로 묶어 둔다.

② 홍도화는 15개 정도이고, 사계화와 월계화는 30-50개 정도이다.

③ 목단은 50-70개 정도이고 올이 거친 삼실을 이용해 만들며, 위의 방법
과 같다.

꽃가루 만들기(홍도화, 사계화, 월계화에 사용함)

① 찹쌀을 고두밥으로 쪄서 바싹 말린다.

② 말린 찹쌀을 작은 절구통에 넣고 빻는다.

③ 찹쌀가루를 진한 치자물로 노랗게 물들인다.

④ 만든 꽃술 끝에 풀을 묻혀 ③을 찍으면서 묻힌다.

⑤ 목단화의 경우 메줏가루를 이용한다.

그 외 궁중상화에 쓰이는 재료에 따라 이름이 정해지기도 한다. 그런데 가화를 만드는 방법에 대해서는 전문적인 기록이나 문헌을 찾아보기 힘들다. 의례가 끝난 다음에 불태우거나 버려져서 그 현물을 볼 수 없기 때문이다.[19]

다음은 상화를 만들기 위해 쓰이는 도구를 살펴본다.

(1) 지화(紙花)의 경우

가장 잘 알려져 있는 지화는 민간의식의 혼례(婚禮), 회혼례(回婚禮), 사제례(喪祭禮)와 불교의식, 무교의식에서 널리 사용되어 온 가화이다. 사용하는 연장으로는 꽃잎 자르는 꽃잎정, 칼, 가위, 송곳, 공판(동그라미를 그리는 대), 나무송곳, 숟가락, 붓, 갈캐 등이다. 꽃을 만드는 데 사용되는 종이는 한지가 가장 좋다. 현대에 와서는 양지(洋紙)를 사용하지만 때깔이 은근하지 못하다. 채색에 사용되는 물감은 연지즙(臙脂汁), 주사(朱砂), 칡꽃즙, 치자 등이 청아하고 맑고 은근한 가운데 생생한 빛깔을 내준다.[20]

　궁중상화에서의 지화는 삼층대수파련과 이층중수파련 및 일층소수파련에 사용되는 연꽃 제작과 임금의 명에 따라 한지로 지화를 만들어 쓴 경우에 해당된다. 필자의 경우 재현할 때 연꽃은 화지(花紙)를 사용하였으며, 직접염료의 다홍색을 농담을 달리하여 채색하고 꽃을 만들 때 풀과 대나무 줄기를 사용한다.

(2) 나화(羅花)의 경우

궁중상화의 대부분의 꽃의 재료는 비단(견 또는 인견)을 사용하여 산성염료를 쓰고, 촉매로는 식초를 사용해 염색한다. 잎은 비단이 얇아 잘 말리므로 목면을 직접염료로 염색하며 소금을 촉매로 사용하였다. 꽃술은 모시나 삼베를 이용하였고, 때로 목단화 등 꽃술의 양이 많은 꽃인 경우 아바카사를 염색하여 사용하기도 했다.

그런데 유감스럽게도 궁중상화를 제작하는 데 사용된 도구는 어떤 것들인지 현물이 남아 있지 않아 지금까지의 조사로는 밝힐 수가 없다. 이러한 가운데 필자의 경우, 그동안 전통지화(傳統紙花)를 소중히 여겨서 연구하며, 불교나 무교(巫敎)에서 지화를 만들 때 사용하는 도구의 여러 가지 점을 참고하여 궁중상화의 제작 도구를 만들어 사용하게 되었다. 특히 황월화 스님께서 유품(遺品)으로 필자에게 남겨 주신 불교(태고종)의 영산재의 지화도구는 큰 도움이 되었다.

4. 맺는 말

현재 궁중상화는 문화재적 사료가 남아 있지 않다. 그럼에도 부족한 대로 먼저 2002년에 재현한 궁중상화를 중심으로 그동안의 문헌조사를 통해 본 결과와 스튜디오에서 작품촬영을 해 도록으로 남겨 보관한 파일에서 필자는 사진의 색채가 실제의 작품색채와 약간 다르게 표현되는 점을 발견하게 되었다. 이것은 입체물을 촬영하는 데서 음영이 생기는 등, 실제보다 색채의 채도가 낮아지기 때문이었다. 따라서 재현을 위해서는 직물을 먼저 염색한 후 그늘에 말린 후에 풀을 먹이고, 재단하여 인두질하고, 꽃

제작을 위해 기타 다양한 기법 등을 사용하기도 하였다.

이러한 작업을 통해 필자는 의궤에서 글과 그림으로만 존재해 오던 미미한 꽃문화의 사료가 우리 민족의 찬란한 문화의 전통과 권위를 확인하는 데 큰 도움을 주고 있음을 확인할 수 있었다. 어쨌든 이러한 결과를 통해 궁중상화의 형태구성 및 색채구성을 가시화하였고, 비록 화학염료에 의한 상화이지만, 그 결과물을 정리하는 계기가 되었음을 다행으로 여긴다.

지난날 우리 조상들이 의식주를 통해 생활 주변에서 사용하던 갖가지 기물들과 미술유산 중에 나타난 다양한 의장(意匠)요소들을 보면 여러 상념이 떠오를 때가 있다. 어느 것은 채색으로 나타나는가 하면, 또 어느 것은 음각(陰刻), 양각(陽刻), 상감(象嵌) 등의 선묘(線描)로 표현되고, 그런가 하면 상형(象形), 투각기법(透刻技法) 등으로 나타난 문양을 볼 수 있다. 색채와 문양들은 유물의 정체를 분명하게 밝혀 주는 중요한 근거가 되며, 우리 선조들의 생활신앙과 관념을 반영한 것이라 할 수 있다.

끝으로 이 작업을 하면서 언제나 느끼는 것이지만, 무엇보다 궁중상화 연구의 방향이 보다 현실의 생활문화로 대두될 수 있도록, 현재의 궁중음식 및 기타 의례음식을 연구하고, 식공간 연출 등 전통 테이블 세팅디자인, 상업 공간 디스플레이 등에서도 다양하게 활용할 수 있는 전수교육의 구체적인 프로그램 개발의 필요성을 절감했다. 앞으로 사극에 출현하는 전통복식 디자인의 전통 색상이나 천연염색 내지는 자연염색에 의한 색채의 재료 및 염색기법을 개발하고, 매염제 등에 의한 색채 표현기법도 아울러 연구해 둠으로써, 이 글이 한국 전통 꽃문화의 연원을 유추해 가는 데 조금이나마 기초적인 도움이 되었으면 한다.

중세 한·중·일 궁정의례와 연희
잡극과 악가무를 중심으로

윤광봉(尹光鳳)

1. 들어가는 말

중세 중기까지 유럽에서는 그리스도교가 민중문화를 이끌었으며, 이를 뒤에서 뒷받침한 것이 성직자였다. 그러다가 중세 말(14-15세기)부터 근세에 걸쳐 그리스도교 문화는 서서히 귀족계급으로 옮겨지면서, 교회 우위의 학문, 미술, 음악, 예술 등이 궁정문화(宮廷文化)로 바뀌었다. 국왕이 순행하다 실시되는 임시의식이나, 궁중 내에서의 여러 가지 의례 등은 궁정문화를 일궈내는 중요한 요소이다. 이와 달리 동양은 유불도(儒佛道)가 주축이 되었는데, 그중에서도 특히 불교 우위의 학문, 미술, 음악, 건축, 예술이 궁정문화와 더불어 발전했다. 불교의 사회적 수용은 종교 관념에 있어 커다란 변화를 초래하여 종교, 철학, 주술의 복합체 구실을 했다. 특히 불교의 생활화는 중국과 일본 그리고 고려인에게 사상적 경제적 문화정책에 큰 자극을 주어 고급문화인 궁정문화예술을 다양하게 발전시켰다. 이 글은 바로 이러한 점을 고려하여 중세 한중일(韓中日)의 시대적 상황과 궁정문화에 연계된 불교의 사정을 살피며, 제반 궁정의식 속에 연희 양상이 어떻게 전개되었는가를 그 일부나마 살펴보고자 한다.

2. 한중일의 사정

먼저 중세 중국의 경우, 당나라를 이은 송나라에선 가무희에서 연출하는 고사(故事)의 내용이 구체화되었다. 말하자면 등장인물들의 대화가 다양하게 풍자적 요소로 바뀌면서 구성이 좀 더 조직화되었고, 다양한 가무희와 강창(講唱) 및 잡희 등이 종합 발달하여 제법 오늘날과 같은 희곡(戱曲)이 이뤄지게 된다. 그 뒤 송나라에서 다시 원나라로 바뀌면서 원나라 조정은 도교와 불교를 아우름과 동시에 서역의 여러 나라 사람들[色目人]을 우대하였다. 반면 권력을 잃은 한인(漢人)들은 실의에 젖어 신기한 잡희를 즐기게 되고, 여기에 몽고인들의 사치성 오락이 합세하여 이른바 원곡(元曲)을 완성하게 된다. 특히 여러 도시에서 서민 경제가 발전함에 따라, 신흥 세력의 서민들이 자신들의 오락을 즐기기 위해 예인들을 뒷받침하게 되었는데, 이러한 현상은 일본과 고려에서도 마찬가지였다.

비슷한 시기 일본은 헤이안(平安) 시대로 들어서며 일대 변혁이 일어나는 가운데, 예인집단인 산악호(散樂戶)가 폐지된다. 따라서 산악(散樂)은 좌우근위병들이 스모절(相撲節) 행사에 참여하고, 한편으로 이들 행사를 위한 연출과 출연자들은 천민인 법사(法師)와 같은 모습[形]을 한 예인들이 주도하며 성황을 이루었다. 원래 산악은 곡예와 환술 그리고 희극적 요소가 섞여 있는 연희이다. 씨름 행사인 스모절엔 뒤풀이에 산악을 공연하고 무악을 연출했다. 종래엔 이와 달리 좌무(左舞) 공연 마지막에 산악이 연행되었는데, 그 뒤 사루가쿠(猿樂)가 등장했다. 『무악요록(舞樂要錄)』에 의하면, 이 사루가쿠가 때로는 잡예(雜藝) 혹은 혼탈(渾脱, 褌脱), 검기(劍氣, 渾脱)로 표시되었다. 그러다가 936년 이후엔 거의 사루가쿠라 부르고, 호칭도 사루곤고우(散更)로 변했으며 그 답무(答舞)로서 걸한(乞寒: 桔槹, 吉簡)이 연행되었다. 12세기 중엽 주사(呪師), 섬무(蟾舞), 황륜고(荒輪鼓), 농환(弄環), 고족(高足), 이족(二足)이 보이고[兵範記], 1229년엔 좌무(左舞)로 환성악(還城樂), 소막자(蘇莫者), 원악(猿樂)이 우무(右舞)로 박룡(狛龍), 소지마(蘇志摩), 걸한(乞寒)이 보인다.[1]

　고려의 경우, 새로 나라가 바뀌면서 918년 11월에 팔관회(八關會)를 개최하게 되는데, 특히 불교의 생활화는 고려인에게 팔관회를 친밀하게 수용시켰으며, 풍수지리 도참설은 팔관회를 더욱 성대히 지속시켜 여러 면에 변화를 주었다. 말하자면 나중에 원나라의 풍속과 도교와 불교가 어우러져 변형을 이룬 것이다. 팔관회 내용에 "其四仙樂部 龍鳳象馬車船 皆新羅古(故)事"라는 기록이 보여 주듯이 고려 초기에 공연된 것이 백희가무(百戲歌舞)였다. 사선악부(四仙樂部)란 당시 존재했던 신라가 파견한 공연단체인 화랑가무단이다. 이인로(李仁老)가 "계림의 옛 풍속에 풍채가 아름다운 남자를 가려 주취(珠翠)로써 장식하고 화랑이라 하여 국인이 모두 그를 받들었다. 그 무리가 삼천 명에 이르러 원상춘릉(原上春陵)이 선비를 양성한 것처럼 불군의 재능이 드러난 사람은 뽑아서 조정에서 벼슬까지 하게 하니, 오직 사선의 문도가 가장 번성하여 비를 세우기까지 했다"고 한 것[2]처럼 사선의 무리는 화려한 가무단체였다. 이러한 전력의 무리이다 보니 아예 중동 팔관회에서 양가의 자제 네 사람을 뽑아 우의를 입혀 궁정에서 춤을 추게 했던 것이다. 이것이 바로 「예상우의(霓裳羽衣)」

라는 곡목이다. 화랑가무단은 말하자면 바로 이러한 무리 중 예능에 뛰어 난 자를 뽑아 만든 당시 신라의 국립가무단이라 할 수 있다. 이들은 고려 정권이 들어서면서 송대처럼 나라 행사가 있을 때는 초청을 받아 고사(故 事)를 중심 테마로 연행을 했던 대표적 연예 그룹으로 변신한 것이다.

어쨌든 당시 궁정에 설치된 공연장의 모습을 보면, 장소는 격구를 하던 규모가 큰 운동장〔毬庭〕으로서, 큰 윤등을 하나 걸고 그 곁을 빙 둘러 향 등을 밝힌다. 그리고 가설무대는 오색비단 막으로 장식한 다락을 꾸몄는 데, 그 높이가 각각 오십여 척(약 십오 미터)으로 그 모양이 마치 당악의 일종인 연화대와 같다고 했다. 이러한 장소에서 연희의 내용이 용(龍)·봉 (鳳)·상(象)·마(馬)와 관련된 신라의 고사를 연출한 것이다. 그런데 이 중 에서 '용'은 불교의식인 예수제(豫修齋)에서 행해지는 반야용선(般若龍船) 을 생각할 수 있다. 반야용선은 반야의 지혜에 의해서 건널 수 있고, 불법 을 수호하는 용이 이끈 가운데 강을 건넌다는 설정이다. 현재도 굿에 이 용되어 산오구굿에서 신들을 청해 축원한 다음, 영혼을 천도하고 이를 축 하하는 놀이마당을 거쳐 극락왕생이라는 목표를 달성하는 장면을 연출한 다. 신을 모시고 망자를 저승으로 잘 모시라는 의미다.[3] 따라서 이 놀이는 오늘날 일종의 궁중정재인 「선유락(船遊樂)」의 원초적 모습이라 할 수 있 다. 그렇다면 이러한 축제를 벌였던 고려는 어떤 나라였을까.

3. 천자의 나라 고려

10-12세기 동아시아는 다원적 천하관이 공존하던 시대이다. 이러한 현상 은 중국의 황제, 고려의 천자, 일본의 덴노(天皇)라는 각국 지도자의 명칭

에서 감지된다. 우리 고려인들은 자신들이 해동 천자국이며, 황제국이라는 자부심을 가지고 있었다. 사실 고려는 건국 초부터 천자국 체제를 채택했다. 군주의 정령(政令)을 조(詔), 제(制), 칙(勅)으로 정하는가 하면, 군주의 복식도 자황색으로 정했다. 고려 광종은 연호를 준풍, 광덕이라 정하고, 수도인 개경을 황도(皇都)로 칭했으며, 대도시의 행정단위를 경(京: 개경, 서경, 남경, 동경)으로 불렀다. 「태조 2년조」를 보면, 그 규모를 알 수 있다.

태조 2년 춘정월에 송악 남쪽에 도읍을 정하여 궁궐을 짓고, 3성(중서성, 문하성, 상서성) 6상서(이부, 호부, 예부, 병부, 형부, 공부)를 두었다. 그리고 9사[九卿之寺, 사는 관서(官署)]를 설관하고, 시전(市廛)을 세우고 방리(坊里)를 갈라 오부를 나누고 육위(六衛, 고려의 군제)를 두었다.[4]

위에 보이는 성(省)과 부(部)라는 명칭은 천자국에서 쓰던 것으로, 제후국에서는 사용할 수 없었다. 고려는 황제의 생일을 나타내는 '절일(節日)', 황제의 부인을 뜻하는 '태후(太后)', 황제 계승자를 뜻하는 '태자(太子)'라는 명칭을 사용하였다. 바로 이러한 체제하에서 치르는 궁정의례이기에 그만큼 의식은 엄숙하고 화려할 수밖에 없다. 특히 중동(仲冬, 음력 11월) 팔관회 의례는 본궁에서 이뤄지는 국가제의로서 가장 성대한 의식이다. 전사자나 공신들에 대한 위령의례로서도 치러졌기에, 공신인 김락과 신숭겸의 우상(偶像, 인형극)은 태조 때부터 팔관회에 등장했다. 태조 왕건은 팔관재를 개최하면서 불교에 의지하여 국가를 편안케 하려 했고, 또한 팔관회가 부처를 공양하고 귀신을 즐겁게 하는 모임[供佛樂神之會]이라는 것을 강조했다.5 부처를 받들고 신을 즐겁게 한다〔供佛樂神〕는 것은 곧 신불사상을 말함이니 이른바 신불습합신앙이 일찍이 우리 조정에서 행해진 것이다.

그래서 제천의식인 팔관회에서는 고려 군주가 천자라는 위용을 보여, 왕은 천자만이 입는 황포를 입고, 중앙과 지방 관료는 물론 송나라인, 여진인, 탐라인, 일본인들의 인사를 받았다. 게다가 하늘에 대한 제사는 황제만이 지낼 수 있었는데, 고려는 원구단을 만들어 제천의식을 치렀던 것이다.

한편 또 하나의 축을 이루는 상원연등회(上元燃燈會)는 팔관회와 마찬가지로 소회일, 대회일 이틀로 나누어 실행했다. 연등회는 등에 불을 밝히는 행사로, 팔관회와 똑같이 악무(樂舞) 행사가 베풀어졌다. 1073년 봉은사에서 거행된 연등회 모습에서 등을 켜기 이틀 밤 각 삼만 개, 중광전 및 각 청사에 오색비단으로 꾸민 다락(綵樓)과 불로 장식한 등산(燈山)을 설치해 악무를 베풀었다. 이러한 행사를 위해 당시 왕립기관인 대악서(大樂署)와 관현방(管絃房)의 악공과 교방여기(教坊女妓)들의 활약이 큰 공헌을 했다. 「가례잡의」 상원연등회 소회의식 의례절차를 요약해 보면 다음과 같다.

1. 국왕이 치황의(梔黃衣)를 입고, 편차(便次)에서 나와 강안전으로 올라간다.
2. 강안전문(康安殿門) 내외의 위장(衛仗, 호위병)이 만세〔山呼〕를 외치고 다시 절을 올린다. 이어서 관리들이 차례로 부서별로 재배하고 제위치에 선다.

3. 전정(殿庭)에서 백희 잡기단이 들어와 차례로 각종 기예를 보여 준 후 물러난다.

4. 이어서 교방(敎坊)의 주악(奏樂)과 무용단[舞隊]이 춤을 춘 후 퇴장한다.

5. 국왕이 다시 편차로 들어가면 소회의식이 끝나게 된다.[6]

여기서 주목되는 것은 역시 백희 잡기들의 공연과 교방의 악대와 무용단 등장이다. '예상우의(霓裳羽衣)' 이외 봉은사로 행차하는 친행위장(親行衛仗)을 구성하고 있는 대열 후미를 보면, 연희단인 안국기(安國伎)가 마흔 명, 잡기(雜伎) 마흔 명, 또한 어가를 호위하는 법가위장(法駕衛仗)에는 안국기가 역시 마흔 명, 잡기 마흔 명, 그 외 고창기(高昌伎) 열여섯 명, 천축기(天竺伎) 열여덟 명, 연악기(宴樂伎) 마흔 명이 배치되었다. 명칭에서 보듯이 안국, 고창, 천축 등은 외국 이름이다. 당시 고려는 글로벌한 국가였다. 이러한 연희단의 기예들은 인도[天竺]로부터 서역을 거쳐 중국으로 수입된 가무들로, 처음엔 궁중오락으로 지배층에 한정되어 보여지다가 나중에 대중화된 것이다.[7]

한편 팔관회 역시 소회 행사는 '행향(行香)-작헌(作獻)-수하(受賀)-백희(百戲)-예연(禮宴)'으로 연등회 의식처럼 비슷하게 백희가 펼쳐진다. 행향이 끝나고 축하를 받는 왕이 잔을 들 때 악관들은 가곡「천온향(天醞香)」을 연주하고 각종 악무와 잡희가 공연되었다. 이처럼 두 행사는 왕을 정점으로 여러 신하와 백성과 더불어 최고의 장인들이 만든 각종 기물과 비단으로 행사장 일대와 사찰과 도시[開京]가 화려하게 장식된 가운데, 광대들의 공연과 가무가 펼쳐져 그야말로 모든 문화적 역량이 총집결된,

더불어 즐기는 종합축제였다.

그런데 이러한 행사는 반드시 봉은사나 법왕사와 연계되어 있다. 불교 국가인 고려로서 이러한 사원들은 궁중과 가까이 있어 제2의 궁중 구실을 한다. 나라에 각종 질병과 천재지변이 있으면 반드시 궁궐 뜰에서 각종 도량을 열고 기도를 해 민심을 안정시켰다. 당시 사원(寺院)이란 '사(寺)'와 '원(院)'이 구별되었다. 사원의 원은 교통의 요지로서 오가는 사람들의 쉼터의 의미가 있다. 예종이 서도(西都, 평양)를 순시할 때 여러 신하들과 시를 주고받던 창수를 즐기던 영명사를 비롯해 당시 사원의 모습은 쉼터 그대로였다. 이인로의 기록을 잠시 엿보면, 아래와 같이 서술하고 있다.

경성(開京) 동쪽에 있는 천수사(天壽寺)는 도문(都門)에서 백 보쯤 떨어진 곳에 있다. 잇닿은 봉우리〔連峰〕는 뒤로 하고, 평탄한 내〔川〕가 앞에 넘실댄다. 또한 야계(野桂) 수백 그루가 길가에 녹음을 이루어서, 강남에서 황도(皇都)로 가는 이는 반드시 그 아래서 쉬어 간다. 수레바퀴와 말발굽이 길을 메우고, 어부의 뱃노래와 초동(樵童)의 피리 소리는 끊이지 않고, 단청한 누각이 소나무, 삼나무와 연기와 안개 속에 반쯤 드러난다. 왕손과 공자들은 기생〔珠翠〕과 생가(笙歌)로 출영과 전송을 반드시 이 절 문에서 하였다.[8]

당시 수도인 개경에 있던 빼어난 경치 속의 천수사는 남쪽으로 내려가는 관리들을 전송하거나 개선장군을 환영하며, 때로는 남쪽으로 출행하는 군대가 잠시 머무르는 곳으로 이용되었다. 그래서 왕손과 공자들은 기생과 음악으로 이 자리에서 분위기를 띄웠다. 이외에도 불교행사를 열어

빈민구제에 나섰는데, 의종 때 개국사에서 기근으로 굶주리는 사람들을 위해 음식을 먹인다거나 왕이 절 행차 중 백성들에게 떡, 쌀, 시탄(柴炭) 등을 나눠 주기도 했다. 이것은 중세 유럽의 성직자들의 역할과 비슷한 양상이라 할 수 있다.

1) 궁정과 잡극

1120년 10월 기록에 예종이 궁정에서 팔관회를 열고 왕이 '잡희'를 보았다는 기록이 보인다. 이때 연행된 종목 중의 하나가 견훤의 군대와 싸우다 왕건 대신 죽은 김락과 신숭겸의 모습을 본뜬 인형을 놀리는 것이었는데, 이것을 보고 왕이 지은 것이 바로 「도이장가(悼二將歌)」이다. 이러한 인형극은 이미 신라에서 실시해 왔던 팔관회 의식에서 행해졌던 공연물 중의 일부라 생각된다. 전몰장병의 위로가 주목적이었던 신라 팔관회이기에 이 축제에선 인형놀이가 자주 놀아졌을 것이다. 그런데 위에서 왕이 보았다는 '잡희'라는 용어는 뒤에 등장하는 '잡극'과 상관성이 있어 주목이 된다.

잡극이란 용어는 앞에서 본 바와 같이 의종(1117-1170) 때에 상정된 상원연등회 위장악대(衛丈樂隊)에 보인다. 여기엔 교방악관(教坊樂官)과 안국기와 함께 '잡극기(雜劇伎)'란 것이 따로 있다.[9] 안국기니 잡극기니 하는 것은 서경(평양)과 남경(양주)을 순행하고 돌아오는 국왕의 행차를 영접하는 위장대 대열 중에, 하나의 제도로서 포함시킨 잡극 배우의 일단을 지칭한 것이다. 국왕의 행차를 영접하는 이른바 '영가(迎駕)의 산대'에서 잡극을 공연하는 것은 이러한 배우 집단들이었다. 이때 위장대의 잡극기 인원수가 무려 백예순여 명에 달했다는 것은 잡극이란 놀음이 다양한 재주를 지니고 예기(藝伎)를 뽐내는 예인들의 중요한 곡목(曲目)임을 알 수 있다. 말하자면 이러한 집단이 오래전부터 하나의 단체를 형성해 공연을 해 오다, 나라에서 행사 시 필요할 때 그 대열에 포함시켰다는 얘기이다.

고려시대의 잡극은 10-11세기에 있어 연희를 전문 직업으로 하는 우인 또는 창우의 발생과 직접적으로 관련되어 있다. 그 뒤 그들을 영관(伶官) 이라고 불렀는데, 14세기 이후에 광대라고 불린 직업적인 연기자들이 바로 이에 해당된다. 영관(伶官, 俳優)은 『송사(宋史)』「고려전」에 의하면, "일찍이 고려에서 영관 십여 명을 보내어 공연을 했는데, 영관들이 이르기를 '이 악무〔夷樂, 고려악〕가 비록 보잘것없으나 우리나라 역사를 윤색한 것'이라" 했다. 이로 볼 때 이때 배우들이 직접 현장에서 보여 준 내용이 우리의 역사를 주제로 한 잡극임을 감지할 수 있다.

어쨌든 궁정과 연계된 잡극에 대한 『고려사』의 기록을 참고해 보면, 1110년 배우〔優人〕들이 연극을 만들어 선대(先代)의 공신 하공진(河拱辰)을 찬양하는가 하면, 1115년 11월 팔관회 때 창우들에게 가무를 명하고, 예종 11년(1116) 대나(大儺) 의식에 창우의 잡기가 공연되기도 한다. 또한 1117년 예종이 남경에 행차할 때 그곳에 잡거하고 있는 거란 투화인 들이 거란의 가무잡희를 보여 주는가 하면, 의종 6년(1152) 정월 연등대 회에 양부의 영관이 참가하고, 또한 같은 해 3월 연회에서 영관들로 하여금 잡희를 교주하게 했는데, 여기서 양부는 향악과 당악의 양부에 소속된 배우들을 가리킨 것이다. 또한 의종 19년(1165) 때 내시 좌우번(左右番) 이 다투어 채붕을 결조(結造)하여, 거기서 잡기를 연출하여 이국인이 고려에 와서 공물을 헌납하는 광경을 보여 주기도 했다. 그런가 하면, 1224 년 2월 정해일(丁亥日)조에 고종이 간소한 연회를 배설했는데, 이날 최이가 가면을 쓴 놀이꾼들이 하는 잡희를 바쳤다. 궁중 연회에 가면극이 벌어졌다는 예증이다.

그런데 이러한 잡희들은 팔관회, 연등회 그리고 왕과 공주의 환국시(還國時), 왕의 행차 또는 늦겨울 나례의식 때에 주로 행해졌다. 이때 잡희라는 것이 궁정과 관련된 것이기에 더 주의를 끈다. 이러한 가운데 간간히 보이는 것이 기악(伎樂)이다. 기록에 의하면, 백제 때부터 행해진 기악이 고려에서도 본래 의미인 뒤풀이 의식무로 이어져 왔다는 것을 알 수 있는데, 충렬왕이 연등회 때 기악을 제거했다는 사실에서 이것을 확인할 수 있다.[10] 이로 볼 때 충렬왕은 교훈을 담은 종교적인 기악보다는 잡극에 더 관심이 있는 임금이었을 것이다. 그의 측근에는 심지어 주유희(侏儒戲)와 창우희(倡優戲)를 잘하는 관리를 두어 소위 골계희(滑稽戲)도 즐겼는데, 이는 나중에 「쌍화점」을 선보이게 했고, 한편으로 우리 희곡 발달에 어떤 자극을 주지 않았나 생각된다.

이러한 현상들은 당송 때 유행한 공연 형식의 하나인 참군희(參軍戲)[11] 계통으로부터 발전한 골계희(滑稽戲)의 일종인 잡극의 영향이다. 이것은 뒤에 가무 위주였던 대곡(大曲)이 일정한 고사를 연출하게 됨과 동시에, 가무가 보태지기 시작하면서 마침내 잡극과 대곡은 비슷한 성격의 것으로 발전이 되었다.

한편 당나라를 이은 송나라 시대의 잡극은 궁정의 큰 잔치(大宴)에서 노래와 춤추는 사이사이에 연출되고 있었으나, 끝내 골계희적 성격을 벗어나지 못했다. 송대의 잡극은 송대의 각종 골계희, 가무, 잡희의 총칭으로, 당대의 참군희와 기타 가무잡기가 진일보하여 발전한 것이다. 따라서 이때는 참군희라는 명칭이 없어지고, 잡극이 이를 대신했다.

송나라 때의 골계희는 당나라 때의 골계희와 흡사한데, 당시에도 골계희를 잡극이라 했다. 이에 대해선 일찍이 왕국유(王國維)가 정리를 했다. 유반(劉頒)의 『중산시화(中山詩話)』를 비롯한 홍매의 『이견지(夷堅志)』, 주밀(周密)의 『제동야어(齊東野語)』, 장단의(張端義)의 『귀이집(貴耳集)』 등에 실린 내용이 그것이다. 이 중에서 주밀의 『제동야어』의 한 장면을 인용해 보면 아래와 같다.

선화(宣和) 연간(1119-1125), 휘종과 채유의 무리들이 대궐에서 해학적인 놀이를 하였다. 임금이 참군(參軍)으로 분장하여 재빨리 나오자, 채유가 임금을 놀리며 "폐하께서는 진정한 신종황제이십니다"라고 말했다. 임금이 그를 회초리로 때리며 "그렇다면, 너는 진짜 사마승상이로구나"라고 답했다.[12]

궁중에서 임금과 배우들이 놀이를 하는 장면이다. 분위기로 보아 자연적으로 그 내용도 해학적이고 익살스러운 내용을 담았을 것이다. 참군(參軍)으로 분장한 임금과 이에 아첨하는 채유의 익살 그리고 되받아치는 임금의 재치가 돋보인다. 그런데 이러한 잡극 가운데 삼분의 이 이상이 대곡을 사용한다고 했다. 대곡은 중국 희곡 음악 형성에 중요한 영향을 끼쳤다. 이 악곡 형식은 한(漢)나라 때에 출현하여 수(隋), 당(唐) 시기에는 국내외의 각 민족의 음악과 문화를 광범위하게 흡수하여 발전하였다.[13]

대곡은 이처럼 연출 형식이 악기 연주와 가창과 춤의 종합이기 때문에 방대한 악대(樂隊), 가대(歌隊), 무대(舞隊)를 필요로 했다. 그런데 당대의 구부악(九部樂) 중 대곡이 있었는데, 애석하게도 뒤에 모두 없어지고 단지 호악(胡樂), 대곡만 남아 있다. 또한 『악부잡록(樂府雜錄)』에 보면 고려시대에 자주 올렸던 자무(字舞), 화무(花舞)의 기록이 보인다.

"춤을 추면서 글자를 만들려고 무인들이 땅에 몸을 굽혀 배열하니 글자가 되었다"라 하였고, 또한 왕건의 궁사(宮詞)에 "매번 춤을 이끄는 사람을 지나 두 갈래로 나누어지니 '太平萬歲' 네 글자가 그 중앙에 있었다"고 노래하고 있는 것으로 보아 이 일의 유래는 오래되었음을 감지하게 된다.[14]

왕의 생일날 연회를 베풀면서 수많은 예인들을 동원해 글자를 새기며 무리를 이루어 춤추었던 왕조시대의 풍경이 이채롭다. 그런데 이러한 행사 중 수십 명의 배우에게 마당에서 무리를 지어 춤추게 하다 보니 글자가 전체적으로 바르지 않은 경우도 가끔 있었다. 한편 우리는 여기서 이러한 고대의 춤이 반드시 시가와 연결되어 있으며, 기악 역시 단독 연주보다는 시화(詩話)의 반주로서 작곡되어 있다는 점에 유의해야 할 것이다. 중국에서는 고대로부터 가무와 시를 종교적인 의식이나 축제를 북돋우기 위해 사용해 왔으며, 춤은 이런 경우 특히 언어 표현을 부연 또는 보충하는 것이었다. 그러나 이때의 유희는 어떤 의미 부여보다는 화해와 단합을 꾀하고 공동의 절차에 몰입하는 것이었을 것이다.

고려 궁중에서 불렀던 고려 향악곡의 가사도 그러한 예다. 이른바 고려가요라 불리는 노래들도 그런 부류이다. 그러나 이러한 노래 중 일부가 조선조로 바뀌며 남녀 간의 사랑을 읊은 이른바 '남녀상열지사(男女相悅之詞)'로 폄하된다. 유교국가인 조선의 감각으론 그 가사가 너무 선정적이라는 것이다. 그래서 가사 변경을 요구하게 된다.「만전춘(滿殿春)」의 경우, 그 곡조는 세종 때 정대업 중 순응의 선율로 차용되었는데, 가사가 너무나 야하다 해서 윤회(尹淮)가 가사를 고쳤다. 또한 성종 21년(1490)에 고려가요 가사가 다시 거론될 때,「쌍화점(雙花店)」「이상곡(履霜曲)」「북전(北殿)」의 가사 또한 개작되었다. 한글 가사를 그대로 한문 가사로 개작, 곡조는「쌍화점」그대로 사용되었다.[15]

고대 연희예술을 얘기할 때 가장 첫번째로 꼽는 것은 역시 춤과 음악이 곁들인 가무희였다. 우리의 경우도 예외일 수가 없다. 다음은 춤과 음악이 곁들인 의식의 현장을 보기 위해 한중일의 궁정으로 다시 들어가 본다.

4. 송대의 궁정과 악가무

송대 이전인 남북조(6세기), 수·당시대엔 궁정과 사원 행사에 산악(散樂)이 매우 자주 연행되었다. 남조시대〔梁〕엔 불교사원의 무차대회(無遮大會)에 법악(法樂)으로서 대규모의 산악이 있었는데 두우(杜佑)가 쓴『통전(通典)』에 의하면, 산악 가운데 가무희 곡목으로 대면(大面), 발두(撥頭), 답요랑(踏搖娘), 굴뢰자(窟礧子) 등이 보인다. 그리고 산악 악기로 횡적, 박판, 요고를 사용하고 있는데, 이것은 백제승 미마지(味摩之)가 일본에 전해 준 기악 편성과 비슷하다. 이러한 시대를 이은 송나라 초기에는 궁정악에 이전 시대인 당나라의 제도 즉 궁현(宮懸), 등가(登歌), 악무(樂舞) 등이 다 갖추어져 있었다. 다만 악(樂)을 쓰는 경우 어느 때는 아악(雅樂), 연악(燕樂), 고취악(鼓吹樂)을 섞어 썼다는 것이다. 그러다가 건덕(乾德) 4년(966)에 이르러 아악 편제가 겨우 완비된 것이다. 송나라 초기의 아악은 태묘(太廟)의 작헌(酌獻)에 쓰였는데, 여기에 이무(二舞)와 십이곡(十二曲)이 쓰였다. 이무는 문무(文舞)와 무무(武舞)를 이른다. 송나라 초기에서 북송의 휘종(徽宗, 재위 1111-1117) 이전까지는 악제 모두가 이미 기존에 있었던 법규를 그대로 이은 것이었다. 특히 송대 오례의식(五禮儀式)의 중심은 아악이다. 송나라 신종(神宗, 1067-1084)의 제도 개선 이후 북송 궁정음악제도의 최대의 변동은 대성부(大晟府)의 설립이다. 1105년 설립 이래, 이 기구는 원래 태악국(太樂局), 고취국(鼓吹局), 교방(敎坊)의 직무까지 겸하는 기관이었다. 궁정아악(宮廷雅樂), 연악(燕樂), 고취악(鼓吹樂)이 내재한 광범한 악제를 이 대성부에서 관장했던 것이다. 그러나 북송 정권의 불안(유랑 이동)과 궁중의 각종 의식악무 활동의 간소화로 인해, 민간 속악이 속속 궁중에 유입되며 중시되어 환영받게 된다. 그러다 보니 궁중에서도 아악 활동의식의 규모 편제 등 다방면의 개혁을 불러일으키게 된다. 이에 따라 대성부가 존재했던 시기에 새로 아악 연출 체재를 확립하게 된 것이다.[16]

한편 북송의 도시였던 변경(汴京)의 모습을 서술한 12세기 초 기록인 맹원로(孟元老)의 『동경몽화록(東京夢華錄)』에서 황제가 보진루의 남쪽 연전에서 누대(樓臺)에 오르자마자 여러 부대(諸軍)들이 갖가지 공연〔百戱〕을 누대 아래서 황제께 바쳤다.

앞줄에 북 치는 고자(鼓子) 십여 명 중 한 사람이 쌍고자(双鼓子)를 흔들며 앞으로 다가와 치어(致語)를 올리고 「청춘삼월(靑春三月)」「맥산계(驀山溪)」 등을 노래한다. 노래가 끝나면 고적의 합주가 시작된다. 홍건자(紅巾子)가 한 사람 큰 기를 흔들며 나오고 이어서 사표(獅豹)를 뒤집어쓴 자가 입장한다. 앉아서 진퇴 동작을 하고 주작진퇴의 모습이 번개처럼 빠르다. 춤이 끝나면 퇴장하고 이어서 깃발 때리기〔搏旗子〕, 상간(上竿) 타근두(打筋斗) 공연이 끝나면 악부가 금가농령(琴家弄令)을 연주한다. 화사한 각가지 복장을 한 군사 백여 명이 기를 들고 줄지어 서 있고, 각자 꿩 꼬리〔雉尾〕, 만패(蠻牌, 만왕의 얼굴을 그려 넣은 방패), 목도(木刀)를 손에 쥐고 있다. 처음엔 열을 지어 서로 인사를 하고 춤을 추는데, 개문(開門) 탈교(奪敎) 등의 진법(陳法)과 언월진(偃月陳)을 만든다. 악부는 다시 만패령(蠻稗令)을 연주하고 진중에서 두 사람이 나와 치고 찌르는 모습을 보여 준다. 이러한 시범 끝에 갑자기 벽력 같은 소리가 나는데 이를 폭장(爆仗)이라 한다. 이는 폭죽으로 만패를 하던 사람들을 부르는 신호이다. 그리고 연기가 크게 일어나면 동라(銅鑼)를 든 가면 쓴 산발한 귀신 모습을 한 자가 등장하여 송곳니에서 불을 뿜고 춤을 추는 모습을 보여 주는데 이를 포라(抱鑼)라 한다. 이어서 폭죽 소리가 날 때마다 장면을 바꿔 벙어리잡극〔啞雜劇〕, 칠성도, 헐장(歇帳)을 하고 폭죽 소리가 나면 막을 거두어 퇴장한다. 다음 동라를 한번 치면 백여 명의 사람들이 등장하여 각종 분칠을 한 얼굴로 황제께 절을 올리고 여러 형태의 진을 짜는 모습을 보여 준다. 이것이 끝나면 촌사람처럼 분장한 사람이 나와 서로 싸우는 모습을 보여 주고 끝낸다. 이어서 악대가 연주하고, 여러 부대가 연합하여 잡극을 보여 준다. 그리고 입마(立馬) 도마(跳馬) 도립(倒立) 타마 등 말타기 재주 등등을 끝내고 마지막으로 격구(擊毬)를 보여 준다.[17]

　이것은 송잡극과 함께 연출된 백희가무다. 보다시피 사자 표범의 출연을 비롯해 고자, 쌍고자, 깃발 때리기, 상간, 꼰두, 개문진법, 탈교진법, 언월진 진법, 만패령(蠻稗令) 연주, 포라, 말타기 재주, 격구 등 황제 한 사람을 위한 백희 잔치가 얼마나 거창하고 화려했는가를 가늠할 수 있다. 아마도 이러한 모습이 우리 고려 궁중에서도 거행되었을 것이라는 생각을 지울 수가 없다. 특히 막판에 보여 주는 격구는 고려 역대 임금들과 실권자 최 부자가 가장 좋아했던 백희 중의 하나다.

한편 유병소(劉昺所)가 펴낸 악서 중 아악악기 편제 및 위치를 살펴보면 다음과 같다.

당상악(堂上樂)은 사람의 소리〔人聲〕로써 귀함을 삼고, 가종(歌鐘)을 왼쪽에 가경(歌磬)을 오른쪽에 둔다. 사(絲)가 죽(竹)만 못하고, 죽(竹)이 육(肉)만 못하다. 근세악은 악보를 만든 다음 가사(歌詞)를 명한다. 대성의 제도는 천자가 친히 원구(圓丘)에 제사를 지내되, 경종(磬鐘)을 이용하면 군위가 되고, 특경(特磬)을 치면 신위(神圍)가 되고, 편중 편경(編磬)을 치면 민위(民圍)가 된다. 친사(親祀)가 아니면 군위(君圍)에 쓰일 수가 없다.[18]

보다시피 당상악은 사람의 소리를 가장 귀하게 여겼다. 그래서 가종(歌鐘)은 왼쪽에 놓고, 가경(歌磬)은 오른쪽에 둔다고 했다. 그리고 노래를 엮을 때 악보를 먼저 정하고 뒤에 가사를 얹었다는 대목이 눈에 띈다. 그러면서 또한 사(絲)가 죽(竹)만 못하고 죽이 육성만 못하다는 심미적 이념이 돋보인다.

선진(先秦)시대의 대소(大韶), 악무가 곧바로 송조의 악무를 그대로 상징하는 '鳳凰來儀 百獸率舞'라는 표현도 예악 교화(敎化)의 이상이라 할 수 있다. '봉황래의(鳳凰來儀)'는 봉황이 하늘로부터 내려와서 춤춘다는 것이니, 이는 태평의 길조를 의미한다. 그래서 '백수솔무(百獸率舞)' 즉 미묘한 음곡에 감동하여 온갖 짐승들까지 춤을 추는 것이다. 문(文), 무(武) 이무(二舞) 중에 문무는 9편(遍)으로 끝이 나는데, 춤의 모습은 '수의공수(垂衣拱手)' 즉 옷을 드리우고 손을 마주 잡는 예경의 모습이다. 이는 곧 '무위이치(無爲而治)' 즉 하는 것이 없어도 잘 다스려지는 정치의 이상을 상징하는 것이다. 무무(武舞) 역시 9편으로 끝을 내며, 춤의 모습이 '무(武)'가 '문(文)'으로 바뀌는데, 이는 문치가 무공보다 낫다〔文治勝于武功〕는 정치이념을 상징하는 것이다. 이러한 문구들은 악에 깃든 사상과 이념이 송나라 때에 그대로 이어졌음을 보여 주는 것이다.[19] 송나라는 무엇보다도 유교를 신조로 나라를 세웠으므로, 문관정치가 주를 이루게 되고, 여기에 따라 문관들의 대우도 무관보다 한 수 위였고, 예의와 질서를 중시했는데, 이는 신종(神宗, 1068-1086) 전후에 이르기까지 이어진 듯하다.

5. 중세 일본의 궁중과 악가무

한편 일본의 경우, 헤이안 시대인 9세기에서 12세기 사이에 발생된 것으로 전언한 바 사루가쿠(猿樂)가 있었다. 이 역시 불교와 연관된 연희이다. 이는 대개 사찰에서 제례(祭禮)와 법회(法會)를 이용하여 연출되던 것으로서, 때로는 궁정에서도 연출되었는데 당시 이를 연행했던 사루가쿠샤(猿樂者)를 가리켜 사루가쿠호우시(猿樂法師)라 불렀다. 사루가쿠는 굳이 환언한다면, 수나라와 당나라 때에 유행되었던 법곡(法曲)과 같은 것이라 할까. 법곡은 불교 법회에 사용되었기 때문에 생긴 명칭이다. 사루가쿠호

우시는 승려가 아니고 천민 예인들이 스님 모습〔僧形〕을 하고 연행하는 것인데, 대개 구나의식(驅儺儀式)이 끝난 뒤 분장(가면·가발)을 풀지 않은 채로 관객을 위해 골계희를 연출했다. 또한 이때 행해진 놀이가 당나라에서 연행되었던 산악(散樂) 계통이며, 여기엔 일인기(一人技)인 독상박(獨相撲), 독쌍육(獨雙六), 당랑무(螳螂舞) 등이 있었다. 이러한 모습은 쇼소인(正倉院)의 〈탄궁도(彈弓圖)〉나 뒤에 나온 〈신서고악도(信書古樂圖)〉 등에 보인다.[20] 이로 볼 때 고려 전기에 해당하는 시기에 일본도 중국의 영향이 대단했으며, 특히 백제승 미마지(味摩之)가 전했다는 기악이 상당히 변이되어 전승되고 있다는 것을 알 수 있다. 사루가쿠샤들은 특히 부패하고 타락한 승려들의 생활을 풍자했으며, 대화는 언제나 그들 사루가쿠샤들의 임기응변으로 이루어졌는데, 이것은 오늘날 우리 가면극의 정취와 매우 흡사함을 감지할 수 있다. 또한 이들은 농민들의 가무인 덴가쿠(田樂)의 영향을 받아 가무 중심의 악극(樂劇)으로 발전시켜, 14세기 후반에 와서는 간아미(觀阿彌)와 제아미(世阿彌) 부자(父子)에 의해 노가쿠(能樂)라는 새로운 예술형태를 창조하게 되었다.

노가쿠는 주로 사원의 영광을 기리거나 혹은 종교 교단의 이름을 드높이는 목적으로 상연되었다. 주로 불교적인 내용을 중심으로 인간사의 무상한 본성을 가르치며, 진정한 영혼의 모습을 보여 주고 있다. 이러한 현상은 당시 일본인들이 불교에 대해 상당히 감화를 받고 있었다는 증거일 것이다. 어쨌든 노가쿠는 무용(舞踊), 가사(歌詞), 잡자(雜子)의 세 요소로 이루어진 일본 최고의 악극으로서, 인도의 기악과 당의 산악과 같은 외래적인 영향이 컸다고 할 수 있다.

나라(奈良)시대가 끝나고 헤이안(平安, 781-806)시대가 되면서 일본은 조선, 한국, 발해, 베트남 등으로부터 들어온 악무가 끊어지게 되어, 이 시기는 기존의 유입된 악무를 나름대로 소화하면서 일본화하는 시대로 들어선다. 관현합주에 쓰이던 악기 편성도 소(簫), 척팔(尺叭), 공후(箜篌), 방경(方磬) 등 연주에 그다지 효과가 없는 악기는 생략하고, 천축악과 임읍악(林邑樂)을 당악 속에 흡수시키고, 발해악은 고려악으로 흡수시켰다. 그리고 새로 옮긴 도시 헤이안교(平安京)를 당의 제도를 본떠 어소(御所)를 중심으로 좌경(左京), 우경(右京)으로 나누고, 대신도 좌대신, 우대신으로, 근위부(近衛部), 위문부(衛門部), 병위부(兵衛部)도 각각 좌우로 나눴으며, 음악도 좌방악, 우방악, 춤도 좌방무, 우방무로 나눠 당악 계통을 좌, 고려 계통을 우로 했다. 춤은 좌우를 일조로 해 츠가이마이(番舞)라 했다.[21]

궁중생활을 중심으로 꾸민 『겐지모노가타리(源氏物語)』는 이러한 일련 현상의 일부인 아악 관현합주와 춤을 그리고 있다. 이는 곧 이러한 고급문화가 그들 상류사회에서 없어서는 안 될 존재가 되었다는 얘기이다.

한편 궁정에서 연출된 신악가(神樂歌)가 있다. 이는 넓은 의미로 신사 또는 신 앞에서 연행되는 가요를 칭하는데, 좁게는 헤이안시대 궁정에서 미가구라(御神樂) 의식에 쓰이는 가요·가무를 말한다. 이른바 궁중미가구라(宮中御神樂)이다. 그러나 궁중 외 귀족들의 신제(神祭)나 여러 신사의 제사에도 신악이 거행되기 때문에 신악가의 유행권(流行圈)은 궁정만이 아닌 여러 곳에서 행해졌음을 알 수 있다. 이는 곧 신악가와 풍속이 밀접한 관계가 있음을 시사한다. 그래서 신악가는 민요적인 매력이 있다.

가장 대중적이고 역사적으로도 오래된 신악은 '가구라'로 불리는데 어원에 대해선 아직도 수수께끼다. 일본에서 가장 오래된 '마츠리'는 역시 궁중에서 올리는 신상제(新嘗祭)이다. 새로 수확한 쌀을 신에게 바치는 신상제는 덴노가 직접 참석하거나 또는 덴노 혼자가 아닌 황자와 관료들 또는 일반인들까지 함께 참석해 햅쌀[新米]로 만든 술을 나눠 마시는 의식이다. 그들은 햅쌀에 곡령(穀靈)이 머물러 있다고 생각하며, 참가자 모두가 술을 마심으로써 새로운 힘과 기운을 받고 생활에 활력을 받을 수 있다고 여긴다. 매년 지내는 이 신상제를 덴노가 새로 즉위할 때 행해지면 대상제(大嘗祭)라 한다.[22] 이것은 천손(天孫) 신화와 관계가 있는데, 이른바 곡식문화와 연관시켜 덴노의 조상들을 땅에서 솟는 운과 연계시키는 것이다. 이런 일은 이미 중국 주나라 때 농사일이 끝난 12월에 사방의 여덟 신에게 그해의 수확을 감사하는 제를 올리는 의식을 생각하면 새로운 일이 아니다. 어쨌든 이러한 행사들이 바탕이 된 신상제는 매년 새 곡식을 천지신(天地神)께 바치고, 왕 자신도 시식하는 제의(祭儀)로서, 궁중 신가전(神嘉殿)에서 거행되는 행사로 변신한 것일 뿐이다. 신상제는 11월 중 축(丑), 인(寅), 묘(卯), 진(辰)의 날에 걸쳐 행했는데, 이를 바탕으로 야마토(大和) 정부가 제일 중요하게 여겼던 것이 바로 이 대상제이다.

헤이안 궁정에서 거행되는 신악(神樂)은 대상제에 있어 금가신연(琴歌神宴)에서 촉발된 듯하다. 대상제의 중심 제의는 11월 중 묘일(卯日)부터 오일(午日)까지 사 일 동안 계속된다. 처음엔 유기전, 주기전이라고 하는 신전, 즉 대상궁(大嘗宮)에서 신제(神祭)를 올린다. 먼저 덴노는 회립전(廻立殿)이라고 하는 건물에서 목욕재계를 한다. 그런 뒤 대상궁에 들어가 백주(白酒), 흑주(黑酒)라고 하는 어신주(御神酒)를 비롯한 많은 음식〔神饌〕을 신에게 바치는 의식을 거행한다. 바로 그 자리에서 덴노도 어주(御酒, 신하에게 내리는 술), 어식(御食, 신하에게 내리는 음식)을 신과 함께한다. 구체적으로 세이와(淸和) 덴노가 즉위할 때 재위 중 한 번 있다는 대상제(859년 11월 거행)의 모습을 일별하면 다음과 같다.

15일 인일(寅日)에 신기관(神祇官)에서 진혼제를 올리는 것을 시작으로, 16일 묘일(卯日)에 차가(車駕, 천자의 수레)가 태극전(太極殿) 앞에 설치된 유기전(悠紀殿, 유기국에 나는 햇곡식을 바침)과 주기전(主基殿, 주기국에 나는 햇곡식을 신찬으로 바침)으로 행차하여 하루 종일 대상제에 참석 봉사한다. 이튿날(17일) 진일(辰日)에 닭 소리가 나기 전 대상제를 끝낸다. 덴노는 다시 풍악원으로 옮겨 유기전(悠紀殿)으로 들어가 군신들에게 잔치를 베풀고 유기국의 산물을 헌상(獻上)한다. 이어서 덴노는 주기장으로 옮기고 군신도 자리를 같이한다. 이때 유기국이 풍속가무를 올린다. 해가 저물면 유기국의 헌상품인 의료(衣料)를 친왕 이하 여러 신하에게 나눠 준다. 그날 밤 덴노는 풍악전 뒷방에 신하들도 같이 머물고, 친왕 이하 참의 이상이 어재소(御在所)에 머문다. 금가신연(琴歌神宴)이 끝날 무렵에 어의(御衣)를 나눠 준다. 18일에 덴노는 유기장으로 가 군신들에게 잔치를 베풀고 주기국의 산물을 헌상한다. 주기장으로 신하들도 함께 자리를 옮겨, 거기서 주기국의 풍속가무를 연행하고 헌상품을 나눠 주는 것은 전날과 똑같다. 이날 밤도 덴노는 신하들과 함께 머문다. 19일 유기, 주기의 막(帳)을 거두고 덴노는 풍락전(豊樂殿)에서 백관을 위한 잔치를 마련한다. 다지미(多治) 씨는 다마이(田舞)를 반(伴), 좌백(左伯) 두 사람은 구메마이(久米舞)를, 아베(安倍) 씨는 기시마이(吉志舞)를 내사인(內舍人)은 야마토마이(倭舞)를 연행한다. 그날 밤 궁인들이 벌이는 오절무(五絶舞) 공연은 옛 모습 그대로이다. 드디어 잔치가 끝나면 비단을 나눠

준다.[23]

당시 헤이안 조정은 한 도시를 중심으로 동서로 나눠 대상제를 위해 당번에 해당되는 국(國)을 하나씩 선정했는데, 이것을 유기국, 주기국이라 했다. 이 두 국에서 예로부터 전해 오는 고전예능이 베풀어지는 것이다. 먼저 가타리베(語部)[24]가 나와 그 국에서 전해지는 옛날 얘기를 하면, 다음엔 노래하는 사람〔歌人〕이 나와 옛 민요를 부른다. 그러면 무용수들도 노래에 맞춰 춤을 춘다. 이 노래와 춤을 구니부리(國風) 즉 풍속이라 한다. 구니부리는 그 지방〔國〕에 전해 오는 오래된 진혼가무(鎭魂歌舞)를 말한다. 이것은 말하자면 기존의 '다마푸리(鎭魂)' 신앙에 기초하고 있다고 사료된다. 노래와 춤에 의해 지방국의 국혼(國魂)을 덴노 몸에 스미게 하는 것이다. 이것이 끝나면 요시노(吉野)의 구니스(國栖), 미나미규슈(南九州)의 하야토(準人) 등 옛 부족이 선조로부터 전해 오는 노래와 춤을 선보인다. 다마이(田舞), 구메마이(久米舞), 기시마이(吉志舞), 야마토마이(倭舞), 오절무(五絶舞) 등이 그것이다. 이러한 예능은 거의 궁중의식의 예능처럼 되어 버렸다. 진혼주술적 성격이 강하기 때문이다.[25]

위에 보였던 '국(國)'은 고대 일본의 율령제하에 두었던 행정단위로, 지금의 지방자치단의 의미다. 어느 문화도 마찬가지이지만 이 마츠리(祭儀) 또한 시대와 함께 변천하는 것이어서 이러한 행사가 지금 그대로 행해지는 것은 아니다.

미가구라(御神樂)의 연행 차례도 시대에 따라 변한다. 『중우기(中右記)』에서 1108년〔천인원(天仁元)〕 11월 25일 사일(巳日)의 예를 들면 다음과 같다.

오후 8시쯤 덴노가 태극전에 나온다. 우대장(右大將) 이하 조집당(朝集堂)에 모인다. 그리고 공선(供膳, 재물)을 하나씩 올리고, 두번째 헌선(獻膳)한 뒤 풍속무를 바친다. 덴노는 주기장(主基帳)으로 자리를 옮긴다. 세 번째 신찬을 올리고 풍속무를 바친다. 국사가 선물을 헌상한다. 오후 10시쯤 행사가 끝난다. 휴식 후 미가구라가 거행된다. 태극전 북쪽 소안전(小安殿) 남랑(南廊)에서 먼저 섭정충실(攝政忠實)이 서쪽을 향해 동일간(東一間)에 앉고, 서이간(西二間)으로부터 우대장 이하 동이간(東二間)으로부터 권대납언(權大納言)이 마주하고 앉는다. 또한 남단에 경충(經忠, 觱篥), 신통(信通, 笛), 종능(宗能, 付歌), 이통(伊通, 和琴), 아정(雅正, 笙)이 앉는다. 그리고 어도구(御道具)를 놓는다. 신의 잔치가 시작된다. 신통(信通)이 대적(大笛)으로 정화(庭火)를 불고, 경충(經忠)이 피리를 불고, 이통(伊通)은 화금(和琴)을 연주하고 끝낸다. 여기서 섭정(攝政)이 오늘은 "부가인수(付歌人數)가 적으니 본박자(本拍子)의 사람과 나란히 화금을 치는 사람과 함께 서로 부가(付歌)를 하라"고 명을 내린다. 금(琴) 차례가 끝난다. 그러면 종통(宗通, 본박자), 종충(宗忠, 말박자)이 함께 박자를 친다. 본방(本方)이 "아지메 오오", 말방(末方)이 "오케", 말방이 "아라메 오오", 본방이 "오케"를 부른다. 다음에 박자를 세 번 친다.[26]

위에서 주시할 것은 신의 잔치다. 덴노가 유기, 주기의 풍속가무 연주와 양국 특산물 헌상을 받고, 양국 나아가서는 국혼을 섭취한 존귀하고 신성한 현인신(現人神)의 격을 갖고, 풍악전(豊樂殿) 후방 즉 청서당(淸暑堂) 또는 소안전(小安殿)을 향해 신 놀이〔神遊び〕 즉 신악(神樂)과 관현악의 놀이를 하는 것이 대상제의 신연(神宴)이다. 신을 위한 잔치〔神宴〕엔

채물(採物)과 한신(韓神)이 끝나고 전장(前張)으로 옮기는 사이에 권배(勸杯), 배작(盃作)도 있다. 오히려 신 놀이 자체가 신들의 잔치에 부착된 것이다. 본방과 말방(末方)의 주고받는 외침이 인상적이다. 그런데 왜 우리의 신인 가라노카미(韓神)가 지금까지 덴노가에서 기려지고 있는 것일까.

여기엔 숨겨진 비밀이 있다. 『건무년중행사』라고 하는 기록물에 보면 고다이고(後醍醐) 덴노가 2월 11일에 한신제(韓神祭)를 거행하는 기록이 있다. 『고시엔(廣辭苑)』 '가라노카미' 항목에 조선에서 온 신이 수호신으로서 궁내성에서 제를 올린다고 나와 있다. 한신제는 중세 이후 지내지 않았다는 기록이 있으나 지금도 지내고 있음은 알려진 비밀이다. 궁중에 가라노카미, 소노카미(園神, 조선의 신)를 모시고 제사를 지낸다는 것은 결국 덴노가의 조상이 조선으로부터 왔다는 증거다. 이것을 입증하는 것이 『일본서기(日本書紀)』에 비다쓰(敏達) 덴노는 '백제 천정(天井)의 궁'에서 죽고, 조메이(舒明) 덴노는 '백제의 궁'에서 죽고 장례의식은 '백제의 대빈(大賓)'으로 모셨다는 기록이다. 주지하다시피 간무(桓武) 덴노 주위엔 부인은 물론 수많은 백제인들이 몰려 있었는데, 이에 대해선 아키히토 덴노도 인정한 바 있다. 13세기 조정의 충신 기타바다케 지카후사(北畠親房)가 쓴 『신황정통기(神皇正統記)』에 "옛날 일본은 삼한(三韓)과 같은 종족"이라 했으니 이처럼 7세기부터 13세기 궁중 사람은 덴노가의 사람들이 조선인이었다는 것을 숙지하고 있다.[27]

오늘날 행해지는 미가구라는 12월 중 한 날을 택해 연중행사로 하고 있다. 장소는 덴노가 기거하는 궁중삼전〔皇靈殿, 神殿, 賢所〕 중의 하나인 현소(賢所)로 일반인은 참례할 수 없다. 미가구라는 기록에 전해진 최초의 내시소어신락(內侍所御神樂)의 형식을 생략한 것이다. 이러한 유의 행사에서 불려졌던 노래에 대한 기록이 아베가(安倍家)에 보존되어 있는데, 하룻밤의 미가구라에서 행해진 곡의 구성은 넷으로 이뤄진다. 미가구라는 현재 가요만 남아 있는데 옛날에는 소도구를 들고 노래하는 것[採物歌]과 춤추는 것[採物舞]이 있었다. 춤추는 이가 들고 있는 소도구[採物]는 신이 깃든 자리이고, 춤은 그 자리[神座]를 깨끗하게 하는 의미가 있다.[28]

한편 궁중악인들이 이따금 궁중 밖에서 미가구라를 연행하는 경우 이를 '사토가구라(里神樂)'라고 하는데, 나중엔 민가에서 행하는 가구라의 명칭이 되었다. 인간이 신의 자리[神座]가 되면 그는 먼저 자신을 깨끗이 하기 위해 춤을 춘다. 그는 댓잎과 방울을 손에 쥐고 추는데, 추고 있는 동안 댓잎이 움직이고 방울소리를 내며 빙글빙글 돌면, 자신도 모르게 몰아의 경지에 빠지게 되어 자신을 잊게 된다.

다음은 이러한 양상과 다른 풍경이지만 우리 나름대로의 궁정행사로서 사직제를 보기로 한다. 토지와 곡식신에게 바치는 사직의식은 신상제와 같은 맥락이다. 햅쌀에 곡령(穀靈)이 머물러 있다고 생각하며, 참가자들 모두가 이 술을 마심으로써 새로운 힘과 기운을 받고 생활에 활력을 받을 수 있다고 여기는 것이 그렇다. 개국 초부터 고려는 귀신과 사직과 영성(靈星)을 제사 지내기 좋아했던 고구려의 제사의식을 그대로 이어받았다고 할 수 있다.

6. 고려의 사직제와 악무

『고려사』 예(禮)1을 보면 다음과 같이 시작한다.

대저 사람이 천지음양의 기를 타서 희로애락의 정이 있기 때문에, 이에 성인이 예를 제정하여 사람의 기강을 세우니 교만과 난폭함이 줄고, 백성들이 죄를 멀리하여 아름다운 풍속을 이루고자 하는 것이다. 태조가 나라를 세워 경륜을 시작함에 그 규모가 굉장히 원대한 것이었으나, 처음 시도 〔草創〕한 것이라, 이(예)에 대해 의논할 겨를이 없었는데, 성종대에 이르러 선업(善業)을 크게 넓혀 환구(圜丘, 圓丘)를 제사하고, 전적〔田籍, 천자(天子)가 조묘(祖廟)에 바칠 쌀을 직접 재배함〕을 갈고, 종묘를 세우고 사직을 세웠다.29

종묘(宗廟)와 사직(社稷)은 국가의 근본이다. 따라서 여러 왕들은 누구나 종묘를 중축하고 비궁(匪宮)을 세워 자목부소(子穆父昭)의 위치를 설정하고 모든 제향의식을 거행했다. 광종은 평대(平臺)에 임해 선비를 시험 보아 뽑아 유풍(儒風)을 일으켰고, 성종은 종묘와 사직을 완성시켜 나라 다스리는 기구가 다 갖추어졌다.30

평대는 궁중이나 이궁에 세워진 대관(臺觀)으로 임금이 직접 나와 무예를 보기도 하고 여러 신하들을 불러 모아 접견하기도 하고, 함께 여러 행사를 관람하던 곳이다. 성종을 이은 목종이 자리를 잃고 잠시 나라가 위태하다가, 현종에 이르러 곧 중흥을 이뤄 종묘사직이 안정되고 문종에 이르러서야 태평한 정치를 이뤄 백성과 만물이 모두 조화를 이뤘다.

위에서 사직(社稷)의 사(社)는 토지의 주인이다. 그러나 땅이 넓어 다 공경할 수 없으므로 흙을 봉하여 사(社)로 삼아 그 공에 보답하는 것이다. 직(稷)은 오곡의 으뜸이다. 그러나 곡식이 많아 편중되게 제사를 드릴 수 없으므로 직신(稷神)을 세워 이를 제사하는 것이다. 제삿날은 음력 2월(仲

春), 중추(中秋)의 상무일(上戊日) 및 납일(臘日)이다. 고려의 종묘와 사직 제도는 두 제도를 같은 시기에 함께 도입했다는 점에서 주목된다.[31] 토지신을 모신 사는 동쪽에 있고, 곡식신을 모신 직은 서쪽에 있다. 각각 넓이는 오 장, 높이는 삼 척 육 촌이다. 사방에 출계가 있고, 오색토로 되어 있다.

- 신위(神位): 대사(大社)를 지낼 때는 후토(后土) 씨를, 대직(大稷)을 지낼 때는 후직(后稷) 씨를 배위로 한다. 두 신의 자리는 북방에 남향으로 하고, 자리를 모두 짚으로 깐다. 후토와 후직은 자리를 단상 서방에 모시고 동향으로 하고 자리는 모두 왕골로 한다. 옥폐(玉幣)의 옥은 양규(兩圭, 笏)에 저(邸)가 있고 폐는 검은 것으로 한다.
- 재계(齋戒): 제전에 참여하는 관원은 오 일간 산재(散齋)하고, 이 일간 치재(致齋)한다. 제전 1일에 제위(諸衛)에서는 그 소속원으로 하여금 미시(未時) 후 1각에 각각 그 방면의 기복으로 사단의 문을 수위하는데, 문마다 두 사람으로 하며, 태악의 공인은 모두 청결하게 하고 하룻밤을 잔다.
- 진설(陳設): 아헌 종헌의 막차(幕次)와 제사에 종사하는 군관의 막차 설치. 단 위아래 청소. 태악령은 헌가와 등가 설치. 봉례랑(奉禮郞), 협률랑(協律郞), 태락령(太樂令)의 자리를 정함.
- 전옥백(奠玉帛, 제를 위한 예물 바침).[32]

다음은 이러한 제의에 쓰이는 악(樂)을 살펴본다. 고려는 신라, 백제, 고구려 삼국의 음악을 다 사용하고 그것을 악보에 편입했다. 아악서가 설립된 1391년까지 고려는 관현방(管絃房)과 대악서(大樂署) 두 기관에서 관장한 듯하다. 특히 1116년 6월 예종은 회경전(會慶殿)에서 대성악을 관람하였고, 그해 10월 건덕전(乾德殿)에서 다시 관람한 후 태묘에 그 음악을 쓰도록 지시했다. 그 후 대성아악은 원구, 사직, 선농, 선잠, 문선왕묘 제례의식에 사용되었고, 그 후 연향(燕饗)에도 쓰였다.

환구(圜丘)와 사직에 제사하고 태묘, 선농 및 문선왕묘에 제향을 드릴 때 아헌(亞獻) 종헌(終獻) 및 송신에는 다 향악을 번갈아 연주한다. 왕비, 왕태자, 왕희(王姬)를 책봉하고 왕태자가 원복(元服, 성년 의관식)을 행할 때 빈객이 나가고, 빈주가 목화를 벗고 홀을 놓고 나가면 모두 「영선악(迎仙樂)」을 연주한다. 문종 27년 2월 을해(乙亥)에 교방에서 여제자 진경(眞卿) 등 십삼 인이 전한 「답사행가무(踏沙行歌舞)」를 연등회에서 쓰기를 청했는데 제문(制文)을 내려 그것에 따랐다. 동년 11월 신해(辛亥) 팔관회 때 임금 앞에서 교방 여제자 초영(楚英)이 새로 전래한 악무 「포구악(抛毬樂)」과 「구장기별기(九張機別伎)」를 관람했다. 또한 동 31년 을미(乙未) 연등회 때 「왕모대가무(王母隊歌舞)」를 연주했는데, 여기서 대(隊)는 1대(隊)가 오십오 인이다. 춤으로 네 글자를 만들어 군왕만세(君王萬歲), 천하태평(天下泰平)을 수놓았다.[33]

위를 보면 원구, 사직, 태묘를 비롯한 제향을 드릴 때 향악을 번갈아 연주했음을 알 수 있다. 각종 의식에서 「영선악(迎仙樂)」「답사행가무(踏沙行歌舞)」「포구락(抛毬樂)」「구장기별기(九張機別伎)」「왕모대가무(王母隊歌舞)」「군왕만세(君王萬歲)」「천하태평(天下泰平)」 등 당시 인기 곡목들이 한결같이 임금 앞에서 열 지어 군무를 하는 화려한 대무(隊舞)였음을 감지하게 된다.

이 외에도 공민왕 14년 노국공주를 위한 정릉제악(正陵祭樂) 연습을 구경한 곡목이 보이고, 공민왕 16년 정월 병자(丙子)에 초헌에 태평곡을 연주하고, 아헌에 수룡음곡을 연주했던 기록이 보인다. 그런가 하면, 21년 정월 을묘(乙卯)에 왕이 인희전(仁熙殿)에 나가 제사를 지낼 때 향악과 당악을 연주했음도 알 수 있다.[34] 이처럼 고려 궁중에서도 화려한 궁중연희가 베풀어졌음을 확인할 수 있다.

한편 앞에서 유병소(劉昺所)의 『악서(樂書)』 중 아악악기의 편제와 위치를 살폈는데, 고려시대의 국왕이 친히 제사할 때의 등가와 헌가를 살핀다. 「악(樂) 1」에서 악의 정의와 예종 때 송나라에서 신악(新樂)과 대성악(大晟樂)을 보냈다는 얘기를 서술했다. 신악이란 송나라에서 당 이래의 구악에 조정을 가해서 만든 새로운 음악, 즉 아악을 이른다.

대저 악(樂)이란 그것으로 순미한 풍속과 교화를 수립하고 조정의 공훈과 은덕을 형성하는 것이다. 고려는 태조가 대업을 처음으로 이루었고, 성종이 교사(郊祀)를 세우고 체협(禘祫)을 직접 거행하였다. 그 후부터 문물제도가 비로소 갖추어졌으나 (그 당시의 상황을 기록한) 전적(典籍)이 보존되어 있지 않아서 (그 규모를) 알아볼 길이 없다.[35]

악이란 '수풍화(樹風化)'하고 '상공덕(象功德)'하는 것이라고 간단하게 정의를 내린다. 풍화는 풍속과 교화를 이르며, 공덕은 공훈과 은덕을 이른다. 그러다가 성종대에 가서 '입교사(立郊祀) 궁체협(躬禘祫)'이라 했다.

체협은 왕이 그 선조의 영을 모아서 태조의 묘에서 삼 년 또는 오 년에 한 번 제사를 드리는 큰 제례(祭禮)를 말한다. '체(禘)'는 오 년에 한 번 제를 올리는 것을 뜻하며, '협(祫)'은 삼 년에 한 번 제를 올리는 것을 뜻한다. 일본에서는 이른바 마츠리 행사가 삼 년, 오 년, 구 년 터울로 지내는 식년제(式年制)가 있는데, 지금도 각종 마츠리에서 유전되고 있다. 어쨌든 윗글은 조선조로 들어와 고려 때의 사적을 더듬으려 하는데 문적이 없어 한탄을 하는 대목이기도 하다. 그러한 사정임에도 불구하고 아쉬운 대로 많은 기록을 남겼다.

끝으로 『고려사』「악」편에 실린 등가(登歌)와 헌가(軒歌)를 간단히 살피고 휘갑한다.

금종가(金鍾架) 하나가 동쪽에 있고, 옥경가(玉磬架) 하나가 서쪽에 있는데 모두 다 북쪽을 향해 있다. 축(柷, 사각형의 통같이 생긴 목재 타악기) 하나가 종(鍾)의 북쪽 약간 서편에 있고, 어(敔, 쭈그리고 앉은 범의 형상으로 등에 스물일곱 개의 톱니 같은 돌기가 있는 악기, 음악을 그칠 때 씀) 하나가 옥경(玉磬)의 북쪽 약간 동편에 있다. 박부(搏拊, 가죽 자루에 겨를 채워 만든 북같이 생긴 악기) 둘이 있는데 하나는 축(柷) 북쪽에 있고, 하나는 어 북쪽에 있어 동서로 마주 보고 있다. 1, 3, 5, 7, 9 현금 각각 하나씩과 그리고 슬(瑟) 둘(또는 하나)이 금종가의 남쪽 서상부에 있고, 옥경의 남쪽 역시 똑같이 동상부에 있다. 또 단 아래 동남 태묘에서는 즉 앞 기둥 층계 밑(태계 서쪽)에 적(笛) 둘(또는 하나), 지(篪) 하나, 소생(巢笙) 하나, 화생(和笙) 하나를 그 서상부에 한 줄로 설치한다. 훈(塤) 하나는 적의 남쪽에 있고, 소(簫) 하나는 소생 남쪽에 있다. 또 단 아래 서남쪽에는 적 둘, 지 하나, 소생 하나, 화생 하나를 동상부에 한 줄로 설치하고, 훈 하나는 적의 남쪽에 있고, 소 하나는 소생 남쪽에 있다. 종, 경, 축, 어, 박 부, 금, 슬을 연주하는 악공은 각각 단 위에 앉고, 훈(塤), 지(篪), 생(笙), 적 (笛), 소(簫)를 연주하는 악공은 단 아래에 선다. 태묘에서는 앞 기둥 층계 밑에 악정(樂正) 한 사람이 종과 경 사이에서 북향하고, 협률랑(協律郞) 한 사람이 악지(樂簇) 서쪽에서 동쪽을 향해 있으며, 가공(歌工) 네 사람이 축 과 어 사이에 모두 동쪽과 서쪽으로 서로 마주하고 있다.[36]

이것은 유사(有司)가 일을 대행할 때의 등가 모습이다. 등가악은 말하 자면, 앞에서 본 유병소의 악서 중에 보이는 당상악(堂上樂)이다. 당상악 은 전언한 바처럼 사람의 소리로써 귀함을 삼는다. 금종가(金鍾架)와 옥 경가(玉磬架)를 동서로 나눠 세우는 모습과 일련의 각종 악기의 위치를 자 세히 일러두었다. 다음으로 헌가를 살펴본다.

삼방(三方)에 각각 편종(編鍾)과 편경(編磬) 셋을 설치하는데, 동방 편 경은 북쪽 편종 사이의 동향에서 배열을 시작하고, 서방 편종은 북쪽 편경 사이의 서향에서 시작하고, 북방 편경은 서쪽 편종 사이의 북향에서 시작 한다. 식입고(植立鼓, 틀에 고정시켜 세워 놓게 만든 북) 둘 중 하나는 악 현(樂懸) 동남에, 하나는 악현 서남쪽에 세워져 있다. 축(祝)과 어(敔)를 북쪽 가(架) 안에 설치하는데, 축은 동쪽에 있고, 어는 서쪽에 있다. 슬(瑟) 열넷이 두 줄이 되는데 한 줄은 축의 동쪽에 있고, 한 줄은 어(敔)의 서쪽 에 있다. 다음 일현금(一絃琴) 일곱 개는 왼쪽에 넷, 오른쪽 셋, 그다음 삼 현금 열, 오현금 열둘, 칠현금 열넷, 그다음 구현금 열넷은 좌우로 나누어져 있다. 진고(晉鼓, 통이 긴 북으로 나무를 위에 놓고 침) 하나가 소생(巢笙) 사이 조금 남쪽에서 북향하고 있다. 악정(樂正) 한 사람이 축과 어 앞에서 북향하고 있고, 가공(歌工) 열두 사람이 축과 어 다음에 동쪽과 서쪽으로 서로 마주 보고 네 줄로 열을 지우고 있는데, 좌우에 각각 두 줄씩이다. 협률랑 한 사람이 악지(樂簴)의 서북쪽에서 동향하고 있다. 문무대원 사십팔 인이 약(籥)과 적(翟)을 잡고 있고, 무무(武舞) 사십팔 인이 간(干)과 척(戚)을 잡고 있는데 모두 육일(六佾)을 이루고 있다. 문무(文舞)는 표의 좌우에 각각 삼일(三佾)씩 나누어 서 있고, 문무를 인도하는 자 둘이 독(纛, 깃을 드리운 기)을 잡고, 문무 대원 앞에서 동서로 서로 마주 보고 있다. 무무를 인도하는 자는 정(鉦)을 잡은 두 사람, 도(鼗)를 잡은 두 사람, 단탁(單鐸)을 잡은 두 사람, 쌍탁(雙鐸)을 잡은 두 사람, 금순(金錞, 사발 종)을 든 네 사람, 금순을 치는 두 사람, 뇨(鐃, 동발, 자바라 일종)를 잡은 두 사람, 상〔相, 가죽에 겨를 넣어 만든 북 같은 타악기. 박부(搏拊)와 같은 것이나 소형〕을 잡은 두 사람, 아〔雅, 칠통(漆桶)같이 생긴 양끝이 좁은 목제 타악기〕를 잡은 두 사람이 헌가의 동서에 나뉘어져 북향하여 북상부를 보고 서 있고, 무무대원은 그 뒤에 있다.[37]

여기서 삼방은 임금의 자리를 향해서 볼 때 동·서·북 쪽을 말한다. 보다시피 편경과 편종 그리고 축과 어, 문무와 무무가 육일무(六佾舞)로 진행되고, 헌가의 경우 등가에 없는 문무, 무무 등 이무(二舞)가 진행된다. 한편, 사직제가 거행될 때 쓰이는 악가무는 다음과 같다.

신을 맞이하고 보낼 때 헌가(軒架)에서 임종궁(林鐘宮)의 영안지곡(寧

安之曲)을 연주하고, 영신(迎新)에는 문무(文舞)를 여덟 차례, 송신(送神)에는 무무(武舞)를 한 차례 거행한다. 옥백(玉帛, 제후들이 황제에게 바치는 물건)의 전을 올리고, 작헌(作獻)할 때 등가(登架)에서 응종궁(應鐘宮)의 희안지곡(喜安之曲)을 연주한다. 제물을 드리는 진저(進葅)에는 헌가에서 풍안지곡(豊安之曲)을 연주하고, 문무가 나가고 무무가 들어오는 데는 모두 숭안지곡(崇安之曲)을 연주하고, 아(亞)·종헌(終獻)에는 다 무안지곡(武安之曲)을 연주하는데 모두 대족궁(大簇宮)에 의한다.[38]

신을 맞이할 때 헌가에선 영안곡(寧安曲)이 연주되고, 등가에서 희안곡(喜安曲)이 연주되며, 제물을 바칠 때 헌가에서 풍안곡(豊安曲), 무무(武舞)가 들어올 때는 모두 숭안곡(崇安曲), 무안곡(武安曲)을 연주하고 있음을 알 수 있다. 이러한 절차가 조선조로 옮겨져 오늘날 종묘제례와 사직제에서 이어질 수 있었던 것이다.

7. 맺는 말

지금까지 한중일의 궁중에서 행해진 의식과 악·가·무를 중세와 비슷한 시기인 중국의 송, 한국의 고려, 일본의 헤이안시대를 중심으로 살폈다. 이 시기, 세 나라엔 불교의 사회적 수용이 크게 영향을 미치며 새로운 문화 창출에 기여를 하게 된다. 중국은 다양한 가무희와 강창 및 각종 잡희 등이 발달해 오늘과 같은 희곡이 이뤄졌고, 일본은 헤이안시대로 들어서며 일대 변혁이 일어나는 가운데 예인집단인 산악호(散樂戶)가 폐지되며 천민인 법사와 같은 모습을 한 예인들이 주도하여 산악과 무악이 성황을 이루게 되었다.

고려의 경우, 나라가 열리며 궁중의례인 사직제의 시작부터 알린다. "사람이 천지음양의 기를 타서 희로애락의 정이 있기 때문에, 이에 성인이 예를 제정하여 기강을 세우니 교만과 난폭함이 줄고, 백성들이 죄를 멀리하여 아름다운 풍속을 이루고자 한다"는 것으로, 태조가 나라를 세워처음 시도한 것이 바로 사직제임을 분명히 하고 있다. 그래서 종묘와 사직이 고조선 이래 오랜 우리나라의 전통임을 일깨웠다. 이렇듯 엄숙한 의례를 치르는 가운데, 궁정을 중심으로 한 고려의 대표적 축제인 팔관회와 연등회가 국가적 행사로 치러지면서 다양한 산악들이 등장하여 새로운 예인들의 활동이 두드러졌다. 특히 주목되는 것은 백희, 잡기 들의 공연과교방의 악대와 무용단의 등장이다. 이들의 공연 모습을 보면, 인도로부터서역을 거쳐 중국으로부터 가무들이 나라에 수입되면서 새로운 궁정문화를 창출하고 있음을 감지할 수 있다.

잡극은 10-11세기의 연희를 전문으로 하는 우인(優人) 또는 창우(倡優)의 발생과 관련이 있다. 이들은 뒤에 영관(伶官)이라 불렸는데, 14세기 이후 광대라고 불리는 직업적인 연기자들이 바로 이들이다. 이들은 선대의공신을 찬양하는가 하면, 대나의식에 참가해 잡기를 연출했는데, 이때 이국인이 고려에 와 공물을 헌납하는 모습을 보여 주기도 했다. 충렬왕은 측근에 아예 주유희와 창우희를 잘하는 관리를 두어 이른바 골계희도 즐길정도다.

한편 당나라를 이은 송나라는 궁정과 사원 행사에 산악이 매우 자주 연행되었다. 산악 가운데 가무희 곡목으로 대면, 발두, 답요랑, 굴뢰자 등도그중의 하나인데, 이들은 악기로 횡적, 박판, 요고를 사용하였다. 또한 궁정의 큰 잔치에서 가무 사이사이에 잡극을 연출했는데, 이때의 잡극은 골계희적 성격을 띤 것으로 나중에 각종 골계희 가무 잡희의 총칭으로 발전한다. 그런데 이러한 잡극 가운데 삼분의 이 이상이 대곡을 사용했다. 대곡은 중국 희곡음악 형성에 중요한 영향을 끼쳤다. 이 악곡의 형식은 한나라 때 출현하여 수, 당 시기에는 국내외의 각 민족의 음악과 문화를 광범위하게 흡수해 잡극 발전에 기여했다. 송잡극과 함께 황제 앞에서 연출된 부대〔諸軍〕들의 백희가무는 이들의 결정판이라 할 수 있다.

한편 일본의 경우, 헤이안시대인 9세기에서 12세기 사이에 발생된 것으로 알려진 사루가쿠는 대개 사찰에서 제례와 법회를 이용해 연출된 것으로 때로는 궁중에서도 연출되었다. 또한 14세기 후반에 새로운 예술 형태인 노가쿠가 간아미와 제아미에 의해 형성되어 일본의 최고 악극으로 발전하였다. 또한 이와 별개로 궁정에서 연출된 궁중미가구라인 신악가(神樂歌)가 있다. 이는 넓은 의미로 신사 또는 신 앞에서 연행되는 가요를 칭하며, 좁게는 헤이안시대 궁정에서 미가구라(御神樂) 의식에 쓰이는 가요 가무를 말한다. 신악가는 풍속과 관계가 있어 민요적인 매력이 있다. 하지만 신악가가 단순히 풍속이 아니라는 것은 신악에 쓰이는 노래이기 때문이다.

이처럼 중세기 한중일 각 나라의 궁정에서는 각기 자기들 나라에 맞는 연희를 궁중의례와 함께 연출했던 것이다.

주(註)

궁중의례와 연희예술

1. 『국조오례통편(國朝五禮通編)』과 『춘관통고(春官通考)』는 궁중의례에 관해 가장 방대한 정보를 정리한 것이다. 『국조오례통편』은 조선 후기의 문신 이지영(李祉永)이 『국조오례의(國朝五禮儀)』와 그 속편들을 집성한 책이고, 『춘관통고』는 유의양이 『춘관지(春官志)』 『국조오례통편』 등을 참조하여 조선 초기부터 정조 초까지의 오례를 정리한 책이다.

2. 로제 카유아, 이상률 옮김, 『놀이와 인간』, 문예출판사, 1994, p.16.

3. 이 부분을 포함한 진연의례 변천에 대해선 지덕환, 「조선 후기 진연의례의 변천—인조대에서 고종대까지」 『조선 후기 궁중연향문화』 권2에서 자세히 논의되어 있다.

4. 『조선 후기 궁중연향문화』 권1, pp.70-71 참조.

5. 『정족산사고본(鼎足山史庫本)』 26책 119권 5장 A면; 국편 영인본 『광해군일기』 32책 619면.

6. 하위징아, 김윤수 옮김, 『호모 루덴스』, 까치, 1981, p.29, p.177.

7. 李民樹 譯, 『朝鮮傳』, 探求新書, 1981.

8. 김동욱, 「우륵십이곡에 대하여」 『한국가요의 연구(속)』, 삼우사, 1975.

9. 이민홍, 「가야악무연구—예악사상을 중심으로」 『대동문화연구』 제28집, 성균관대학교 대동문화연구원, 1993.

10. 이민수, 앞의 책, pp.53-54.

11. 『삼국사기』 「제사」편. 최광식, 『고대 한국의 국가와 제사』, pp.175-183에서 자세히 논했다.

12. 안경전 역주, 『환단고기(桓檀古記)』, 상생출판, 2015, p.143.

13. 위의 책, p.142 참조.

14. 위의 책, p.147에서 재인용. 이형구, 「고구려 고분 벽화에 보이는 삼족오 신앙에 대하여」 『동방학지』 86집, p.39.

15. 한영우, 『다시 찾는 우리 역사』, 경서원, 1997, p.121.

16. 자세한 논의는 최광식, 앞의 책, pp.195-200 참조.

17. 사진실, 『한국연극사 연구』, 태학사, 1997, pp.126-160에 자세히 논의되어 있다.

18. 이색, 「구나행」 총 28구 중 5-10구이다.

19. 이 부분 해설은 윤광봉, 『한국연회시 연구』, 이우출판사, 1985, pp.56-58과 『한국연회예술사』, 민속원, 2015, pp.539-540을 토대로 재해석했다.

20. 라오번, 오수경 외 옮김, 『중국고대극장의 역사』, 솔, 2007, pp.107-109.

21. 장아함경〔長阿含經, 권18 법화경 제목초(題目抄)〕.

22. 윤광봉, 『한국연회예술사』, 민속원, 2015, pp.282-298 참조.

23. 『송사』. 卷487, 外國列傳, 外國, 高麗.

24. 「금환」은 「우륵십이곡」에 나오는 「보기(寶伎)」와도 연계시킨다.

25. 『高麗史節要』卷21, '忠烈王 秋七月'條 製詩調. 「列傳」'金元祥'條 "元祥製新調太平曲." "又選城中 官婢及巫善歌子 籍置宮中 衣羅綺戴馬尾笠 別作一隊稱爲男粧 朝以新聲."

26. "상제(喪制) 삼 년을 마치고 이에 아름답고 밝은 예(禮)를 거행하니, 그 기쁨은 사역(四域)이 같은지라, 어찌 관대한 은전(恩典)을 가하지 않으랴? 내 미세한 몸으로 참람하게도 큰 기업을 이어받고는 바야흐로 재구(在疚)의 아픔을 품고 있는 중, 어느덧 즉길(卽吉)의 시기가 다다랐으므로 경태(景泰) 5년 7월 16일에 공경히 황고(皇考) 문종공순흠명인숙광문성효대왕(文宗恭順欽明仁肅光文聖孝大王)과 황비(皇妣) 인효순혜현덕왕후(仁孝順惠顯德王后) 신주(神主)를 받들어 종묘(宗廟)에 부묘(祔廟)하고 검은 용곤(龍袞)의 의절을 엄히 하여, 친히 밝고 깨끗한 제향을 관향(祼享)하였노라. 이 경사스런 거조(擧措)에 즈음하여 마땅히 관대한 법전(法典)을 포시(布施)하여야 할 것이다. 경태 5년 7월 16일 매상(昧爽) 이전에 관리(官吏)·군(軍)·인민(人民) 등이 범한 것 중에서 모반(謀反)·대역(大逆)·모반(謀叛), 자손으로서 조부모와 부모를 모살(謀殺) 또는 구매(歐罵)한 자, 처첩으로서 지아비를 모살한 자, 노비로서 주인을 모살한 자, 다른 사람을 모살 또는 고의로 살인한 자, 고독(蠱毒) 또는 염매(魘魅)한 자, 다만 간(奸)·도(盜)를 범한 자를 제외하고는 발각되었거나 아직 발각되지 않았거나, 또는 이미 결정(結正)되었거나, 아직 결정되지 않았거나를 막론하고 모두 사유(赦宥)하여 면제하니, 감히 유지(宥旨) 전에 있었던 일을 가지고 서로 고하여 말하는 자는 그 죄로써 죄 줄 것이다. 아! 밝은 일을 이루어서 이미 조고(祖考)로부터 의복을 받았으니, 큰 은사(恩賜)를 넓혀서 마땅히 인민에게 복을 고르게 하리로다." 『태백산사고본』 4책 11권 33장 A면; 『국편 영인본』 6책 695면.

27. 光海君, 1620年 9月 3日.

종묘제례 읽기

1. 이 글은 2011년 4월, 28-29일 벨기에 브뤼셀대학에서 열린 국제학술대회에서 발표한

필자의 논문, 「종묘제례의 유교적 제의적 퍼포먼스에 대한 기호학적 접근(Approche sé-miotique de la performance rituelle et confucianiste au Sanctuaire Chongmyo)」을 수정, 보완한 것임을 밝혀 둔다.

2. 이상의 글은, 최순권·임승범, 『종묘제례』, 민속원, 2008, pp.10-19에서 발췌하여 정리하였음을 밝혀 둔다.

3. 유교의 전래는 고구려 소수림왕 2년(372) '태학(大學)'을 세운 시기로 본다. 금장태, 『한국유교의 이해』, 한국학술정보, 2003, p.119.

4. 종묘는 1995년 유네스코 세계문화유산에 선정되어 등재되었다.

5. 오석원, 『유교와 한국유학』, 성균관대학교출판부, 2014, pp.72-73에서 발췌하여 정리했음을 밝혀 둔다.

6. 이은봉, 『중국 고대사상의 원형을 찾아서』, 소나무, 2003, p.238.

7. 금장태, 『귀신과 제사』, 제이앤씨, 2009, pp.96-97에서 발췌하여 정리했음을 밝혀 둔다.

8. 송지원, 「궁중의례에 담긴 사상」, 샤마니카세미나 발제문, 예술가의 집, 2014. 3. 20, p.2.

9. 금장태, 위의 책, p.85.

10. 뇌영해, 「유학의 인본주의와 천인합일」, in 임계유 편, 금장태·안유경 옮김, 『유교는 종교인가』 1, 지식과교양, 2011, p.465.

11. 금장태, 위의 책, p.85.

12. 위의 책, p.87.

13. 김형찬, 「중국문화중심주의의 극복과 유교문화의 자부심」, p.779; 김경호, 「유학의 계승과 극복: 신채호」, pp.827-838; 고려대학교 민족문화연구원 한국사상연구소 편, 『자료와 해설, 한국의 철학사상』, 예문서원, 2001. 유교전통에 따라 제후국으로서 조선이 천제를 지내지 못했던 것은 당시 조선의 '국력'의 한계와 국제관계에서의 안타까운 '위상', 그리고 일정 부분 '사대주의'를 나타내는 것이다. 그럼에도 태종, 세종, 세조 등 대왕들은 원구(圓丘) 대신에 원단(圓檀)으로 용어를 바꾸며 기우제 등 하늘에 제사를 지내기도 했다. 제후국에서 천자국으로 바뀌면, 절차, 복식, 악무 등에서 차이를 보인다. 최순권·임승범, 『종묘제례』, p.17, p.80 각각 참조.

14. 이상해, 「유교문화와 한국의 전통 건축」. cafe.naver.com/artgs/69.

15. C. Aziza, C. Oliviéri, and R. Sctrick, *Dictionnaire des symboles et des thèmes littéraires* (Paris: Fernand Nathan, 1978), pp.34-35 참조.

16. 한국문화상징사전편찬위원회, 『한국문화상징사전』 2, 두산동아, 1995, p.404.

17. 9치의 규는 처음에는 청옥으로 만들었지만, 영조대에 백옥으로 바뀌었다. 최순권·임승범, 『종묘제례』, p.80. '제왕 제복과 제관 제복'에 관한 상세한 자료는 같은 책, pp.78-84 참조.

18. 금장태, 앞의 책, pp.74-75에서 발췌한 것이다.

19. 이상의 글은 최순권·임승범,『종묘제례』, pp.86-87, p.98 각각 참조.

20. 위의 책, p.98.

21. 위의 책, p.90.

22. 최순권·임승범,『종묘제례』, pp.86-111; 박초롱·전혜원,『종묘대제 제수진설』, 문화 재청 종묘관리소, 2010, pp.10-23을 각각 참조하여 작성했음을 밝혀 둔다.

23. 제수(祭需)에 관한 글은 박초롱·전혜원,『종묘대제 제수진설』, p.26의 설명을 옮긴 것이다.

24. J. Chevaliedr and A. Gheerbrant, *Dictionnaire des Symboles* (Paris: Robert Laffont/Jupiter, 1982), p.747, pp.957-958; 한국문화상징사전편찬위원회,『한국문화상징사전』, 두산동아, 1992, p.42, pp.410-411.

25. 제인 해리슨, 오병남·김현희 옮김,『고대 예술과 제의』, 예전사, 1996, p.35.

26. 고려대학교 민족문화연구원 한국사상연구소 편,『자료와 해설, 한국의 철학사상』, 예 문서원, 2001, pp.460-462 참조.

27. J. Chevalier and A. Gheerbrant, *Dictionnaire des Symboles*, p.678.

28. 임계유 편, 금장태·안유경 옮김,『유교는 종교인가』 1, 지식과교양, 2011, p.191.

29. 이상 종묘제례의 진행과 절차에 관해서는, 최순권·임승범,『종묘제례』, pp.132-225 참조.

30. 송지원·이숙희·김영숙,『종묘제례악』, 민속원, 2008, p.13에서 발췌하였음을 밝혀 둔다.

31. 위의 책, p.42, p.47 각각 참조.

32. 위의 책, p.33.

33. 이상 '1430년의 변화에서부터 종묘제례악의 악기편성에서 노고와 노도를 사용했다'까 지의 전문은 송지원,「궁중의례에 담긴 사상」, 샤마니카세미나 발제문, pp.5-7에서 발 췌해 정리한 것임을 밝혀 둔다.

34. 종묘제례악의 '일무(佾舞)'에 관해서는 김영숙,「궁중의례와 춤」, 샤마니카세미나 발제 문, 2014. 10. 16 참조.

35. Pascal Lardellier, "Qu'est-ce qu'un rite : Rites, Occident et modernité,"『기호학 연구』 제20집, 한국기호학회, 월인, 2006, p.34.

36. 조이(鳥彝)는 봄 제사용, 계이(鷄彝)는 여름 제사용이다. 박초롱·전혜원,『종교대제 제 수신설』, pp.20-21.

37. 임계유, 앞의 책, p.237.

38. 금장태,『귀신과 제사』, p.63.

39. 위의 책, p.64, p.80 각각 참조.

40. 『예기(禮記)』「제통(祭統)」편. 송지원, 「궁중의례에 담긴 사상」, p.9에서 인용.

41. 금장태, 『귀신과 제사』, p.105.

42. 최기복, 「유교의 음복」 『종교신학연구』 3, 1990, pp.169-210 참조.

43. J. Chevalier and A. Gheerbrant, *Dictionnaire des Symboles*, pp.632-634.

44. 리차드 셰크너, 김익두 옮김, 『민족연극학』, 한국문화사, 2004, pp.235-239 참조.

45. 사겸(謝謙), 「유교, 중국 역대 왕조의 국가종교」 『유교는 종교인가』, p.485.

46. 뇌영해, 「유학의 인본주의와 천인합일」 『유교는 종교인가』, pp.464-465.

47. 아직까지도 세계의 철학자, 신학자들 사이에서는 "유교는 종교인가?"라는 논쟁이 완전
히 종결되지 않았다. 종교사전에서도 유교를 "중국의 가장 위대한 철학적, 도덕적, 종
교적 학파들 중의 하나"라고 소개하고 있다. Gerhard J. Bellinger, *Encyclopedie des Religions* (Paris: La Pochothèque, 2004), p.233.

48. 도민재, 「유교 제례의 구조와 의미: 기제(忌祭)를 중심으로」 『동양철학연구』 제42집,
2005, pp.225-255 참조.

49. 금장태, 『귀신과 제사』, p.102.

50. 사겸, 「유교, 중국 역대 왕조의 국가종교」 『유교는 종교인가』, p.493.

51. 오석원, 『유교와 한국유학』, p.93.

52. 임계유에 따르면, 혈연관계를 토대로 하는 사회조직화가 가장 강력했던 고대 중국에서
는 '천' 혹은 '상제'는 인간의 군주에 해당했었고, 유교는 정권조직 밖에서 자기의 조직
을 세우지 못하고, 정권조직이 동시에 유교의 종교조직이었다. 임계유 편, 『유교는 종
교인가』, p.242 참조.

53. 중국 고대 사회에서 교묘(郊廟) 제도는 국가 제전(祭田)으로 일종의 종교현상이자, 동
시에 정치제도였다.

54. Pascal Lardellier, "Qu'est-ce qu'un rite : Rites, Occident et modernité," p.36.

55. Ibid.

56. Ibid, p.32.

57. 주 48 참조.

58. 금장태, 『한국유교의 이해』, p.14. '시경' 참조.

59. 김형효, 「오늘에서 보는 공자의 철학적 읽기와 유교의 진리」 『유교문화와 기호학』 기
호학연구 제13집, 한국기호학회, 월인, 2006, p.52.

조선시대 의례의 연희자

1. 『禮記』「禮器」 "萬物本乎天 人本乎祖 禮主於報本反始 不忘其所由生也."

2. 『國朝五禮儀』卷1, 25a-35b; 『樂學軌範』卷2, 18b-19b.

3. 『國朝五禮儀』卷4, 60a-64a. 『국조오례의』에는 악곡명이 명시되어 있지 않으나 『樂學軌範』(卷2, 21b-22a)과 『增補文獻備考』(卷105, 11b)에 따르면, 대개 임금이 어좌에 오르내릴 때는 「여민락령」이, 문무백관 및 급제자들이 절할 때는 「낙양춘」이 연주되었다.

4. 기로소(耆老所)는 정이품 이상 전, 현직 문관 중 칠십 세 이상인 문신들의 친목 및 예우 기구이다. 조선시대 때 기로소에 든 사람은 칠백여 명인데 임금으로는, 태조가 육십 세, 숙종이 오십구 세, 영조(재위 1724-1776)와 고종(재위 1863-1907)이 오십일 세에 기로소에 들어갔다.

5. 『肅宗己亥進宴儀軌』卷1, 15ab; 『韓國音樂學資料叢書』卷13, p.96.

6. 『國朝五禮儀』卷5, 1a-7a 宴朝廷使儀; 7a-12a 王世子宴朝廷使儀.

7. 『國朝五禮儀』卷4, 68a 養老宴儀 "掖庭署設御座於勤政殿北壁南向."; 『國朝五禮儀』卷5, 1a 宴朝廷使儀 "禮賓寺設使者座於太平館正廳東壁西向 掖庭署設殿下座於西壁東向."

8. 『國朝五禮儀』卷5, 6b 宴朝廷使儀 "提擧二人各捧湯 將進樂作 提擧分就使者前立進 提調捧湯 詣殿下前跪進."

9. 『國朝五禮儀』卷8, 72b-95a.

10. 왕이나 왕비, 왕대비 등이 승하하면 다섯 달 만에 장사를 지내어 육신(肉身)을 땅속에 묻고, 그 혼백(魂魄)은 신주로 상징하여 혼전(魂殿)에 모신다. 장사를 지낸 날 초우제(初虞祭)를 혼전에서 지내고, 이우제(二虞祭)에서 육우제(六虞祭)까지는 유일〔柔日, 일진(日晨) 중에서 을정기신계(乙丁己辛癸)가 드는 날〕에 지내고, 칠우제(七虞祭)는 강일〔剛日, 일진(日晨) 중에서 갑병무경임(甲丙戊庚壬)이 드는 날〕에 지내며, 칠우제 후 강일에 졸곡제(卒哭祭)를 지낸다. 상(喪)을 당하면 슬픔이 복받칠 때에 무시로 곡을 하나, 졸곡 뒤로는 아침저녁의 정시(定時, 朝夕哭奠)에만 곡한다.

11. 『國朝五禮儀』卷7, 28b-32a.

12. 『國朝五禮儀』卷7, 33ab.

13. 『世宗實錄』世宗 19年 2月 14日(甲戌), 世宗 19年 2月 28日(戊子); 『世祖實錄』世祖 3年 3月 7日(庚午), 世祖 3年 12月 15日(乙巳).

14. 『英祖實錄』英祖 19年 9月 16日(乙未), "上行御宴于明政殿 相禮引王世子 由東門入就位 行四拜 禮畢陞殿 參奏俗雅樂 (…) 承旨宣諭曰 敬擧卿等之觴 始用雅樂 舞用六佾 酒用醴酒 皆減舊謙抑之意也"; 英祖 49年 閏3月 1日(庚申), "上御崇政殿受饌 (…) 以次進爵 奏雅俗 樂"; 英祖 49年 閏3月 3日(壬戌), "上御金商門行養老宴 (…) 命翼謨等耆社諸堂 以年次呼 新來 相與對舞 雅俗樂交奏."

15. 『樂學軌範』卷2, 2a-3a, 4b. 이혜구 옮김, 『신역 악학궤범』, 태학사, 2000, p.103, p.105.

16. 외연(外宴)과 내연(內宴)은 참여자에 따른 구분이다. 외연은 군신(君臣) 간이나 남성이

주축이 되는 연향이고, 내연은 왕실 가족과 친인척 및 명부(命婦)가 참여하거나 여성이 주축인 연향이다.

17. 『世宗實錄』世宗 14年 正月 28日(戊子), "禮曹啓 今以上護軍朴堧上言條件 與詳定所提調 同議 選各官年少官奴六十人以備男樂 及方響三件 量宜加造條 僉曰可 (…) 從之";『世宗實錄』世宗 14年 5月 6日(癸亥), "慣習都監使朴堧啓 今以童男年十一歲以上者習樂 今雖可用 至其成才之後 體貌已壯 不可復用 請選用八歲以上十歲以下 從之."

18. 전형택,「조선 초기의 창기(娼妓)」『裵鍾茂總長退任紀念史學論叢』, p.160;『經國大典』卷5, 11a "京妓年滿五十 除樂籍 免賤役."

19. 『世宗實錄』世宗 15年 2月 14日(戊戌), "禮曹啓 流外雜職內 上林園則以內奴屬 典樂署則以妓孫及公賤充差";『世宗實錄』世宗 16年 3月 16日(癸巳), "禮曹啓 舞童以各司有限之奴充定 弊將不勝 (…) 甲午 六月 二十八日以後 女妓嫁良夫所生 宣德 七年 七 初一日以後 女妓嫁東西班流品七品以下 (…) 所生 (…) 巫女經師子孫等 年八歲以上 推刷給奉足二名 完恤本家 屬于舞童."

20. 『成宗實錄』成宗 17年 10月 27日(戊戌), "下書全羅道觀察使曰 國家設京外娼妓所以敎歌舞備宴享也."

21. 『經國大典』卷3, 45a "女妓一百五十人蓮花臺十人女醫七十人 每三年竝以諸邑婢年小者 選上 女醫則成才後還本邑 京中各司婢亦擇定."

22. 공역(公役)에 복무하는 자를 돕기 위하여 금품 또는 노동을 제공하는 사람.

23. 『世宗實錄』世宗 5年 12月 4日(辛亥), "禮曹啓 參贊致仕許衜所啓 外方醫女 先將忠淸慶尙全羅道界首官官婢內 擇年十五歲以下十歲以上 穎悟童女各二名 依選上女妓例 給奉足 送于濟生院 與本院醫女一處敎訓 待其成材 還送 從之";『中宗實錄』中宗 5年 11月 20日(壬申), "臣等亦以謂 有妓官數少 則一邑充選上來者必多 非獨當身也 有俸(奉)足數人 有妓之官 受弊不貲."

24. 『世宗實錄』世宗 16年 7月 25日(庚子), "禮曹啓 濟生院醫女等 逐日仕官 習讀醫書看病針灸 勿論晴雨 苦務倍重 依女妓例 一年兩度賜米 從之."

25. 『世宗實錄』世宗 6年 11月 18日(己丑), "傳旨于禮曹 今後工人宴幣 上等例 女妓給緜布各二匹 樂工緜布各一匹正布各一匹 中等例 女妓緜布各一匹正布各一匹 樂工緜布各一匹 下等例 女妓緜布各一匹 樂工正布各一匹 其等第 臨時取旨施行";『世宗實錄』世宗 7年 12月 29日(甲午), "御便殿設內宴 夜分乃罷 (…) 賜女妓樂師瞽師宴幣 及儺人處容緜布有差";『世宗實錄』世宗 8年 正月 1日(丙申), "中宮御內殿設宴 諸宮主公主入侍 賜女妓樂師瞽師宴幣."

26. 『世祖實錄』世祖 12年 6月 27日(丙寅), "傳旨刑曹曰 女妓金剛 依原從功臣許午例 免賤";『世祖實錄』世祖 9年 閏7月 4日(辛酉), "賜宴六典廳儒臣于慶會樓下 (…) 又出內女三人及四妓奏樂 四妓 玉膚香紫洞仙陽臺楚腰輕也 俱以善歌舞 屢入內宴 上呼爲四妓";『世祖實錄』世祖 12年 9月 11日(己卯), "傳于刑曹曰 女妓楚腰輕陽臺紫洞仙玉膚香等 免賤."

27. 김종수, 『조선시대 궁중연향과 여악연구』, 민속원, 2003, pp.140-156.

28. 세종 1년(1419) 4월에 평안감사 윤곤(尹坤)이 "관기간통은 풍속을 어지럽히는 일이니, 이를 일체 금단하며, 만약 어기는 자가 있으면 주객(主客)을 다 죄 줄 것"을 청했다. 『世宗實錄』世宗 元年 4月 14日(戊子).

29. 『世宗實錄』世宗 元年 6月 18日(辛卯), "禁大小使臣姦官妓 時議政府六曹 以平安監司尹坤所啓共議 皆以爲行之已久 不必禁也 唯朴訔以爲 宜從坤請 卞季良固請仍舊 以副衆心 上曰 其來雖久 豈是美俗 況其有夫之妓乎 可從坤請."

30. 김종수, 『조선시대 궁중연향과 여악연구』, pp.214-223, pp.239-255.

31. 『世宗實錄』世宗 8年 1月 1日(丙申), "御慶會樓下設宴 宗親政府六曹異姓諸君諸大臣六代言入侍 中宮御內殿設宴 諸宮主公主入侍 賜女妓樂師醫師宴幣有差"; 『光海君日記』光海君 8年 8月 14日(壬子), "禮曹啓曰 傳曰 大殿世子嬪 內殿世子陳賀時 使何人執樂乎 令禮官議定事 傳敎矣 考諸禮文 則內宴及內殿命婦陳賀時 女伶陳樂云云 問于掌樂院則 凡內擧動時 女伶陳樂 以女妓管絃盲人等執樂事 載在樂學軌範舊規 云 今此大殿世子嬪 內殿世子陳賀時 依此施行 似爲宜當 敢啓 傳曰 依啓."

32. 『世宗實錄』世宗 14年 1月 28日(戊子), "禮曹啓 今以上護軍朴埂上言條件 與詳定所提調同議 (…) 管弦盲人年少者 擇授檢職 四時賜米 士大夫子孫承重 而遘此疾者 亦加檢職條 鄭招以爲 檢職已革 不可復設 伶官 古者皆用瞽者 今可於典樂署 逐位加沒〔設〕一二員 以授瞽者 前銜則四時賜米 殘疾者 若不存恤 何以得活 從之."

33. 『甲子進宴儀軌』(奎 14359) 27b-29a.

34. 『尊號都監儀軌』(奎 13297) 儀註 / 王大妃殿加上尊號冊寶儀, "前一日 尙寢帥其屬 設王大妃殿座於景福殿北壁南向 設寶案於座前近東 進冊寶案次之 香案二於殿外左右 其日女伶陳樂於殿庭如常 內侍府陳儀仗於殿庭東西如常 (…) 又россу外辦 王大妃殿具翟衣加首飾 尙宮前導以出 王大妃殿陞座〔樂作 用醫師與民樂〕爐烟升 尙記捧寶置於案〔樂止〕(…) 尙傳及都提調以下至王大妃殿閤門外 尙傳捧冊寶〔都提調以下退〕以次授捧冊寶女官〔樂作 保佑樂 後倣此〕捧冊寶女官傳捧陞詣各置於讀冊寶案〔樂止〕女伶進當正階上東西北向唱新製樂章〔保佑曲〕訖退復位."

조선시대 궁중의례와 건축공간

1. 이 글은 필자의 박사학위논문 「조선시대 궁궐의 의례운영과 건축형식」(서울대학교, 2003)을 바탕으로 작성되었음을 밝혀 둔다.

2. 동아시아문명권의 궁궐제도의 근간이 되었던 고대 중국의 궁궐제도에서는 궁궐의 영역

을 외조, 치조, 연조의 삼조체제로 이해했다. 조선의 궁궐 역시 삼조체제의 흔적을 찾을 수 있으나, 각종 문헌기록에 등장하는 개념어를 일괄하여 보면, 이러한 삼조의 개념보다는 외전과 내전이라는 양분된 공간 인식이 훨씬 강했던 것으로 이해된다. 이에 대해서는 김동욱, 「경복궁 건물 배치의 삼문삼조설에 대한 의문」, 한국건축역사학회 춘계학술발표대회 논문집, 한국건축역사학회, 2001 참조.

3. 관례(冠禮), 혼례(婚禮), 상례(喪禮), 제례(祭禮)를 이른다. 사례에 해당하는 내용은 모두 가례와 흉례에 포함되어 있지만 군주의 예를 오례로 따로 구분하는 것은 예의 본질은 같더라도 신분에 따라 구현되어야 하는 예의 형식이 다르기 때문이다. 따라서 오례에는 천자(天子) 이하의 모든 신민이 행해야 하는 보편적인 의례와 더불어 군주만이 행할 수 있는 국가의례의 규범이 포괄되어 있으며 의례의 규모와 요구되는 시설 또한 특별한 위치를 점하는 성격을 갖고 있다. 오례를 이해함에 있어서 국가시설을 함께 논할 수밖에 없는 것은 오례가 갖는 이러한 성격 때문이다. 조재모, 「오례와 국가시설」『한국건축개념사전』, 동녘, 2013 참조.

4. 그렇다면 예학(禮學) 연구의 참조점 변화와 인식 수준의 발전, 행례의절의 변동은 건축공간에도 역시 구체적인 변화, 또는 공간 인식의 변화를 야기할 것이라는 가정이 성립할 수 있다. 세종조의 영녕전 건립, 명종조의 종묘 증축, 선조조의 고제(古制) 복원 논의 등 종묘의 건축공간을 둘러싼 오랜 기간 동안의 형식 변화와 예법 논의의 과정은 결국 의례규정과 건축공간의 상관관계를 드러낸 역사적 함의를 지니는 것으로 해석되어야 한다. 종묘 건축의 변화에 대한 예학적 해석은 정기철, 「17세기 사림의 묘침제 인식과 서원 영건」, 서울대학교 박사학위논문, 1999; 정기철, 「당·송·고려·조선의 종묘 친협향의(親祫享儀)와 건축형식 비교 연구」, 대한건축학회 논문집 계획계 17권 10호 통권 156호, 2001. 10; 정기철, 「고려시대 종묘의 건축형식 연구」, 대한건축학회 논문집 계획계 17권 11호 통권 157호, 2001. 11 등을 참조할 수 있다.

5. 『국조오례의(國朝五禮儀)』가 작성될 당시의 조선 법궁은 경복궁이었다. 태종조에 창건된 창덕궁이 이궁(離宮)으로 존재하고 있었으나 『국조오례의』에서 서술하고 있는 행례의 배경은 경복궁의 근정전, 사정전을 비롯한 주요 전각들이다. 이것은 법궁의 상징성을 단적으로 드러내는 것이기도 하다.

6. 『국조속오례의(國朝續五禮儀)』는 성종 때 편찬한 『국조오례』가 시대의 변화에 따라 개정, 폐지되어야 할 부분이 많아졌기 때문에 영조 20년(1744)에 예조판서 이종성(李宗城) 등에게 명하여 새롭게 편찬된 책이다. 또한 영조 27년(1751)에는 세손의 장복(章服) 제정을 위하여 예조판서 신만(申晚) 등에게 명하여 『국조속오례의보(國朝續五禮儀補)』를 편찬하게 했다.

7. 조선 전기 경복궁의 형제 변화에 대해서는 곽순조, 「궁궐 운영을 통하여 본 조선 전기 경복궁의 배치 특성에 관한 연구」, 성균관대학교 석사학위논문, 2000; 김동욱, 「조선 초기

경복궁 수리에서 세종의 역할」『건축역사연구』32호, 한국건축역사학회, 2002. 12 등에
서 다루어진 바 있다.

8. 홍순민, 「조선왕조 궁궐 경영과 양궐체제의 변천」, 서울대학교 박사학위논문, 1996,
p.45.

9. 『世宗實錄』卷124, 世宗 31年 6月 18日(丙寅). "강녕전·만춘전·천추전·연생전·경성
전·사정전 같은 것은 이른바 정궁(正宮)이고, 함원전·교태전·자미당·종회당·송백당·
인지당·청연루는 내가 세운 자그마한 집인데 정궁이 아니니"라 하여 세종조의 전각 건
립을 알 수 있다.

10. 내전, 사정전, 동궁 외에도 근정전, 근정문, 정전 등과 관계되는 대부분의 의례가 세종
연간에 수립되었다. 본 절에서는 의례와 공간의 상관성 이해를 목적으로 세종대에 신
설되었거나 개수된 전각을 중심으로 분석한다.

11. 조선 전기 동궁(東宮)의 위치와 운영에 대해서는 곽순조, 앞의 논문, pp.88-103에 상세
하다.

12. 『世宗實錄』卷37, 世宗 9年 8月 10日(乙丑).

13. 『太宗實錄』卷24, 太宗 12年 12月 5日(丙辰).

14. 『世宗實錄』卷43, 世宗 11年 1月 20日(丁卯) 및 卷44, 世宗 11年 4月 3日(戊寅). 이때의
사정전 공사는 협착함을 해소하기 위함이었다.

15. 『世宗實錄』卷44, 世宗 11年 4月 22日(丁酉).

16. 『世宗實錄』卷55, 世宗 14年 1月 5日(乙丑).

17. 『世宗實錄』卷55, 世宗 14年 1月 6日(丙寅).

18. 『世宗實錄』卷55, 世宗 14年 1月 15日(乙亥).

19. 『世宗實錄』卷55, 世宗 14年 1月 18日(戊寅). "상정소 제조 황희·맹사성·허조·신상이
아뢰기를, '원묘의 간수(間數)와 협실(俠室)의 유무는 영령전의 예에 의방하여, 네 간을
짓고 협실은 없애며, 그 좌향과 차례의 순서는 종묘의 예에 따를 것이며, 서쪽을 상좌로
하소서' 하니, 그대로 따랐다. 다만 묘실(廟室)의 제도는 이미 일찍이 계하(啓下)한 것
에 의거하여 다섯 간을 짓게 하였다. 안숭선을 인견하고 말하기를, '황희 등이 네 간으
로 하자는 논의는 무엇에 근거한 것인가. 만약 네 간을 세운다면 후세에서는 반드시 사
조(四祖)만을 봉사하지 않을까 의심하여, 태조의 신주를 조천(祧遷)하게 될 것이니, 백
세라도 조천하지 않는다는 뜻에 비추어 어떠하겠는가. 만약 세 간을 세운다면 국가를
가진 군주로서 다만 삼대만을 제사하게 되어 여러 아랫사람들과 다름이 없으니 도리에
온당하지 않다. 그렇지 않으면 다만 두 간만 세워서 태조·태종만을 봉안하는 것이 어
떤가' 하니, 대답하기를, '오늘 원묘를 옮겨 세운 것은 후세에 각각 세우는 폐단을 방지
하기 위한 것입니다. 다만 두 간만을 세우기보다는 문소전·광효전을 그대로 두는 것이
나을 것입니다. 아마 중국 사람들이 와서 두 간의 묘제를 본다면 반드시 비웃을 것입니

다. 마땅히 지난번의 하교에 의거하여 다섯 간을 세우게 하는 것이 좋겠습니다' 하였다. 임금이 말하기를, '다섯 간의 수를 고치지 말라' 하였다."

20. 『국조오례의(國朝五禮儀)』에서 사시와 속절의 문소전 향사에 관한 의식〔四時及俗節享文昭殿儀〕, 사시와 속절의 문소전 향사 대리에 관한 의식〔四時及俗節享文昭殿攝事儀〕, 문소전의 기신에 관한 의식〔文昭殿忌晨儀〕, 문소전의 삭망의 향사에 관한 의식〔朔望享文昭殿儀〕 등 네 개의 항목이 길례(吉禮)에 속하며, 흉례(凶禮)에 부문소전의(祔文昭殿儀)가 포함되어 있다.

21. 2품 이상의 관원은 정(正), 종(從)을 나누어 각각 한 줄로 하고 3-4품의 관원은 정, 종의 구분 없이 한 줄씩 서며 5-6품은 합하여 한 줄을 만들며 사관(史官)은 그 뒤에 선다. 『世宗實錄』卷44, 世宗 11年 4月 22日(丁酉) 및 『국조오례의(國朝五禮儀)』 가례(嘉禮) 상참 조계의(常參朝啓儀) 참조.

22. 『世宗實錄』卷122, 世宗 30年 10月 12日(乙丑).

23. "우리나라 유현(儒賢)의 학문은 혹 성리학으로 주를 삼아 전력으로 종사한 자가 있고, 혹 예설(禮說)로 주장을 삼은 자도 있는데, 경학(經學)에 대해서는 예학(禮學)처럼 열심히 하지 않았으므로 예서가 가장 많다." 이규경, 『오주연문장전산고(五洲衍文長箋散稿)』.

24. 『고금상정례(古今詳定禮)』는 후세에 완전히 전해진 것이 아니며, 다만 조선 태종조의 『고려사』 예지(禮志) 편찬에 저본으로 사용되어 그 대략을 알 수 있을 뿐이다. 서문에 "대개 사람은 천지음양의 기운을 타고나서 희로애락의 감정을 가지고 있다. 따라서 성인이 예법을 만들어 사회의 질서와 규율을 세워 교만하고 방탕함을 절제하고 난폭함을 막아 백성들로 하여금 선을 행하고 죄를 멀리하도록 하여 아름다운 풍속을 이루었다. 고려 태조가 건국하면서 처음에는 예를 논정할 겨를이 없었으나 성종에 이르러 선대의 업적을 넓혀 원구(圓丘)에 제사하고 적전(籍田)을 경작하고 종묘를 세우고 사직을 일으켰다. 예종 때에 처음으로 기관을 세워 예의를 정하였으나 전적이 전해지지 않는다. 의종에 이르러서 평장사(平章事) 최윤의(崔允儀)가 『고금상정례(古今詳定禮)』 50권을 찬하였으나 빠진 것들이 많았고 거듭된 병화로 잔존한 것이 하나둘에 불과하였다. 지금 사편(史編)과 『고금상정례』에 근거하고 『주관류익(周官六翼)』 『식목편록(式目編錄)』 『번국례의(蕃國禮儀)』 등의 책을 참고하여 길(吉), 흉(凶), 군(軍), 빈(賓), 가(嘉)의 오례(五禮)로 분류하여 예지(禮志)를 작성한다"고 하였다.

25. 『통전(通典)』은 당 현종(재위 712-756)조에 유질(劉秩)이 찬한 『정전(政典)』 35권을 중심으로 역대 정사(正史)의 지류(志類)를 비롯하여 기전(紀傳), 잡사(雜史), 경자(經子) 및 개원례(開元禮) 등의 자료를 참조하였으며, 구성이 질서정연하고 내용이 풍부하여 중당 이전의 제도를 통관하는 데 가장 유용한 책이다. 이 책은 북송(北宋) 송백(宋白) 등의 『속통전(續通典)』, 남송(南宋) 정초(鄭樵)의 『통지(通志)』, 원 마단림(馬端臨)의 『문헌통

고(文獻通考)』등에 큰 영향을 끼쳤다.

26. 강희맹,『국조오례의(國朝五禮儀)』서.

27.『국조오례의』찬술 과정과 그 성격에 관해서는 지두환,「조선 전기 국가의례 연구: 주자학 수용과정과 관련하여」, 서울대학교 박사학위논문, 1990 참조.

28. 개원례(開元禮)는 두우(杜佑)의『통전(通典)』에 기록된 바를 참조하였고『송사(宋史)』,『명사(明史)』등은 이십오사(二十五史)를 이용하였다.『고려사』는 신서원에서 발행한 북역본(北譯本)을 이용하였다. 이들 사료 이외에 진혜전(秦蕙田)의『오례통고(五禮通考)』권133-141에 이르는 조례(朝禮) 관련 부분을 함께 분석하였다.

29. 진혜전(秦蕙田)은 이 부분에 대해 "상조(常朝) 의례는 송지(宋志)에는 빈례(賓禮)에 늘어 놓았고 지금은『통전(通典)』에 의거하여『명집례회전(明集禮會典)』에 가례(嘉禮)로 작성되었고 주관(周官) 조례(朝禮)의 뒤를 이었으니 대개 시조(視朝)의 정례(正禮)이다"라고 하였다. 진혜전,『오례통고(五禮通考)』嘉禮6 조례.

30. 송대 의례가 당대를 계승하였음은 역대 경학자들의 공통된 의견이었다. 다만 의례 편제에 있어서 전후의 시대와 다를 뿐이다. 진혜전, 앞의 글.

31. 상조의(常朝儀)는 매일, 오 일간, 삭망 등 시대에 따라 빈도의 차이가 존재했는데,『국조오례의』는 이들 의례를 상참, 조참, 삭망 조하 등 서로 다른 이름으로 구분했다.

32.『주역』복괘(復卦)에 말하기를, 10월에 음(陰)의 성함이 이미 지극하였다가 동지가 되면 하나의 양(陽)이 다시 아래에서 생기므로 박(剝,☷)의 다음에 복(復,☳)을 두었다고 하였다. 즉 동지는 새로 양이 생하는 시기이므로 정조(正朝)에 버금가는 중요성을 띤다고 할 수 있다.

33. 중국 황제에 대해서는 성절(聖節)이라 하여 탄일 망궐례를 하도록 하였고 이외에도 천추절(千秋節) 망궐례를 행한다. 천추절은 당 현종 개원(開元) 17년(729)에 황제의 탄일인 8월 5일을 천추절로 정하여 매년 기념하도록 한 바를 따른 것이다.

34. 중국흉례의식(中國凶禮儀式)이 부가된 점은『세종실록』의 오례의와는 다른 부분이다.

35. 군주의 상(喪) 이외의 상례에 관련된 부분 역시『세종실록』의 오례의에는 기록되어 있지 않고『국조오례의』에 처음 등장하였다.

36. 빈전(殯殿)은 성빈(成殯) 이후 발인까지, 혼전(魂殿)은 약 이 년 동안 사용되는 일시적인 건물인데 전각을 따로 건립하는 것이 상례(常例)이나 경우에 따라서는 기존 전각을 사용하는 경우가 있었다. 윤정현,「조선시대 궁궐 중심공간의 구조와 변화」, 서울대학교 박사학위논문, 2000 참조.

37.『국조오례의』의 정지백관하왕세자의(正至百官賀王世子儀) 등 왕세자 의절에서는 정당(正堂)을 사용하도록 규정하고 있는데『세종실록』오례의에서는 자선당(資善堂)이라는 전각명을 명시하였다는 점에서 차이가 있다.

38. 각각의 의례에서 설정된 공간사용 규범은 여기에서 상론하지 않는다. 상세한 바는 조

재모,「조선시대 궁궐의 의례운영과 건축형식」, 서울대학교 박사학위논문, 2003. 8 참조.

39. 원문에 역시 '환내(還內)'라고 하였는데, 다른 기사에서와는 달리 바로 앞에 '승여(乘輿)'라는 구절이 있으므로 여기에서의 '내(內)'는 내전임이 확실하다.

40. 향안(香案)을 전 밖의 동서에 놓는다고 하였으므로 도식에서 향안이 그려진 북쪽의 구분선이 인정전의 내외를 구분하는 선인 것은 확실하다.

41. 『國朝續五禮儀』 嘉禮 進宴儀 말미의 주석 참조.

42. 이러한 공간사용 규정은 유사한 다른 전각에서도 가능하다. 따라서 『국조속오례의』에 통명전으로 지칭한 것은 하나의 사례로 이해하는 것이 옳다. 실제로 진연의 설행공간은 매우 다양하다.

43. 왕비전 진연과 마찬가지로 북벽, 동벽, 서벽의 순으로 자리의 위계를 정하였다. 군주의 자리를 하위의 위계로 할 수 있는 것은 외연(外宴)이 아니라 내연(內宴)이기 때문이다.

44. 대전 내외와 왕세자 내외의 위(位) 및 배위(拜位)를 보면 남성이 일반적으로 동쪽을 차지하는 것과는 달리 여성이 동쪽을 차지하였다. 이는 내전 의례에서 좌우가 바뀌는 것이 아니라 왕대비의 자리 때문에 군주의 자리를 서쪽에 잡게 되었던 것에 따라 배위도 서쪽으로 하게 되었고 왕세자 내외의 자리도 대전 내외의 자리를 따르게 된 것이다.

45. 기사 말미에 주석으로 "아악과 속악을 겸행하도록 한 것은 영조 연간의 양로연의를 따라 행한 것이다"하였으며 이때의 아악 부활은 이백오십 년 만의 일이라 하여 사적 의의를 강조하였다.

46. 동일한 진찬례에 대해 『진찬도병(進饌圖屛)』도 남겨져 있다. 『기축진찬도병(己丑進饌圖屛)』(1829년, 국립중앙박물관 소장)은 박정혜, 『조선시대 궁중기록화 연구』, 일지사, 2000, 도판 78을 참조하였다.

47. 『의례(儀禮)』 「연례(燕禮)」. '악인현(樂人縣)'에 대한 주소(注疏) 및 장혜언(張惠言), 『의례도(儀禮圖)』 참조. 연례(燕禮)에는 장소를 명기하지 않았으나, 주소에서 사례(射禮)를 참조하여 종, 북 등의 장소를 추론하였다.

48. 『燕山君日記』 卷60, 燕山 11年 11月 5日(丙戌). "강녕전 보계를 다시 더 넓게 시설하여 천여 인이 앉을 수 있도록 만들라."

49. 『明宗實錄』 卷21, 明宗 11年 11月 16日(辛未).

50. 『仁祖實錄』 卷12, 仁祖 4年 5月 1日(壬寅). "혼궁 전면의 지형이 매우 좁습니다. 전하와 왕세자의 배위(拜位)는 마땅히 왼쪽 보계(補階) 위에 설치하고 주인 및 아헌관, 종헌관의 배위는 오른쪽 첨계(檐階) 아래에 설치하는 것이 마땅합니다." 이 밖에도 『肅宗實錄』 卷65, 肅宗 46年 6月 12日(丁未); 『英祖實錄』 卷90, 英祖 33年 8月 4日(癸亥) 등 참조.

51. 『光海君日記』 卷38, 光海 3年 2月 19日(己丑). "해관(解官)의 말을 들어보건대, 서청은

바로 사가(私家)인지라 칸 수가 심히 좁아서 비록 세 면에 계(階)를 보충하여 설치하더라도 수많은 탁자를 배치할 때 중궁의 자리도 처마 밖에 있게 될 것이니, 일의 체모로 헤아려 보건대 어찌 매우 무리하고 크게 온당하지 못한 것이 아니겠는가." 이는 사가에서의 공간문제를 해결하기 위한 것이었지만, 보계의 설치를 통해 공간의 협소함을 해결할 수 있다는 논리를 분명히 보여 준다.

52. 보계의 사용은 의례 규모의 확장에 따른 것이었으나 재용의 소모가 큰일이었기 때문에 영조조 후반에 들어 보계의 사용을 자제토록 하였다.(『英祖實錄』卷106, 英祖 41年 10月 5日 丁未) 정조조에도 태묘의 수리에 보계를 설치한 호조판서 조정진 등을 벌하였고 이어 "태묘를 개수할 때 평상을 사용하는 것이 간편하다. 보계에 비해 크게 간편하니 앞으로는 이것을 들여다 쓰라"하여 절용을 강조하였다.(『正祖實錄』卷33, 正祖 15年 7月 27日 庚子 및 8月 6日 戊申) 하지만 혜경궁(惠慶宮)에게 책보, 책인을 올리는 장소로 수정전(壽靜殿)을 개수하면서 보계를 배설하도록 한 것은 자궁에 대한 의례 규모를 예법대로 하기 위한 것이었으며 정조 스스로 적극성을 보였다.(『正祖實錄』卷41, 正祖 18年 12月 18日 辛亥)

53. 유악(帷幄)은 장막(帳幕), 휘장(揮帳) 등으로 지칭되기도 한다.

54. 외연의 경우 집사, 차비 등이 모두 남성인데 비해 내연에서는 여관, 여집사가 실무를 담당한다. 악관과 무희의 경우도 성별의 차이를 두었다. 박정혜, 『조선시대 궁중풍속도 연구』, 일지사, 2000, p.409 참조.

55. 박정혜, 앞의 책, p.410. 익일회작(翌日會酌)에는 행사 준비와 진행에 힘쓴 임시관청의 당상과 낭청, 명부 들이 초대되었으며 익일야연(翌日夜讌)에는 당랑들만이 참석하였다.

조선시대 제사음악에 담긴 유학사상

1. 『禮記』「祭統」"凡治人之道, 莫急於禮, 禮有五經, 莫重於祭."

2. 『禮記』「郊特牲」"萬物本乎天, 人本乎祖, 此所以配上帝也. 郊之祭也, 大報本反始也.";『禮記』「祭義」"天下之禮, 致反始也."

3. 유교의 귀신에 대하여는 『예기(禮記)』「제의(祭義)」에 나오는 공자의 설명을 참조할 수 있다. "기(氣)라는 것은 신(神)이 성한 것이요, 백(魄)이라는 것은 귀(鬼)가 성한 것이므로 귀와 신을 합해야 가르침에 이를 것이다. 모든 사람은 반드시 죽고, 죽으면 반드시 흙으로 돌아가는데, 이를 일러 '귀(鬼)'라 한다. 뼈와 살은 땅속에서 썩어 흙이 되고, 그 기(氣)는 하늘 위로 오른다. 그 밝은 기가 강한 향을 뿜어 사람의 마음을 슬프게 하는데, 이는 백물(百物)의 정(精)으로, 신령이 드러나는 것이다. 만물의 정기로 인해 가장 존귀한 성

질을 만들어 귀(鬼)와 신(神)이라고 이름을 높여 백성들의 법으로 삼게 한 것이니 사람들은 그것을 두려워하며, 모든 백성은 그것을 따르는 것이다."

4. 『禮記』「祭義」.

5. 『禮記』「祭統」.

6. 예컨대 종묘제향에서 사용하는 곡식으로 빚은 울창주(鬱鬯酒)와 같은 것을 말한다. 사람이 죽으면 혼(魂)과 백(魄)이 분리되어 혼은 하늘로 올라가고, 백은 사후에도 몸속에 살며 땅에 묻혀 흙이 되는데, 울창주는 땅에 묻힌 백(魄)을 위해 붓는 것이다. 땅에 술을 붓는 것을 '관지(祼地)'라 한다. 관지는 하늘의 혼(魂)을 위해 피워 올리는 절차인 삼상향(三上香) 절차에 연이어 행한다.

7. 『禮記』「郊特牲」"凡聲陽也."

8. 『國朝五禮序例』권1「吉禮」'辨祀'. "凡祭祀之禮, 天神曰祀, 地祇曰祭, 人鬼曰享, 文宣王曰釋奠."

9. 중국의 천제(天帝)는 사계절에 지내는 제사를 구분하여 지냈으며 명칭 또한 달리하고 있다.

10. 토지신은 '천(天)'과 짝하기 때문에 '후토(后土)'라 표현하고 있다.

11. 『書經』「舜典」"汝后稷播時百穀."

12. 『論語』「爲政」"子曰, 生事之以禮, 死葬之以禮, 祭之以禮."

13. 『國朝五禮序例』卷1,「吉禮·辨祀」;『周禮』卷5,「春官·宗伯」에 기록된 대사, 중사, 소사의 구분은 "肆師之職, 掌立國祀之禮, 以佐大宗伯. 立大祀用玉帛牲牷, 立次祀用牲幣, 立小祀用牲. 以歲時序其祭祀及其祈珥. 大祭祀展犧牲繫于牢頒于職人"이라 되어 있다.

14. 대사, 중사, 소사의 차이점

제사 ＼ 구분	헌관 (獻官)	산재 (散齋)	치재 (致齋)	국왕 향축 (香祝)	전폐례 (奠幣禮)	음악	제기							
							변 (籩)	두 (豆)	조 (俎)	보 (簠)	궤 (簋)	등 (登瓦)	형 (鉶)	작 (爵)
대사〔宗廟〕	3인	4일	3일	○	○	○	12	12	3	4	4	6	6	6
중사〔先農〕	3인	3일	2일	○	○	○	10	10	3	2	2	3	3	3
소사〔纛祭〕	1인	2일	1일	×	×	×*	8	8	2	2	2	—	—	3

*소사에서는 음악을 사용하지 않으나 둑제에서는 예외적으로 사용하였다.

15. 예는 질서를 위한 것이며 악은 화합을 위한 것이다. 『禮記』「樂記」"樂者爲同, 禮者爲異, 同則相親, 異則相敬, 樂勝則流, 禮勝則離. 合情飾貌者, 禮樂之事也. 禮義立, 則貴賤等矣, 樂文同, 則上下和矣."

16. 『國朝五禮序例』卷1,「吉禮」'辨祀'.

17. 이때 폐지된 것을 정조대에 복구하고자 했으나 실행에 옮겨지지는 않았다. 이와 관련

한 내용은 송지원, 「조선시대 별에 대한 제사, 영성제(靈星祭)와 노인성제(老人星祭) 연구」『규장각』 30, 서울대 규장각한국학연구원, 2007 참조.

18. 제사에 음악을 사용하는 것에 대하여는 주 14 참조.

19. 팔음이란 금(金; 쇠), 석(石; 돌), 사(絲; 실), 죽(竹; 대나무), 포(匏; 바가지), 토(土; 흙), 혁(革; 가죽), 목(木; 나무)과 같은 여덟 가지 악기 제작 재료 혹은 그 재료로 만든 악기를 말하며 천지간에 소리를 낼 수 있는 사물을 이 여덟 가지로 파악하는 사고에 기반한 것이다. 8음은 주역의 8괘(八卦), 8풍(八風)과 연관지어 설명하기도 한다.

20. 이는 종묘의 악현을 통해 구체적으로 확인할 수 있다. 이와 관련한 논문은 이정희, 「조선 초기 종묘악현 일고찰」『한국음악연구』 31권, 2002; 「조선 후기 종묘악현 고찰」『한국음악사학보』 29권, 2002 참조.

21. 『禮記』「祭統」 "唯賢者能備, 能備然後能祭. 是故賢者之祭也, 致其誠信與其忠敬, 奉之以物, 道之以禮, 安之以樂, 參之以時, 明薦之而已矣, 不求其爲."

22. 조선을 건국한 태조대에는 원구(圓丘) 대신 원단(圓壇)이라는 용어를 쓰기로 하여 그대로 따랐으나 제후국으로서 하늘에 제사할 수 없다는 견해가 대두되어 잠시 폐지되었다. 태종대에는 동방신인 청제(靑帝)에게 제사한다는 명분으로 다시 원단을 쌓고 심한 가뭄이 일자 원단제를 올렸다. 세종대에도 간헐적으로 제사를 지냈으나 다시 폐지되었다. 그러나 세조 3년(1457)에는 고려시대의 제도를 따라 환구(圜丘)의 명칭을 회복시키고 환구단을 새롭게 만들어 세조가 직접 단 위에 올라 제사를 지냈다. 이는 세조 11년(1465)까지도 지속된 것으로 나타난다. 이후 조선이 제후국이라는 명분론이 강화되면서 네 방위의 천신 가운데 동방의 청제(靑帝)에게만 제를 올린다던지, 기우제 때만 임시로 천제를 올리는 방식으로 임시적인 제사로 거행했지만 이 또한 성종 이전에 폐지되었다. 형식이 완비된 환구제는 고종이 황제로 즉위한 이후에 비로소 시행되었다. 따라서 세조 3년(1457)에 세조가 면복(冕服)을 갖추고 환구단으로 나아가 제사를 올린 환구제례에서는 제후국의 위상으로 지낸 천제에 대한 양상을 볼 수 있고, 고종이 황제로 즉위하면서 거행한 환구제에서는 황제국으로서의 지낸 천제에 대한 양상을 볼 수 있다. 제후국과 황제국이라는 위상에 따른 의례는 그 절차나 복식, 악무의 사용 등에서 여러 차이를 보인다.

23. 『太祖實錄』 卷8, 太祖 4年 11月 丙子.

24. 『世宗實錄』 卷47, 世宗 12年 2月 庚辰(19日).

25. 『世祖莊憲大王實錄』 卷48, 「新制雅樂譜」.

26. 이때 연행되었던 음악의 악보는 『세조실록악보(世祖實錄樂譜)』 卷49에 수록되어 있다.

27. 『世祖實錄』 卷32, 世祖 10年 1月 戊辰; 『世祖實錄樂譜』 卷49, '圜丘'.

28. 『大韓禮典』 卷2, '圜丘'.

29. 『世宗實錄』 卷39, 世宗 10年 1月 丁亥.

30. 『世祖實錄』卷32, 世祖 10年 1月 丁卯.

31. 『世祖實錄』卷32, 世祖 10年 1月 戊辰.

32. 『周官』「春官·大司樂」"若樂六變, 則天神皆降, 可得而禮矣. (…) 若樂八變, 則地示皆出, 可得而禮矣."

33. 『世祖實錄』卷48,「樂譜」'新制雅樂譜';『國朝寶鑑』卷10, 世祖 2年 1月.

34. 『世祖實錄』卷49,「樂譜·圜丘」

35. 『禮記』「祭法」"燔柴於泰壇, 祭天也. 瘞埋於泰折, 祭地也."

36. 『禮記』「祭法」"燔柴於泰壇, 祭天也. 瘞埋於泰折, 祭地也. 用騂犢.";『周禮』「大宗伯」"以血祭祭社稷五祀五嶽以貍沈祭山林川澤." 제사 대상이 '물'에 해당하는 경우, 제물을 물에 빠뜨리기도 한다.

37. 『禮記』「郊特牲」"社祭土而主陰氣也 (…) 社, 所以神地之道也 (…) 地載萬物, 天垂象, 取財於地, 取法於天, 是以尊天而親地也, 故教民美報焉, 家主中霤, 而國主社, 示本也. 唯爲社事單出里. 唯爲社田, 國人畢作, 唯社, 丘乘共粢盛, 所以報本反始也."

38. 십이율사청성(十二律四淸聲)은 黃鍾, 大呂, 太簇, 夾鍾, 姑洗, 仲呂, 蕤賓, 林鍾, 夷則, 南呂, 無射, 應鍾, 淸黃鍾, 淸大呂, 淸太簇, 淸夾鍾의 열여섯 음을 말한다.

39. 『周禮』「春官·大司樂」"凡樂函鍾爲宮, 大簇爲角, 姑洗爲徵, 南呂爲羽, 靈鼓, 靈鼗, 孫竹之管, 空桑之琴瑟, 咸池之舞, 夏日至於澤中之方丘奏之, 若樂八變, 則地示皆出, 可得而禮矣."

40. 대사에 해당하는 제사의 재계 절차는 환구제, 사직제와 같은 여타 대사의 경우와 같다.

41. 『英祖實錄』卷90, 英祖 33年 10月 己巳(10日). "무릇 망예에 불결한 폐단이 없지 않아 마음에 늘 안타까웠는데, 명나라 조정에 망료의 예가 있음을 알고 대신들에게 순문하니, 여러 의견이 다름없이 같았다. 묘(廟)·사(社)·전(殿)은 체통(體統)이 중한 곳이니, 제사가 끝난 뒤에 폐백은 불사르고 축문(祝文)은 내감(內坎)에 묻어 두었다가 세말(歲末)에 제조(提調)가 예조 당상, 묘사(廟司), 단사(壇司), 전사(殿司)와 함께 외감(外坎)에 나아가 정결히 태우도록 하라. 태학(太學)에서도 역시 그렇게 여겨 능(陵), 묘(墓), 묘(廟)에 모두 제사가 지난 뒤 망료할 것을 청하였는데, 일찍이 감(坎)에 묻었던 것은 먼저 정결히 태우도록 하며, 여러 도(道), 군(郡), 읍(邑)의 성묘(聖廟), 사직(社稷)과 무릇 축문 및 폐백을 쓰는 곳에는 모두 망료할 것을 제도로 정하고『보편(補編)』에 싣도록 하라."

42. 『宋史』「樂志」"以路鼓 鼓鬼享 人道之大也."

43. 『周禮』「大司樂」.

44. 금(金)의 수가 4이다.

45. 『樂學軌範』卷6,「雅部樂器圖說」'路鼓'.

46. 일무에 관한 상세한 내용은 송지원,『정조의 음악정책』, 태학사, 2007, pp.204-224 참조.

궁중의례의 복식미

1. 백영자·최정,『한국복식문화의 흐름』, 경춘사, 2014, p.161.
2. 백영자,「가례도감(嘉禮都監)을 통해 본 법복(翟衣)의 부수복식(附隨服飾)과 의대(露衣, 長衫)에 관한 연구」, 한국의류학회지, Vol. 2, No. 1, 1978, p.484.
3. 백영자,「가례도감을 통해 본 조선시대 궁중 법복(翟衣)의 변천」, 한국의류학회지, Vol. 1, No. 2, 1977, pp.71-80.
4. 임금 내외의 경사가 있을 때 하례로 어떤 물품을 바치는 일. 이때 기생이나 재인들을 시켜서 가무와 잡희를 하게 했다.
5. 한국학중앙연구원,『조선 후기 궁중연향문화』권2, 민속원, 2005, pp.16-30.
6. 백영자,「세종 회례연 공연을 위한 의례복식의 유형 고찰」『복식』제60권 1호, 2010, pp.135-144.
7. 『조선왕조실록』, 명종 14년(1559) 1월 1일. "具翼善冠 袞龍袍 御勤政殿 行會禮宴."
8. 흉배제도는 단종 2년(1454)에 제도화되어 조선 전기의 문무관의 단령에는 흉배를 달지 않는 것이 원칙이나, 공연의상임을 감안하여 문관 1품인 맹사성은 공작흉배〔정응두 (1508-1572) 출토 유물 참조〕를 달고 문관 2품인 신상은 운안흉배〔손소(1433-1484)와 이우(1469-1517)의 초상화 참조〕를 부착하여 하급관리인 박연과 구별되도록 하였다.
9. 이성천,「한국 전통음악의 정신과 양식 연구」, 민속음악회, Vol. 13, No. 1, 1992, p.4.
10. 김혜인,「복식의 미적 특성에 관한 고찰—복식의 사적 개관을 통한 그 미적 본질에의 접근」, 대한가정학회, Vol. 14, No. 2, 1976, p.769.
11. 박서운,「고대 동양복색제도의 비교연구」, 성균관대학교 대학원 석사학위논문, 1983, p.23.(미간행)
12. 백영자,『조선시대의 어가행렬』, 한국방송통신대학교 출판부, 1994, p.222.
13. 정시화,『정신문화』제11호, 한국정신문화연구원, 1981, pp.142-143.
14. 정시화, 위의 책, p.143.
15. 이성천, 앞의 책, pp.1-26.
16. 백영자,「『악학궤범(樂學軌範)』소재(所載) 복식의 변천」『한국음악연구』제21집, 1993, pp.57-115.
17. 백영자,「세종 회례연 공연을 위한 의례복식의 유형 고찰」『복식』제60권 1호, 2010, pp.135-144.

빈례를 통해 본 조선시대 궁중 술문화

1. 허만즈, 김하림 외 옮김,『중국의 술문화』, 에디터, 2004, pp.72-73.
2. 『高麗史』「世家」卷3, 成宗 2年, 10月, 「주점 명칭」.
3. 조정사신의 조정은 일반 통념의 조정이 아닌 종속국에서 종주국인 황제의 조정을 지칭한 것으로, 즉 황제의 사신을 이른다.
4. 왕실에서 특별한 날 신하들이 임금에게 술과 음식을 올리거나, 혹은 사신을 맞아 주례를 올리는 예를 표하는 의식을 말한다. 이때 곁들이는 풍악 연주 및 무용도 진작례에 포함된다.
5. 중국 및 일본, 유구 등 외국 사신을 맞는 연향 의례는『국조오례의』『춘관통고』『통문관지』등에 비교적 상세하게 소개되었다.
6. 김문식,『조선왕실의 외교의례』, 세창출판사, 2017, p.76.
7. 『通文館志』卷4, 事大下,「入京宴享儀」.
8. 『國朝五禮儀』「賓禮」'宴朝廷使儀'. 연향 절차 중에 ①, ②, ③의 중간 제목과 제1, 2, 3 진작례와 같은 제목은 연회 진행 순서의 이해를 돕기 위해 필자가 임의로 붙인 것이다.
9. 중국 사행 가운데 무역을 목적으로 따라온 북경 상인.
10. 선(膳)은 반찬의 하나로 채소, 두부, 쇠고기 등을 잘게 썰어 다져서 만든 음식을 통틀어 이르며 고추선, 두부선, 부추선 등등이 있다. 소선은 가짓수가 적은 것이고, 대선은 이보다 가짓수가 많은 것을 말한다.
11. 『國朝五禮儀』卷5,「賓禮」'宴隣國使儀'.
12. 주 11 참조
13. 『通文館志』卷4, 事大下,「龍灣宴享」. 김문식,『조선왕실의 외교의례』, 세창출판사, 2017, pp.158-163.
14. 현임 벼슬아치가 나라의 귀빈에게 인사를 드리는 의식.
15. 임금이 노산군(魯山君)과 같이 태평관에 거둥하니 고보(高黼) 등이 나와서 맞이하였다. 노산군은 서쪽에 앉고, 임금은 서쪽의 약간 뒤에 자리하고, 고보 등은 동쪽에 자리하여 전연(餞宴)을 베풀고는 잔을 아홉 순배 돌리고 파하였다.(『世祖實錄』券1, 世祖 1年, 7月, 辛巳)
16. 인정전에 나가서 일본 국왕의 사신 경팽(慶彭), 수좌(首座) 등 스물다섯에게 연회를 베풀어 주었다. 술이 일곱 순배가 되자, 임금이 수좌에게 명하여 술잔을 올리게 하였다. 임금이 말하기를, "너희들이 먼 길을 고생하여 왔으므로, 너희들을 위해서 연회를 베풀었으니 한껏 술을 마셔라" 하였다.(『成宗實錄』券256, 成宗 22年, 8月, 癸亥)

『화성봉수당진찬연(華城奉壽堂進饌宴)』에 드러난 음주의례의 특징

1. 김상보, 「17, 18세기 조선왕조 궁중연향 음식문화」『조선 후기 궁중연향문화』권1, 민속원, 2003, pp.270-271.

2.『英祖實錄』卷59, 英祖 20年 7月 29日 甲辰.

3. 안석과 지팡이를 나타내나, 여기서는 궤장연(几杖宴)을 말한다. 궤장연이란 조선왕조 때 칠십 세 이상인 대신들에게 궤장을 하사함과 동시에 베푸는 연회로, 가장 명예스러운 국가행사로서 호화롭게 행하였다.

4. 정3품의 벼슬아치가 치사(致仕)한 뒤에 임명되던 벼슬로, 의식(儀式)에만 출사하며 녹봉을 받았다. 삼자함(三子銜)이라고도 한다.

5.『英祖實錄』卷60, 英祖 20年 8月 11日 乙卯.

6.『英祖實錄』卷60, 英祖 20年 8月 16日 庚辛.

7.『英祖實錄』卷60, 英祖 20年 9月 9日 癸未.

8.『英祖實錄』卷60, 英祖 20年 9月 10日 甲申.

9.『英祖實錄』卷60, 英祖 20年 10月 4日 丁未.

10.『英祖實錄』卷60, 英祖 20年 10月 7日 庚戌.

11.『英祖實錄』卷60, 英祖 20年 9月 23日 丁酉.

12. 김상보,『사상으로 만나는 조선왕조 음식문화』, 수학사, 2014.

13.『악학궤범(樂學軌範)』; 김상보, 「17, 18세기 조선왕조 궁중연향 음식문화」『조선 후기 궁중연향문화』권1, 민속원, 2003.

14.『진연의궤(進宴儀軌)』, 1744.

15.『원행을묘정리의궤(園幸乙卯整理儀軌)』, 1795.

조선시대의 궁중상화

1. 황수로,『한국 꽃예술 문화사』, 삼성출판사, 1990, p.88;『高麗史』卷第六十七 志卷第二十二 禮十, 老人賜宴儀.

3. 황수로, 위의 책, p.84.

4. 준화는 길이가 9자 5치로 비취색 나는 들나비 유로 이어 매었으며 홍색과 푸른색의 복숭아꽃이 무릇 이천 개의 떨기로 두 개의 용준에 꽂았다.

5.『高宗壬寅 進宴儀軌』上, 서울대학교 규장각, 1996, pp.93-98.

6.『韓國民俗大觀』2, 고려대학교 민족문화연구원, 1980, p.527.

7. 황수로, 앞의 책, p.185.

8. 황수로, 위의 책, pp.183-184.

9. 종이나 비단을 염색하여 만든 꽃.

10. 꽃무늬가 그려져 있는 큰 술병.

11. 고하수, 『한국의 꽃예술사』 I, 하수출판사, 1993, p.70.

12. 김상보, 『원행을묘정리의궤』 권4, 수원시, 1996, p.406.

13. 김상보, 위의 책, p.15.

14. 종이로 만든 붉은 복숭아꽃인 홍도별간화(紅桃別間花)가 쓰였다. 꽃과 잎이 드문드문 있는 것을 간화(間花)라고 한다.

15. 꽃과 잎이 많이 있는 것을 건화(建花)라고 한다.

16. 김상보, 위의 책, pp.406-407.

17. 韓福眞·黃慧性·韓福麗·金尙寶·李盛雨·朴惠苑, 「진찬의궤(進饌儀軌)의 구성에 관한 연구」, 동아시아식생활학회지, Vol. 1, No. 1, 1991.

18. 황수로, 앞의 책, p.184.

19. 황수로, 위의 책, pp.183-184.

20. 황수로, 위의 책, p.184.

중세 한·중·일 궁정의례와 연희

1. 「能」 『日本의 古典藝能』 3, 平凡社, 1970, p.8. 혼탈(渾脫)은 원래 동물가죽으로 만든 봉제인형이라는 뜻이다. 걸한(乞寒)은 개구리 왕과 그 시종이 등장하여 악기에 맞춰 노래 부르며 달리는 곡목이다.

2. 李仁老, 『破閑集』 卷下.

3. 살아 있는 사람을 위한 개인 중심의 의례인 산오구굿은 주목대상이 영산맞이다. 산오구굿을 청한 이를 극락으로 보내는 의미로 긴 무명을 바깥으로 매고 그 위에 반야용선을 밀고 나간다.

4. 『高麗史』 太祖 2年 條.

5. 『高麗史節要』 卷1, 太祖元年 11月 條. 김종명은 팔관회 의례 역할을 고려사와 그 외 문헌들의 기록을 중심으로 왕실의 행복과 왕의 장수를 위한 수단, 죄수 사면, 백성들의 마음 안정, 국가의 행복 기원, 하늘과 땅의 신들에 대한 제사로 정리했다. 김종명, 『한국 중세의 불교의례』, 문학과지성사, 2001, p.203.

6. 『高麗史』 禮11, 「嘉禮雜儀」.

7. 안지원, 『고려의 국가불교의례와 문화』, 서울대출판부, 2005, pp.66-67. '팔관회와 연희 관계'는 윤광봉, 『한국연희예술사』, 민속원, 2016에서 자세히 다뤘기에 그로 미룬다.

8. 李仁老,『破閑集』卷中. 한국역사연구회,『고려의 황도 개경』, 창작과비평사, 2002, p.109.

9.『高麗史』卷78,「輿服志」.

10.『高麗史』「세가(世家) 忠烈王 10年條」.

11. 참군(參軍, 송대의 행정구획의 이름)과 창골(蒼鶻)의 두 배역이 익살스런 대화나 동작으로 웃음을 자아내며, 때로 조정이나 사회현상을 풍자하는 골계희.

12. "宣和間 徽宗與崔㒓輩在禁中自爲優戲 上作參軍趨出 㒓戲上曰 陛下好個神宗皇帝 上以杖鞭之云 你也好個司馬丞相." 王國維 撰,『宋元戲曲考』, 藝文印書館, 1974, p.26.

13. 대곡의 표현 방식은 기악 연주, 가창, 무용이 결합된 가무극으로 여러 악장으로 구성되어 있다. 구성은 산서(散序, 가창과 춤이 없는 자유로운 리듬의 가악 연주), 중서(中序, 느린 템포의 가창 또는 춤), 입파(入破, 느린 템포로 시작하여 빠른 템포의 기복이 심한 무곡으로 끝을 맺음)로 진행된다.

14. "無有字 以舞人亞身於地 布成字也 王建 宮詞云 每過舞頭分兩向 太平萬歲字當中 則此事由來久矣."

15. 1402년 태종 2년. 송방송,『증보 한국음악통사』, 민속원, 2014, pp.257-258.

16. 이에 대해선『中國古代音樂史考』, 人民音樂出版社, 1980, pp.407-426 참고.

17. 孟元老 等,『東京夢華錄』外 四種, 上海: 古典文學出版社, 1956, pp.42-44.

18. "堂上之樂以人聲爲貴 歌鐘居左 歌磬居右. 近世之樂 曲不協律 歌不擇人 有先制譜而後命辭——大晟之制天子親祀 圓丘 則用景鐘爲君圍 種特磬爲臣圍 編鐘 編磬爲民圍." 康瑞軍,『宋代宮廷音樂制度硏究』, 上海音樂學院出版社, 2009, pp.188-189.

19. 康瑞軍, 위의 책, p.189.

20. 林屋辰三郞 서술 부분,『雅樂』, 平凡社, 1981, pp.33-35.

21. 押田良久,『雅樂鑑賞』, 文憲堂七星社, 1969, p.18.

22. 신상제(新嘗祭)는 묘일(卯日), 풍명절회(豊明節會)는 진일(辰日), 축인(丑寅) 양일엔 오절무희(五節舞姬)가 있다. 또한 11월 행사 중 어전시(御前試)가 있다. 익인일(翌寅日)은 어전시이다. 전상연취(殿上淵醉)라고도 한다. 청량전(淸涼殿) 정전(正殿) 내〔殿上〕에서 주연이 베풀어지는데, 전상인(殿上人, 4품·5품 이상과 6품의 장인들로서 정전의 오름이 허락된 당상관)들은 청량전(淸涼殿)에 초대되어 주연을 즐긴다. 이때 낭영(朗詠), 금양(今樣)을 부르고, 삼헌(三獻)이 끝난 뒤 난무(亂舞)가 있다. 이날 저녁 어전시가 거행된다.

23.『神樂歌 外』, 小學館, 1980, pp.14-16. 참고로 쇼와(昭和) 덴노 뒤를 이은 헤이세이(平成) 덴노 즉위식은 그다음 해인 1990년 11월 22일(卯日)부터 25일(午日)까지 궁중에서 거행되었는데, 대상제는 새로운 덴노가 즉위한 해 다음 신상제 때 거행하기 때문이다.

24. 공식의 장소에 옛 얘기를 들려주는 부서로 헤이안시대에 대상제를 거행할 때, 미농(美

濃), 단파(丹波), 단후(丹後), 다지마(但馬), 이나바(因幡), 출운(出雲), 담로(淡路) 등 칠국으로부터 초청해 옛 가사(古詞)를 아뢨다.

25. 倉林正次, 『祭りの構造』, NHKブックス, 1983, pp.98-104.

26. 『神樂歌 外』, pp.18-19.

27. オフサイド ブックス 編, 『祭りの古代史を歩く』, 彩流社, 1999, p.131.

28. 어쨌든 어느 신락가(神樂歌)도 그 기원은 『고사기(古事記)』 『일본서기(日本書紀)』에 나오는 천조대신(天照大神)의 신령을 위로하기 위해 만들어진 아마노이와야토(天岩屋戸)의 내용이다. 교토 어소(御所)의 온명전(溫明殿)에서 매년 천조대신(12월 17일) 진무 덴노(神武天皇, 4월 3일) 다이쇼 덴노(大正天皇, 12월 25일)의 명일(命日, 忌日)로 미가구라 의식(御神樂儀)이 거행되고 있다.

29. 『高麗史』志卷, 第13 禮1. "夫人 函天地陰陽之氣 有喜怒哀樂之情 於是 聖人制禮 以立人 記 節其驕逸 防其暴亂 所 爲民遷善遠罪 而成美俗也 高麗太祖 立國經始 規模宏遠 然因 草創 未遑議禮 至于成宗 恢弘先業 祀圓丘 耕籍田 建宗廟 立社稷."

30. 『高麗史』「進高麗史箋」.

31. 『高麗史』卷59 禮1. 사직 성종 10년 윤 2월조.

32. 『高麗史』志卷, 第24 樂1.

33. 『高麗史』志卷, 第13 禮1. 이것은 속악을 쓰는 절도(節度)에 대해 서술한 것이다. 그러나 실제 연주 면에서 아악은 예종 이후 번성하지 못하고 더구나 몽고 침입으로 인한 피폐와 함께 개선되지 못한 채 공민왕(1352-1374) 때 대악서의 명칭이 여러 번 변경되면서 파탄에 이르게 된다. 그러다가 14세기 이후 명나라의 등장으로 외교가 새로 이뤄지면서 명태조가 하사한 편종, 편경, 생, 소, 금, 슬, 비소(緋簫)를 갖고 왔는데 종묘에만 사용되었고, 사직, 경적(耕籍), 문묘에서는 연주되지 못했다. 1372년 3월 홍사범을 연경에 보내 아악기를 사 오도록 해 미약하나마 아악의 모습이 개선되어 태묘에도 아악이 사용되었고, 1391년 아악서가 설치되어 종묘악에 관한 업무를 담당하게 되었다. 송방송, 『樂掌謄錄硏究』, 영남대학교출판부, 1980, pp.24-25.

34. 『高麗史』卷71, 志 第25 樂2.

35. 『高麗史』志卷, 第24 樂1. "夫樂者 所以樹風化 象功德者也 高麗太祖 草創大業 而成宗立 郊社 躬諦祫 自後文物始備 而典籍不存 未有所考也."

36. 『高麗史』志卷, 第24 樂1.

37. 위의 책. 한편 임금이 직접 참여하는 제사의식에 쓰이는 악기는 다음과 같다. 등가: 종(鐘), 경, 축, 어, 박부, 1·3·5·7·9 현금, 슬, 적, 지, 소생, 화생, 훈, 소, 훈지, 생헌가: 편종(編鐘), 편경(編磬), 식립고(植立鼓), 축, 어, 슬, 1·3·5·7·9 현금, 소생, 소, 간생, 지, 훈, 적, 진고, 가공, 도, 단탁, 쌍탁, 금, 순, 요, 징, 상, 아, 문무(文舞), 무무(武舞)

38. 위의 책.

참고문헌

종묘제례 읽기

고려대학교 민족문화연구원 한국사상연구소 편, 『자료와 해설, 한국의 철학사상』, 예문서원, 2001.

금장태, 『유교와 한국인의 사유』, 성균관대학교출판부, 1980.

_____, 『한국유교의 이해』, 한국학술정보, 2003.

_____, 『귀신과 제사—유교의 종교적 세계』, 제이앤씨, 2009.

김형효, 『물학, 심학, 실학』, 청계, 2003.

_____, 「오늘에서 보는 공자의 철학적 읽기와 유교의 진리」 『유교문화와 기호학』 기호학연구 제13집, 한국기호학회, 월인, 2006.

도민재, 「유교제례의 구조와 의미: 기제(忌祭)를 중심으로」 『동양철학연구』 제42집, 2005.

박초롱 · 전혜원, 『종묘대제 제수진설』, 문화재청 종묘관리소, 2010.

셰크너, 김익두 옮김, 『민족연극학』, 한국문화사, 2004.

송지원 · 이숙희 · 김영숙, 『종묘제례악』, 민속원, 2008.

오석원, 『유교와 한국유학』, 성균관대학교출판부, 2014.

이상해, 『유교문화와 한국의 전통 건축』. cafe.naver.com/artgs/69.

이은봉, 『중국 고대사상의 원형을 찾아서』, 소나무, 2003.

임계유 편, 금장태 · 안유경 옮김, 『유교는 종교인가』 1(유교종교론), 지식과교양, 2011.

최순권 · 임승범, 『종묘제례』, 민속원, 2008.

한국문화상징사전편찬위원회, 『한국문화상징사전』, 두산동아, 1992.

해리슨, 오병남 · 김현희 옮김, 『고대 예술과 제의』, 예전사, 1996.

Bellinger, Gerhard J. *Encyclopédie des Religions*. Paris: La Pochothèque, 2004.

Cheng, Anne. *Histoire de la pensée chinoise*. Paris: Seuil, 1997.

Chevalier, J., & Gheerbrant, A. *Dictionnaire des Symboles*. Paris: Robert Laffont/Jupiter, 1982.

Goffman, Erving. *Les rites d'interaction*. Paris: Editions de Minuit, 1974.

Granet, Marcel. *La pensée chinoise*. Paris: Albin Michel, 1968.

Helbo André(sous la direction de). *Performance et savoirs*. Bruxelles: de Boeck, 2011.

Lardellier, Pascal. "Qu'est-ce qu'un rite : Rites, Occident et modernité." 『기호학 연구』 제 20집, 한국기호학회, 월인, 2006.

Yi Hwang. *Etudes de la sagesse en dix diagramme* (trad. et présenté par Tcho Hye-young avec le concours de Jean Golfin). Paris: Éditions du Cerf, 2005.

조선시대 궁중의례와 건축공간

경세진 · 조재모, 「합문(閤門)을 통해 본 조선시대 궁궐의 내외개념」, 대한건축학회 논문집 계획계 25권 12호, 2009. 12.

곽순조, 「궁궐 운영을 통하여 본 조선 전기 경복궁의 배치 특성에 관한 연구」, 성균관대학 교 석사학위논문, 2000.

김동욱, 「경복궁 건물 배치의 삼문삼조설에 대한 의문」, 한국건축역사학회 춘계학술발표 대회 논문집, 한국건축역사학회, 2001.

_____, 「조선 초기 경복궁 수리에서 세종의 역할」 『건축역사연구』 32호, 한국건축역사학 회, 2002. 12.

박정혜, 『조선시대 궁중기록화 연구』, 일지사, 2000.

서울특별시사편찬위원회, 『서울육백년사』, 1987.

신지혜, 「조선 숙종대 왕실 상장례 설행공간의 건축특성」, 경기대학교 박사학위논문, 2010.

윤정현, 「조선시대 궁궐 중심공간의 구조와 변화」, 서울대학교 박사학위논문, 2000.

이혜원, 「경복궁 중건 이후 전각 구성의 변화」, 경기대학교 박사학위논문, 2008.

정기철, 「17세기 사림의 모침제 인식과 서원 영건」, 서울대학교 박사학위논문, 1999.

_____, 「고려시대 종묘의 건축형식 연구」, 대한건축학회 논문집 계획계 17권 11호 통권 157호, 2001. 11.

_____, 「당 · 송 · 고려 · 조선의 종묘 친협향의(親祫享儀)와 건축형식 비교 연구」, 대한건축 학회 논문집 계획계 17권 10호, 2001. 10.

조옥연, 「조선 궁궐의 동조 건축에 관한 연구」, 경기대학교 박사학위논문, 2008.

조재모, 『궁궐, 조선을 말하다』, 아트북스, 2012.

_____, 「영 · 정조대 국가의례 재정비와 궁궐건축」, 대한건축학회 논문집 계획계 21권 12 호, 2005. 12.

_____, 「오례와 국가시설」 『한국건축개념사전』, 동녘, 2013.

_____, 「조선시대 국장의 절차와 공간이용—정조 국장을 중심으로」, 대한건축학회 논문 집 계획계 29권 2호, 2013. 2.

_____, 「조선시대 궁궐의 의례운영과 건축형식」, 서울대학교 박사학위논문, 2003. 8.

_____, 「조선왕실의 정침(正寢)개념과 변동」, 대한건축학회 논문집 계획계 20권 6호, 2004. 6.

_____, 「조하(朝賀) 의례동선(儀禮動線)과 궁궐 정전(正殿)의 건축형식」, 대한건축학회 논문집 계획계 26권 2호, 2010. 2.

_____, 「창덕궁의 성장과정과 배치특성에 관한 연구」, 서울대학교 석사학위논문, 1997. 2.

_____, 「『춘관통고(春官通考)』를 통해 살펴본 경희궁의 의례공간」, 대한건축학회 논문집 계획계 24권 5호, 2008. 5.

조재모·심우갑, 「영·정조대의 왕실사묘(王室私廟) 건립과 영향」, 대한건축학회 논문집 계획계 18권 7호, 2002. 7.

지두환, 「조선 전기 국가의례 연구: 주자학 수용과정과 관련하여」, 서울대학교 박사학위논문, 1990.

홍순민, 「조선왕조 궁궐 경영과 양궐체제의 변천」, 서울대학교 박사학위논문, 1996.

『經國大典』.

『國朝續五禮儀』.

『國朝續五禮儀補』.

『國朝五禮儀』.

『朝鮮王朝實錄』.

조선시대 제사음악에 담긴 유학사상

김문식 외, 『왕실의 천지제사』, 돌베개, 2011.

송지원, 「조선시대 별에 대한 제사, 영성제(靈星祭)와 노인성제(老人星祭) 연구」 『규장각』 30, 서울대 규장각한국학연구원, 2007.

_____, 『정조의 음악정책』, 태학사, 2007.

이정희, 「조선 초기 종묘악현 일고찰」 『한국음악연구』 31권, 2002.

_____, 「조선 후기 종묘악현 고찰」 『한국음악사학보』 29권, 2002.

『國朝五禮儀』.

『國朝續五禮儀』.

『國朝五禮通編』.

『春官通考』.

『國朝寶鑑』.

『樂學軌範』.

『朝鮮王朝實錄』.

『世宗實錄五禮』.

『世宗實錄樂譜』.

『世祖實錄樂譜』.

『宗廟儀軌』.

『社稷署儀軌』.

『論語』.

『書經』.

『宋史』.

『周禮』.

『禮記』.

궁중의례의 복식미

『嘉禮都監』

『國朝五禮儀』

『世宗實錄』

『明宗實錄』

『樂學軌範』

『進宴儀軌』

『進饌儀軌』

『進饌圖屏』

간송미술관.

국립고궁박물관.

국립국악원.

국립중앙박물관.

설경디자인연구소.

온양민속박물관.

운현궁(가례재현행사).

종묘(제례행사).

빈례를 통해 본 조선시대 궁중 술문화

김문식, 『조선시대 국가전례서(國家典禮書)의 편찬 양상』, 장서각, 2009.

_____, 『조선왕실의 외교의례』, 세창출판사, 2017.

안유경, 「『국조오례의』와 그 속보(續補)편의 편찬과정 및 내용」 『유교문화연구』 제16집, 2010.

양기식, 「조선왕조의 국조오례의」, 월간 법제, 1981.

유바다, 「조선 초기 영조칙(迎詔勅) 관련 의주(儀註)의 성립과 조명관계(朝明關係)」, 한국역사민속학회 역사민속학 40, 2012.

이범직, 『조선 전기의 오례(五禮)와 가례(家禮)』, 한국사연구, 1990.

임민혁, 「조선 초기 국가의례와 왕권—『국조오례의』를 중심으로」 『역사와실학』 제43집, 2010.

정동훈, 「명대의 예제 질서에서 조선국왕의 위상」 『역사와현실』 제84호, 한국역사연구회, 2012.

정은주, 「1811년 신미통신사 빈례(賓禮) 관련 회화 연구」 『정신문화연구』 38권 1호, 한국학중앙연구원, 2015.

_____, 「19세기 초 대청사행(對淸使行)과 연행도(燕行圖)」, 『명청사연구』 43, 명청사학회, 2015.

한형주, 「15세기 사전체제(祀典體制)의 성립과 그 추이」, 『역사교육』 89집, 역사교육연구회, 2004.

허만즈, 김하림·한종완 옮김, 『중국의 술문화』, 에디터, 2004.

國譯 『高慮史』, 「世家」 券3, 成宗 2年, 冬 10月, 경인문화사, 2009.

『國朝五禮儀』 券4, 「家禮」, 法制處, 1981.

『朝鮮王朝實錄』.

『承政院日記』.

『화성봉수당진찬연(華城奉壽堂進饌宴)』에 드러난 음주의례의 특징

『國朝續五禮儀』.

『國朝五禮儀』.

『樂學軌範』.

『英祖實錄』.

『園幸乙卯整理儀軌』.

『進宴儀軌』.

김상보, 『사상으로 만나는 조선왕조 음식문화』, 수학사, 2014.

_____, 「17, 18세기 조선왕조 궁중연향 음식문화」『조선 후기 궁중연향문화』 권1, 민속원, 2003.

조선시대의 궁중상화

강희안, 『양화소록(養花小錄)』, 을유문화사, 1973.

고하수, 『한국의 꽃예술사』 I , 하수출판사, 1993.

김상보, 『조선왕조 궁중의궤음식문화』, 수학사, 1996.

김태연, 「한국전통지화(韓國傳統紙花)에 관한 연구 (7)」『한국공예논총』 제1집, 1998.

_____, 「한국지화(韓國紙花)에 관한 연구 (1)」『韓社實業專門大學論文集』第六輯, 1981.

박영애, 『전통화예와 생활꽃꽂이』, 소망사, 1990.

박정혜, 『조선시대 궁중기록화 연구』, 일지사, 2000.

이상희, 『꽃으로 보는 한국문화』 1-3권, 넥서스, 1998.

임영주, 『전통염색공예』, 한국문화재보호재단, 1997.

장영순, 「조선 후기 회화에 나타난 화예(華藝)의 구도에 관한 연구」, 숙명여자대학교 디자인 대학원 석사학위논문, 2003.

최석로, 『민족의 사진첩』 III, 서문당, 1994.

한영우, 『정조의 화성행차 그 8일』, 효형출판, 1998.

홍운기·박천호, 「조선 후반기 궁중의식과 화훼」『한국꽃예술(화예)학회 논문집』 제2집, 2000.

황수로, 『한국 꽃예술 문화사』, 삼성출판사, 1990.

『高宗壬寅 進宴儀軌』 上, 서울대학교 규장각, 1996.

『園幸乙卯整理儀軌』 卷4, 수원시, 1996.

『韓國民俗大觀』 2, 고려대학교 민족문화연구원, 1980.

필자 약력

양혜숙(梁惠淑)은 1936년 서울 출생으로, 서울대 독문학과를 졸업하고 독일 튀빙겐대학 철학부에서 독문학, 미술사, 철학을 전공하고 석사학위를, 이화여대 대학원에서 박사학위를 받았다. 1967년부터 삼십 년 가까이 이화여대 독문학과 교수로 재직했으며, 1978년부터 연극평론가로 활동했다. 1991년 한국공연예술학회를, 1996년 사단법인 한국공연예술원을 창립하여 한국공연예술원 초대원장을 거쳐 2008년부터 이사장을 맡아 오면서 1997년부터 최근까지 샤마니카 페스티벌, 샤마니카 심포지엄, 샤마니카 프로젝트 등 연구와 실천을 통해 '한극(韓劇)의 정립과 우리 문화 뿌리 찾기'에 매진하고 있다. 저서로『표현주의 회곡에 나타난 현대성』(1978),『연극의 이해』(공저, 1988),『Korean Performing Arts: Dance, Drama, Music, Theater』(편집인, 1997)이 있으며, 역서로『관객모독』(1975),『구제된 혀』(1982) 등 열일곱 권이 있다. 예술감독 또는 연출자로서 참여한 공연 작품으로〈업·까르마(외디푸스)〉(2002),〈코카서스 백묵원, 브레히트〉(2003),〈짓거리 사이에서 놀다〉(2010),〈우주목(宇宙木) I—바리〉(2012),〈우주목(宇宙木) II—피우다〉(2013) 등 다수가 있다.

윤광봉(尹光鳳)은 1947년 서울 출생으로, 동국대 국문학과를 졸업하고 같은 대학에서 석사학위와 박사학위를 받았다. 제주대, 대전대 교수를 거쳐 일본 히로시마대학에서 정년을 하고, 현재 히로시마대학 명예교수, (사) 한국공연예술원 원장을 맡고 있다. 저서로『한국연회시연구』(1985),『한국의 연회』(1992),『유랑예인과 꼭두각시놀음』(1994),『조선 후기의 연회』(1997),『일본의 신도와 카구라』(2009),『한국연회예술사』(2016) 등이, 역서로『한국의 놀이』(2003)가 있다.

신현숙(愼炫淑)은 1944년 서울 출생으로, 이화여대 불문학과를 졸업하고, 1978년 프랑스 브장송의 프랑슈-콩테대학교에서「장 지로두의 회곡연구」로 문학박사학위를 받았다. 한국연극학회 회장, 한국기호학회 회장, Association Internationale du Théâtre à l'Université (국제대학연극학회) 부회장, 대산문화재단 희곡심사위원, 한국방송위원회 영화심의위원, 국립극단 자문위원 등을 역임했다. 현재 덕성여대 명예교수이자 연극평론가이다. 저서로『회곡의 구조』(1990),『초현실주의』(1992),『20세기 프랑스 연극』(1997),『한국현대극의 무대 읽기』(2002),『한국 현대극의 미학과 실험』(2016)이 있다. 공저로는『한국에서의 서양연극』(1999),『아르또와 잔혹연극론』(2004),『한국연극과 기호학』(2006) 등이 있다. 역서로는『연극기호학』(1988),『연극학 사전』(공역, 1999),『관객의 학교』(공역, 2012) 외 다수가 있다. 프랑스정부 교육공로훈장(1987), 올빛상(평론 부문, 2010), 여석기연극평론가상(2017)을 수상했다.

김종수(金鍾洙)는 1979년 서울대 독문과를 졸업한 후에 동 대학원 국악과에서 석사와 박사학위를 받았다. 규장각한국학연구원의 책임연구원, 한서대 동양고전연구소 학술연구교수로 일했으며, 현재 서울대 국악과와 한국예술종합학교 예술학과에서 강의를 하고 있다. 저서로『조선시대 궁중연향과 여악연구』(2001)가 있으며, 국역서로『增補文獻備考·樂考』(1994),『戊申進饌儀軌』(2004-2006),『大禮儀軌』(2012-2013),『樂書』(2012),『甲子進宴儀軌』(2017) 등이 있다.

조재모(曺在模)는 1972년 울산 출생으로, 서울대 건축학과를 졸업하고 동 대학원에서 석사와 박사학위를 받았다. 서울대학교 연구원을 거쳐 2005년부터 경북대 건축학부에서 교편을 잡고 있다. 저서로『궁궐, 조선을 말하다』(2012)가 있으며, 공저로『궁궐의 눈물, 백 년의 침묵』(2009),『영건의궤—의궤에 기록된 조선시대 건축』(2010),『한국건축개념사전』(2013),『서울에서 세계문화유산의 가치를 만나다』(2017) 등 다수가 있다.

송지원(宋芝媛)은 서울대 동양음악연구소의 선임연구원, 서울대 규장각한국학연구원의 책임연구원·연구교수와 국립국악원의 국악연구실장을 역임했다. 음악학자로서 음악사상사, 음악사회사, 음악문화사 분야의 연구를 수행하는 한편, 서울대에서 학생들을 가르치고 있으며, 한국공연문화학회 회장으로, 국악방송에서「연구의 현장」을 진행하고 있다. 저서로『정조의 음악정책』(2007),『한국음악의 거장들』(2012),『조선의 오케스트라, 우주의 선율을 연주하다』(2013),『음악, 삶의 역사와 만나다』(공저, 2011),『새로 쓰는 예술사』(공저, 2014) 등이 있으며, 역서로『다산의 경학세계』(2002),『시경강의(1-5)』(2008) 등이 있다.

백영자(白英子)는 1945년 서울 출생으로, 서울대 의류학과를 졸업하고 동 대학원에서 석사학위를, 이화여대에서 박사학위를 받았다. 그 후 덕성여대, 한국방송통신대 교수를 거쳐, 문화재청 문화재위원을 역임하였다. 서울올림픽 개폐회식의 고전공연의상 디자인을 담당했으며, 그 외 수십 편의 패션쇼와 전시, 디지털 콘텐츠 개발, KBS·EBS·OUN의 TV강의를 했다. 한국가상캠퍼스(전국 11개 대학)에서 '최우수스승상'을 두 차례 수상했다. 현재 한국방송통신대 명예교수이며 설경궁중복식문화관 관장, 설경디자인연구소 소장을 맡고 있다. 저서로『조선시대 어가행렬』(1994) 외 이십여 권, 논문은「가례도감을 통해 본 조선궁중법복(적의)의 변천」(1977) 외 이십여 편이 있다.

김종애(金鍾愛)는 서울 출생으로, 호서대 대학원에서 공학박사를 수료하였다. 현재 세계술문화박물관 관장이며 한국전통주진흥협회와 한일친선협회 이사를 맡고 있다.

김상보(金尙寶)는 1986년 한양대 대학원에서 식품학으로 박사학위를 받았으며 일본 국립민족학박물관 객원교수, 대전보건대 교수로 재직했다. 현재 전통식생활문화연구소 소장으로 있다. 저서로『조선왕조 궁중의궤음식문화』(1995),『음양오행사상으로 본 조선왕조의 제사음식문화』(1996),『한국의 음식생활문화사』(1997),『조선시대의 음식문화』(2006),『상차림문화』(2010),『다시 보는 조선왕조 궁중음식』(2011),『우리 음식문화 이야기』(2013),『조선 후기 궁중연향문화』(2013),『사상으로 만나는 조선왕조 음식문화』(2015),『화폭에 담긴 한식』(2015),『조선왕실의 풍정연향』(2016),『한식의 도를 담다』(2017) 등이 있다.

김태연(金泰燕)은 1948년 대구 출생으로, 효성여대 가정학과를 졸업하고, 동 대학원 미술학과에서 석사학위를, 대구가톨릭대 대학원 가정관리학과에서 박사학위를 받았다. 대구대 주거환경학과 교수로 재직하면서 가정대학장을 역임했고, 조형예술대학 실내건축디자인학과에서 정년을 하여 명예교수를 맡고 있다. 일찍이 꽃예술 분야의 학문적 개발에 관심을 갖고, 대구대 디자인대학원 플라워디자인전공을 개설했다. 논문「한국전통지화에 관한 연구(1-14)」를 쓰고, 2004년 국내 최초로 궁중상화 열아홉 점을 재현 전시하여 미술저작권에 등록했다. 현재 한국전통꽃일연구소 소장, 김태연궁중상화연구소 & 꽃일전시관에서 제자들과 꽃을 만들고 있다.

韓劇의 原形을 찾아서

궁중의례

禮樂으로 다스린 나라의 지혜

한국공연예술원 엮음

초판1쇄 발행일 2018년 7월 1일
발행인 李起雄 발행처 悅話堂
경기도 파주시 광인사길 25 파주출판도시
전화 031-955-7000 팩스 031-955-7010
www.youlhwadang.co.kr yhdp@youlhwadang.co.kr
등록번호 제10-74호 등록일자 1971년 7월 2일
편집 박미 김성호 디자인 박소영
인쇄 제책 (주)상지사피앤비

ISBN 978-89-301-0618-4   93680

Published by Youlhwadang Publishers
Searching for the Roots of Korean Performing Arts:
Royal Court Ceremonies ⓒ 2018 by Hyesook Yang
Printed in Korea

이 도서의 국립중앙도서관 출판예정도서목록(CIP)은
서지정보유통지원시스템 홈페이지(http://seoji.nl.go.kr)와
국가자료공동목록시스템(http://www.nl.go.kr/kolisnet)에서
이용하실 수 있습니다.(CIP제어번호: CIP2018016594)